工业和信息化精品系列教材
智能网联汽车技术

U0689028

智能网联汽车

概论

第2版

崔胜民 ◉ 主编

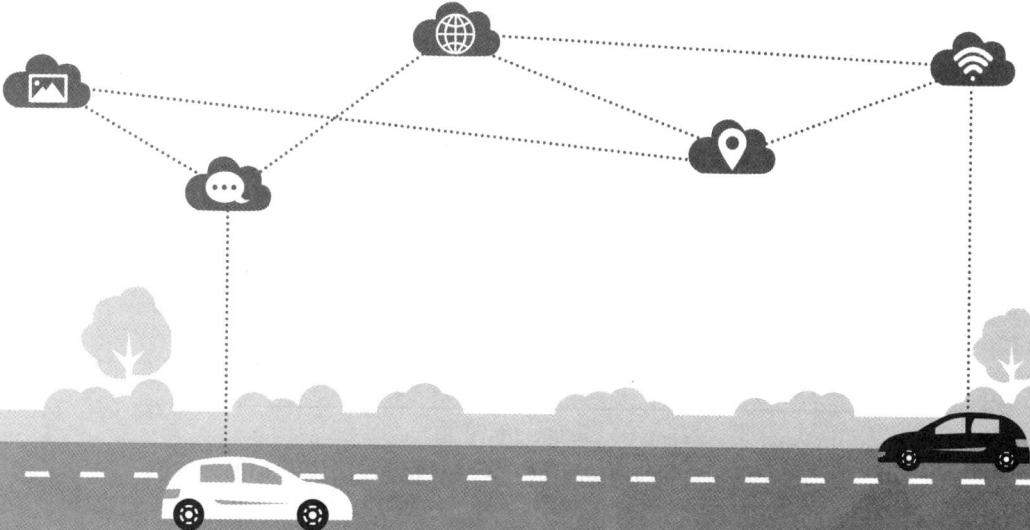

人民邮电出版社
北京

图书在版编目（CIP）数据

智能网联汽车概论 / 崔胜民主编. -- 2版. -- 北京：
人民邮电出版社，2024.6
工业和信息化精品系列教材. 智能网联汽车技术
ISBN 978-7-115-62435-2

Ⅰ. ①智… Ⅱ. ①崔… Ⅲ. ①汽车－智能通信网－教
材 Ⅳ. ①U463.67

中国国家版本馆CIP数据核字(2023)第146236号

内 容 提 要

本书共 6 个项目，主要介绍智能网联汽车的定义与分级、体系结构、关键技术及发展趋势、发展规划，以及智能网联汽车的环境感知系统、无线通信系统、网络系统、导航定位系统和先进驾驶辅助系统的基础理论、基础知识和基本技能。各项目前面部分都给出知识路径、学习目标、导入案例和知识探索，便于学生学习和教师授课。各项目后面部分都配有扩展阅读、项目实训、归纳与提高、知识巩固，便于学生复习、巩固主要的学习内容，增强学习效果，扩展课程内容，培养学生独立解决问题的能力和创新能力，拓宽学生的视野。

本书内容新颖、条理清晰、图文并茂、通俗易懂、实用性强，可作为职业院校和本科院校的汽车相关专业教材，还可作为汽车培训企业参考用书。

◆ 主　　编　崔胜民
　　责任编辑　刘晓东
　　责任印制　王　郁　焦志炜

◆ 人民邮电出版社出版发行　　　　北京市丰台区成寿寺路 11 号
　　邮编　100164　电子邮件　315@ptpress.com.cn
　　网址　https://www.ptpress.com.cn
　　北京市艺辉印刷有限公司印刷

◆ 开本：787×1092　1/16
　　印张：17.25　　　　　　　　　　　2024 年 6 月第 2 版
　　字数：406 千字　　　　　　　　　2025 年 6 月北京第 2 次印刷

定价：66.00 元

读者服务热线：(010)81055256　印装质量热线：(010)81055316
反盗版热线：(010)81055315

党的二十大报告提出："推进新型工业化，加快建设制造强国"和"推动制造业高端化、智能化、绿色化发展"。随着汽车向智能化、网联化方向发展，智能网联汽车已经成为汽车转型的重要发展方向之一。智能网联汽车的渗透率不断提高，职业院校和本科院校的汽车相关专业学生必须掌握智能网联汽车知识，"智能网联汽车概论"课程更是成为多数院校开设的必修课。

编者对本书第1版进行了全面修订，删掉了一些与当前智能网联汽车技术不符的内容，更新了部分内容，各项目前面部分增加了知识路径、学习目标、导入案例、知识探索，后面部分增加了扩展阅读、项目实训、归纳与提高、知识巩固，使本书更适合作为教材使用。

本书共6个项目：项目1介绍智能网联汽车基础知识，包括智能网联汽车的定义与分级、体系结构、关键技术及发展趋势、发展规划；项目2介绍智能网联汽车环境感知系统，包括环境感知的定义与系统组成、环境感知传感器、道路识别、车辆识别、行人识别、交通标志识别、交通信号灯识别；项目3介绍智能网联汽车无线通信系统，包括无线通信的定义与分类、V2X通信、蓝牙通信、DSRC、LTE-V通信、移动通信；项目4介绍智能网联汽车网络系统，包括网络系统的类型与特点、车载网络、车载自组织网络、车载移动互联网；项目5介绍智能网联汽车导航定位系统，包括导航定位的定义与类型、全球定位系统、北斗导航卫星系统、惯性导航系统、通信基站定位、高精度地图；项目6介绍智能网联汽车先进驾驶辅助系统，包括先进驾驶辅助系统的定义与类型、前向碰撞预警系统、车道偏离预警系统、盲区监测系统、驾驶员疲劳预警系统、车道保持辅助系统、自动紧急制动系统、自适应巡航控制系统、自动泊车辅助系统、自适应前照明系统、夜视辅助系统、平视显示系统。书中涉及的专业术语，部分使用英文缩写的形式，具体解释可参考附录。

本书共48学时，各项目的参考学时见以下的学时分配表。

项目	课程内容	学时分配	
		讲授	项目实训
项目1	智能网联汽车基础知识	4	2
项目2	智能网联汽车环境感知系统	10	2
项目3	智能网联汽车无线通信系统	4	2
项目4	智能网联汽车网络系统	4	2
项目5	智能网联汽车导航定位系统	4	2
项目6	智能网联汽车先进驾驶辅助系统	10	2
学时总计		36	12

由于编者水平有限，书中难免存在疏漏和不妥之处，恳切希望广大读者批评指正。

编　者
2024年2月

目录

项目 1
智能网联汽车基础知识

当前，汽车市场出现了很多智能化和网联化产品，如车道保持辅助（LKA）系统、自动紧急制动（AEB）系统、自适应巡航控制（ACC）系统以及空中下载技术（OTA）、语音输入等，它们使汽车行驶更安全、更方便，拥有这些产品的汽车都属于智能网联汽车，智能网联汽车的市场渗透率不断增加。想在智能网联汽车行业工作的人员，必须学习智能网联汽车基础知识。

【知识路径】

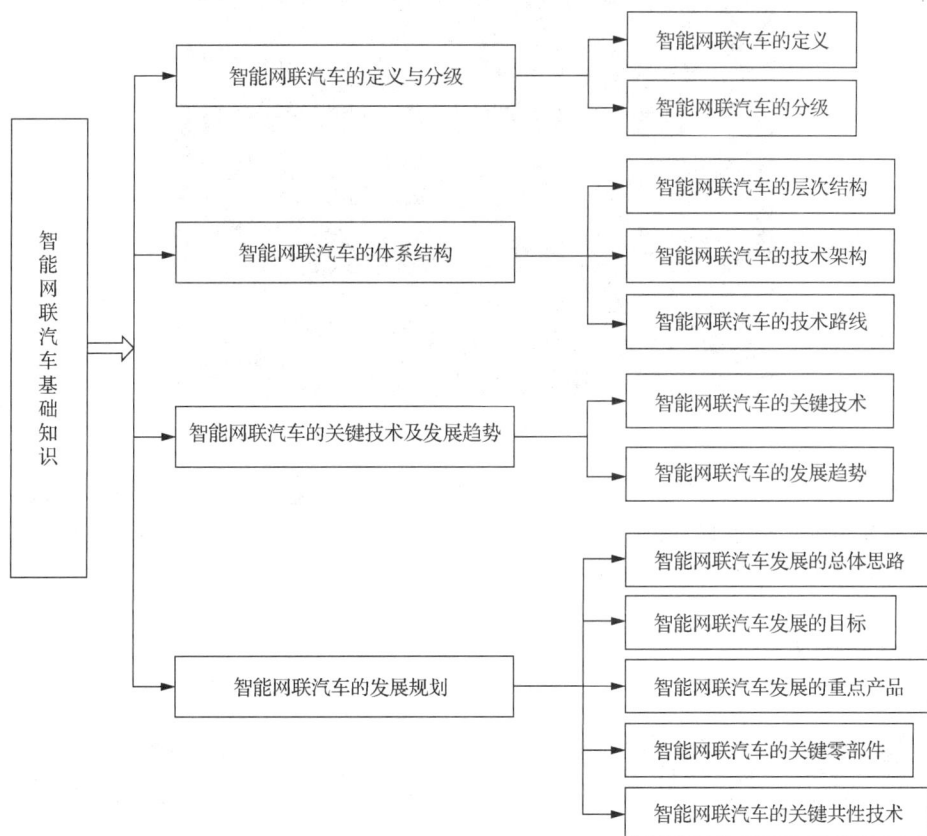

【学习目标】

知识目标

（1）掌握智能网联汽车的定义与分级。

（2）掌握智能网联汽车的体系结构。

（3）了解智能网联汽车的关键技术及发展趋势。

（4）了解智能网联汽车的发展规划。

技能目标

（1）能够识别智能网联汽车。

（2）能够对智能网联汽车进行级别划分。

素质目标

（1）培养敬业精神和服务意识。

（2）培养沟通、协调、合作的能力，逐步形成良好的心理素质。

【导入案例】

随着汽车保有量的增加，能源短缺、环境污染、交通拥堵、事故频发等现象日益突出，成为汽车产业可持续健康发展的限制因素。图 1-1 所示为某城市交通拥堵照片。交通拥堵已经成为城市迫切需要解决的难题之一。

图 1-1　某城市交通拥堵照片

智能网联汽车被公认为这些难题的有效解决方案，代表着汽车工业未来的发展方向。什么是智能网联汽车？智能网联汽车如何进行分级？现在的量产车型哪些是智能网联汽车？通过对本项目的学习，学生可以得到答案。

【知识探索】

1.1　智能网联汽车的定义与分级

1.1.1　智能网联汽车的定义

智能网联汽车是一个跨技术、跨产业领域的新兴体系，从不同角度、不同背景对它进行理解是有差异的。各国对智能网联汽车的定义不同，叫法也不尽相同，但其发展的终极目标是一样的，即可上路安全行驶的无人驾驶汽车。

智能网联汽车是指搭载先进的车载传感器、控制器、执行器等装置，并融合现代通信与网络技术，实现车与 X（车、路、行人、云端等）智能信息共享，具备复杂环境感知、智能决策、协同控制等功能，可实现车辆"安全、高效、舒适、节能"行驶，并最终实现替代人来操作的新一代汽车。

下面从 3 个维度对智能网联汽车进行剖析，即"智能""网联""汽车"。

"智能"指搭载先进的车载传感器、控制器、执行器等装置，具备复杂环境感知、智能决策、协同控制等功能。

"网联"主要指具有信息共享能力，即通过现代通信与网络技术，实现车内、车与车、车与环境间的信息交互。

"汽车"是智能终端载体的形态，可以是燃油汽车，也可以是新能源汽车，未来以新能源汽车为主。

从更广的角度来看，智能网联汽车已不特指某类或单个车辆，而是以车辆为主体和主要节点，由车辆、道路基础设施、通信设备及交通控制系统，以及数据存储与处理系统等共同构成的综合协调系统，是未来智能交通系统车联网环境中发挥着重要作用的智能终端，是最终实现车辆"安全、高效、舒适、节能"行驶的新一代多车辆系统，如图 1-2 所示。

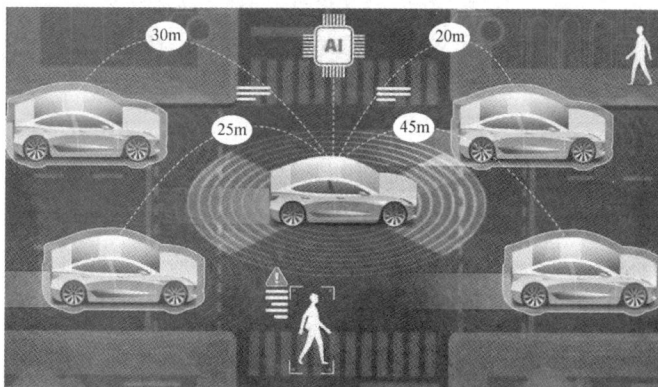

图 1-2 智能网联汽车

图 1-3 所示为奔驰 F015 智能网联概念车。

图 1-3 奔驰 F015 智能网联概念车

智能网联汽车发展的终极目标是无人驾驶汽车。

智能网联汽车与智能汽车、网联汽车、自动驾驶汽车和无人驾驶汽车密切相关。

1. 智能汽车

智能汽车，即在一般汽车上增加雷达和摄像头等先进传感器、控制器、执行器等装置，通过车载环境感知系统和信息终端实现与车、路、人等的信息交换，使车辆具备智能环境感知能力，能够自动分析车辆行驶的安全及危险状态，并使车辆按照人的意愿到达目的地，最终实现替代人来操作的目的，如图1-4所示。

图1-4 智能汽车

目前典型的智能汽车是具有先进驾驶辅助系统（ADAS）的车辆，如前向碰撞预警系统、车道偏离预警系统、盲区监测系统、驾驶员疲劳预警系统、车道保持辅助系统、自动紧急制动系统、自适应巡航控制系统、自动泊车辅助系统、自适应前照明系统、夜视辅助系统、平视显示系统、全景泊车系统等。ADAS在汽车上的配置越多，汽车智能化程度越高。智能汽车发展的终极目标是无人驾驶汽车。

例如：奔驰智能汽车如图1-5所示，它配置了盲区监测系统、车道偏离预警系统、车道保持辅助系统、驾驶员疲劳预警系统、自适应巡航控制系统、自动泊车辅助系统等，属于智能化程度较高的智能汽车。

图1-5 奔驰智能汽车

智能汽车的发展方向是自动驾驶汽车、网联汽车和智能网联汽车，如图 1-6 所示。智能汽车的自动化程度越高，越接近于自动驾驶汽车；智能汽车的网联化程度越高，越接近于网联汽车；智能汽车的自动化、网联化程度越高，越接近于智能网联汽车。

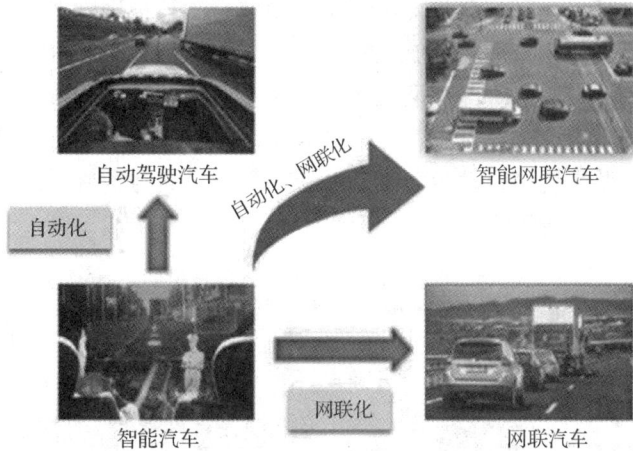

图 1-6 智能汽车的发展方向

智能汽车发展的终极目标是无人驾驶汽车。

2. 网联汽车

网联汽车基于通信互联建立车与车的连接，车与网络中心和智能交通系统等服务中心的连接，甚至是车与住宅、办公室以及一些公共基础设施的连接，可以实现车内网络与车外网络之间的信息交互，全面解决人—车—外部环境之间的信息交互问题。

网联汽车的初级阶段是以车载信息技术为代表的。车载信息技术是远距离通信技术与信息科学技术的合成词，意指通过内置在汽车上的计算机网络技术，借助无线通信技术、全球定位系统（GPS）卫星导航技术，实现文字、图像、语音信息交换的综合信息服务。

现阶段网联汽车的核心车载信息技术基于 GPS 技术、地理信息系统（GIS）技术、智能交通系统（ITS）技术和无线通信技术，主要应用于卫星导航、交通信息预报、安全、道路救援、车辆自检测与维护、互联网、交流、娱乐信息播放等，如图 1-7 所示。

图 1-7 网联汽车的应用

3. 自动驾驶汽车

自动驾驶汽车是指至少在某些具有关键安全性的控制功能（如转向、制动等）方面无须驾驶员直接操作即可自动完成控制动作的车辆。自动驾驶汽车一般使用车载传感器、GPS 和其他通信设备获得信息，针对安全状况进行决策规划，在某种程度上恰当地实施控制。

自动驾驶汽车至少包括自适应巡航控制系统、车道保持辅助系统、自动紧急制动系统、自动泊车辅助系统等，比较高级的车型还应该配备交通拥堵辅助系统。

天籁 2.0T XV AD1 智尊领航版轿车如图 1-8 所示，它配备了并线辅助系统、车道偏离预警系统、车道保持辅助系统、自动紧急制动系统、驾驶员疲劳预警系统、全速自适应巡航控制系统、自动泊车辅助系统等，属于 L2 级的自动驾驶汽车。

图 1-8　天籁 2.0T XV AD1 智尊领航版轿车

自动驾驶汽车发展的终极目标是无人驾驶汽车。

4. 无人驾驶汽车

无人驾驶汽车是通过车载环境感知系统感知道路环境，自动规划和识别行车路线并控制车辆到达预定目的地的智能汽车。它利用环境感知系统来感知车辆周围环境，并根据环境感知系统所获得的道路状况、车辆位置和障碍物信息等，控制车辆的行驶方向和速度，从而使车辆能够安全、可靠地在道路上行驶。

无人驾驶汽车能够在限定的环境乃至全部环境下完成全部的驾驶任务。图 1-9 所示为谷歌无人驾驶汽车。

图 1-9　谷歌无人驾驶汽车

与智能汽车相比，无人驾驶汽车需要具有更先进的环境感知系统、中央决策系统以及底层控制系统。无人驾驶汽车能够实现完全自动的控制，全程检测交通环境，能够实现所有的驾驶目标。驾驶员只需提供目的地或输入导航信息，在任何时候均不需要对车辆进行操控。

无人驾驶汽车是汽车智能化、网联化的终极发展目标。无人驾驶汽车是未来汽车发展的方向，人类在不久的将来会使用智能型无人驾驶汽车。那是一种将检测、识别、判断、决策、优化、执行、反馈、纠控功能融为一体，集微型计算机、微电机、绿色环保动力系统、新型结构材料等顶尖科技成果为一体的智慧型汽车。总体来看，我国无人驾驶汽车的发展还需要多方面共同努力。汽车供应商对于各种车辆驾驶辅助功能的研究是无人驾驶汽车技术不断向前发展的原动力，网络信息与安全技术的发展是无人驾驶汽车技术进一步飞跃的保证，政策与法律的制定与实施是无人驾驶汽车真正上路的前提。

1.1.2 智能网联汽车的分级

1. 美国汽车工程师学会对驾驶自动化的分级

美国汽车工程师学会（SAE）对驾驶自动化的分级见表 1-1。

表 1-1 美国汽车工程师学会对驾驶自动化的分级

项目		L0 级	L1 级	L2 级	L3 级	L4 级	L5 级
名称		无自动化	驾驶支持	部分自动化	有条件自动化	高度自动化	完全自动化
定义		由驾驶员全权驾驶汽车，在行驶过程中可以得到警告	通过驾驶环境对转向盘和加减速中的一项操作提供支持，其余由驾驶员操作	通过驾驶环境对转向盘和加减速中的多项操作提供支持，其余由驾驶员操作	由自动驾驶系统完成所有的驾驶操作，根据系统要求，驾驶员提供适当的应答	由自动驾驶系统完成所有的驾驶操作，根据系统要求，驾驶员不一定提供所有的应答；限定道路和环境条件	由自动驾驶系统完成所有的驾驶操作，可能的情况下，驾驶员接管；不限定道路和环境条件
主体	驾驶操作	驾驶员	驾驶员/系统	系统			
	周边监控	驾驶员			系统		
	支援	驾驶员			系统		
	系统作用域	无	部分			全域	

L0 级：驾驶员完全掌控车辆。

L1 级：自动驾驶系统有时能够辅助驾驶员完成某些驾驶任务。

L2 级：自动驾驶系统能够完成某些驾驶任务，但驾驶员需要监控驾驶环境，完成剩余部分任务，同时保证出现问题时，随时进行接管。在这个层级，自动驾驶系统的错误感知和判断由驾驶员随时纠正。L2 级可以将速度和环境分割成不同的使用场景，如环路低速堵车、高速路上的快速行车和驾驶员在车内的自动泊车等。

L3级：自动驾驶系统既能完成某些驾驶任务，也能在某些情况下监控驾驶环境，但驾驶员必须准备好重新取得驾驶控制权（自动驾驶系统发出请求时）。所以在该层级下，驾驶员在车辆行驶过程中仍无法进行深度的休息或睡眠。

L4级：自动驾驶系统在某些环境和特定条件下，能够完成驾驶任务并监控驾驶环境。这个层级下，在自动驾驶可以运行的范围内，驾驶相关的所有任务与驾驶员已经没有关系了，感知外界的责任全在自动驾驶系统。

L5级：自动驾驶系统在所有条件下都能完成所有驾驶任务。

对应SAE分级标准，无人驾驶专指L4级和L5级，汽车能够在限定环境乃至全部环境下完成全部的驾驶任务。

自动驾驶则覆盖L1～L5级，在L1级、L2级，汽车的自动驾驶系统只作为驾驶员的辅助，但能够持续地承担汽车横向或纵向某一方面的自主控制，完成感知—认知—决策—控制—执行这一完整过程，其他如预警提示、短暂干预的辅助驾驶系统等技术不能完成这一完整过程，不在自动驾驶技术范围之内。

智能驾驶则包括L1～L5级，以及其他应用于L0级的智能辅助驾驶系统技术，它们能够在某一环节为驾驶员提供辅助甚至能够替代驾驶员，优化驾车体验。

无人驾驶、自动驾驶和智能驾驶的关系如图1-10所示。

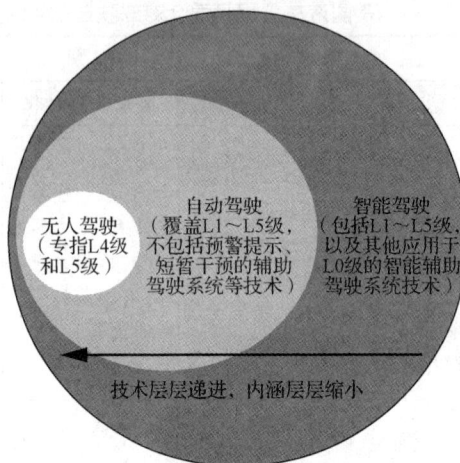

图1-10 无人驾驶、自动驾驶和智能驾驶的关系

从商业化的视角来看，L2级或L3级的自动驾驶技术，将来只会被用于有限的场合，而直接面向L4级甚至L5级的自动驾驶，才是未来最大的商业机会。

L2级自动驾驶汽车可以在某些场景下接管驾驶员对车辆的控制，减轻驾驶员驾驶疲劳，避免或降低事故的损失。但有一点是必须明确的，那就是驾驶员必须保持对驾驶的关注并且手不离开转向盘。目前，市场上的自动驾驶汽车基本都属于L2级。

在量产车型中，自动驾驶级别最高的是L3级，如奥迪A8自动驾驶汽车，如图1-11所示，它配备了4个鱼眼摄像头、12个超声波雷达、4个中程毫米波雷达、1个远程毫米波雷达、1个激光雷达、1个前视摄像头等。其中，4个鱼眼摄像头用于360°环视系统，12个超声波雷达用于自动泊车辅助系统，而车辆在行驶过程中的数据采集便由余下的传感器来完成。

图 1-11　奥迪 A8 自动驾驶汽车

L3 级自动驾驶汽车允许驾驶员在车辆行驶过程中手脱离转向盘。

目前，量产车型中还没有 L4 级和 L5 级自动驾驶汽车，尚处于开发阶段。

2. 中国对智能网联汽车的分级

中国对智能网联汽车的分级分为驾驶自动化分级和网联化分级。

（1）驾驶自动化分级。《汽车驾驶自动化分级》（GB/T 40429—2021）把智能网联汽车驾驶自动化分为 0 级（应急辅助）、1 级（部分驾驶辅助）、2 级（组合驾驶辅助）、3 级（有条件自动驾驶）、4 级（高度自动驾驶）和 5 级（完全自动驾驶），中国驾驶自动化等级与划分要素的关系见表 1-2。

表 1-2　中国驾驶自动化等级与划分要素的关系

等级	名称	持续的车辆横向或纵向运动控制	目标和事件探测与响应	动态驾驶任务后援	设计运行范围
0 级	应急辅助	驾驶员	驾驶员及系统	驾驶员	有限制
1 级	部分驾驶辅助	驾驶员及系统	驾驶员及系统	驾驶员	有限制
2 级	组合驾驶辅助	系统	驾驶员及系统	驾驶员	有限制
3 级	有条件自动驾驶	系统	系统	接管后为驾驶员	有限制
4 级	高度自动驾驶	系统	系统	系统	有限制
5 级	完全自动驾驶	系统	系统	系统	无限制

0 级驾驶自动化系统不能持续执行动态驾驶任务中的车辆横向或纵向运动控制，但具备持续执行动态驾驶任务中的部分目标和事件探测与响应能力。在这一级中驾驶自动化系统可以感知环境，并提供信息或短暂介入车辆控制以辅助驾驶员安全驾驶车辆，如车道偏离预警系统、前向碰撞预警系统、自动紧急制动系统等在部分驾驶场景下可以辅助安全驾驶的系统都可以归类到 0 级驾驶自动化系统中，对于那些不具备目标和事件探测与响应能力的功能，如定速巡航、电子稳定性控制就没有归类到 0 级驾驶自动化系统中。

1 级驾驶自动化系统在其设计运行条件下能持续地执行动态驾驶任务中的车辆横向或纵向运动控制，且具备与所执行的车辆横向或纵向运动控制相适应的部分目标和事件探测与响应能力。在这一级中自动驾驶系统仅可以独立完成车辆在某一场景中某一方向上的控制，如车道居中控制、自适应巡航控制等功能都可以归类到 1 级驾驶自动化中。在这一级中驾驶员与自动驾驶系统可以同时执行车辆的驾驶任务，但是在自动驾驶系统执行驾驶任务的过程中，驾驶员需要充当安全员的角色，监管自动驾驶系统的驾驶行为，驾驶员可以随时介入自动驾驶系统的驾驶行为，并立即解除自动驾驶系统控制权；如果遇到危险，驾驶员需要立刻介入，以保障安全驾驶。

2 级驾驶自动化系统在其设计运行条件下能持续地执行动态驾驶任务中的车辆横向和纵向运动控制，且具备与所执行的车辆横向和纵向运动控制相适应的部分目标和事件探测与响应能力。在这一级中自动驾驶系统可以完成车辆横向和纵向运动控制中所有的驾驶操作，驾驶员与自动驾驶系统可以同时执行车辆的驾驶任务，驾驶员需要充当安全员的角色，监管自动驾驶系统的驾驶行为，驾驶员可以随时介入自动驾驶系统的驾驶行为，并立即解除自动驾驶系统控制权；如果遇到危险，驾驶员需要立刻介入，以保障安全驾驶。

3 级驾驶自动化系统在其设计运行条件下能持续地执行全部动态驾驶任务。在这一级中自动驾驶系统已经可以独立完成部分驾驶场景中的自动驾驶功能，驾驶员只需要充当安全员的角色，监管自动驾驶系统的驾驶行为。自动驾驶系统只需要在遇到不能完成驾驶行为的场景或自动驾驶系统功能失效时向驾驶员提出请求让其介入驾驶行为，在请求驾驶员介入驾驶行为的过程中，自动驾驶系统仍可以独立完成一段时间的驾驶，以便让驾驶员做好接管的准备。如果驾驶员长时间没有根据自动驾驶系统要求接管车辆，自动驾驶系统可以适时采取减缓车辆发生危险的措施。

4 级驾驶自动化系统在其设计运行条件下能持续地执行全部动态驾驶任务并自动执行最小风险策略。在这一级中自动驾驶系统可以独立完成规定的驾驶场景（如园区、学校等）中的自动驾驶功能，驾驶员需要充当安全员的角色，监管自动驾驶系统的驾驶行为。自动驾驶系统在遇到不能完成驾驶行为的场景或自动驾驶系统功能失效时，会向驾驶员提出请求让其介入驾驶行为。如果驾驶员对请求不做响应、驾驶员不具备驾驶车辆的能力或驾驶员要求自动驾驶系统控制车辆到最小风险状态，自动驾驶系统可以自行将车辆控制到最小风险状态。

5 级驾驶自动化系统在任何可行驶条件下能持续地执行全部动态驾驶任务并自动执行最小风险策略。在这一级中自动驾驶系统可以独立完成所有驾驶场景中的自动驾驶功能，驾驶员可以充当安全员的角色，监管自动驾驶系统的驾驶行为。自动驾驶系统已经可以保障车内乘客的安全，自动驾驶系统在遇到不能完成驾驶行为的场景或自动驾驶系统功能失效时，会向驾驶员提出请求让其介入驾驶行为。如果驾驶员对请求不做响应或驾驶员要求自动驾驶系统控制车辆到最小风险状态，自动驾驶系统可以自行将车辆控制到最小风险状态。

无论驾驶自动化怎样分级，从驾驶员对车辆的控制权来看，其可以分为驾驶员拥有车辆全部控制权、驾驶员拥有车辆部分控制权、驾驶员不拥有车辆控制权 3 种形式，如图 1-12 所示。

（2）网联化分级。在网联化层面，按照网联通信内容的不同，将智能网联汽车划分为 3 个等级，1 级是网联辅助信息交互，2 级是网联协同感知，3 级是网联协同决策与控制，见表 1-3。

（a）驾驶员拥有车辆全部控制权

（b）驾驶员拥有车辆部分控制权

（c）驾驶员不拥有车辆控制权

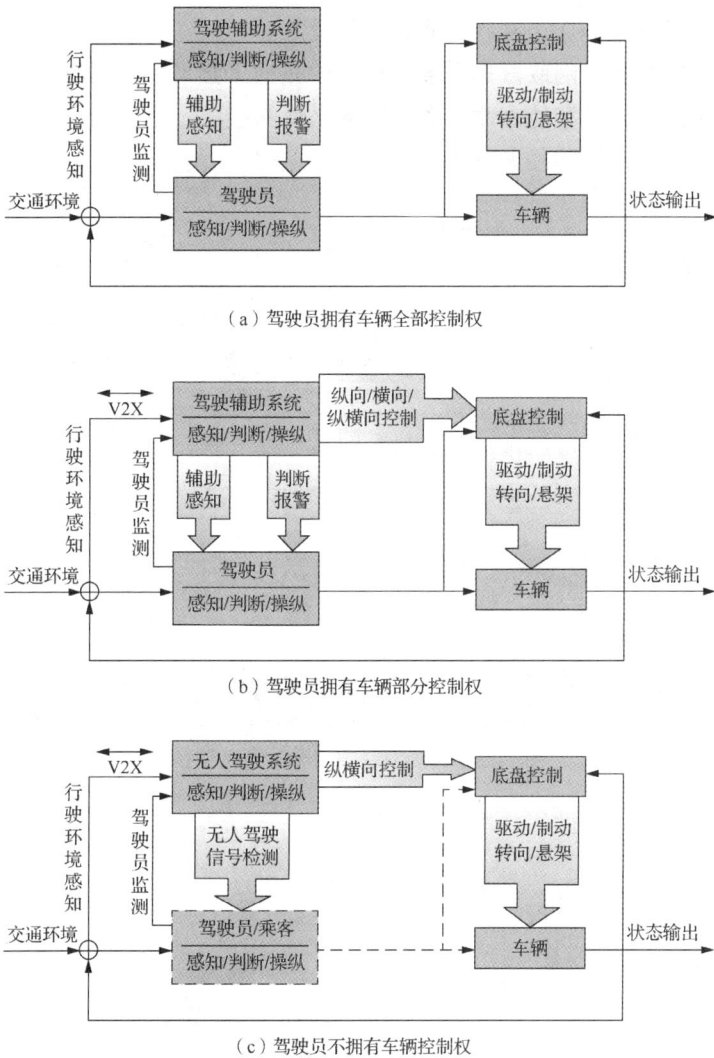

图 1-12　驾驶员对车辆的控制权的分类

表 1-3　智能网联汽车网联化等级

等级	名称	定义	控制	典型信息	传输需求
1级	网联辅助信息交互	基于车—路、车—后台通信，实现导航等辅助信息的获取以及车辆行驶数据与驾驶员操作等数据的上传	驾驶员	图、交通流量、交通标志、油耗、里程、驾驶习惯等	传输实时性、可靠性要求较低
2级	网联协同感知	基于车—车、车—路、车—人、车—后台通信，实时获取车辆周边交通环境信息，与车载传感器的感知信息融合，作为自车决策与控制系统的输入	驾驶员与系统	周边车辆、行人、非机动车位置、信号灯相位、道路预警等	传输实时性、可靠性要求较高
3级	网联协同决策与控制	基于车—车、车—路、车—人、车—后台通信，实时并可靠获取车辆周边交通环境信息及车辆决策信息，对车—车、车—路等各交通参与者之间信息进行交互融合，形成车—车、车—路等各交通参与者之间的协同决策与控制	驾驶员与系统	车—车、车—路之间的协同控制等	传输实时性、可靠性要求最高

目前，汽车网联化处于 2 级网联协同感知阶段。

智能化与网联化在智能网联汽车发展的过程中充当了必不可少的组成部分，不同阶段的智能化和网联化走向融合是智能网联汽车发展的必然路径。

智能网联乘用车的发展路径如图 1-13 所示。

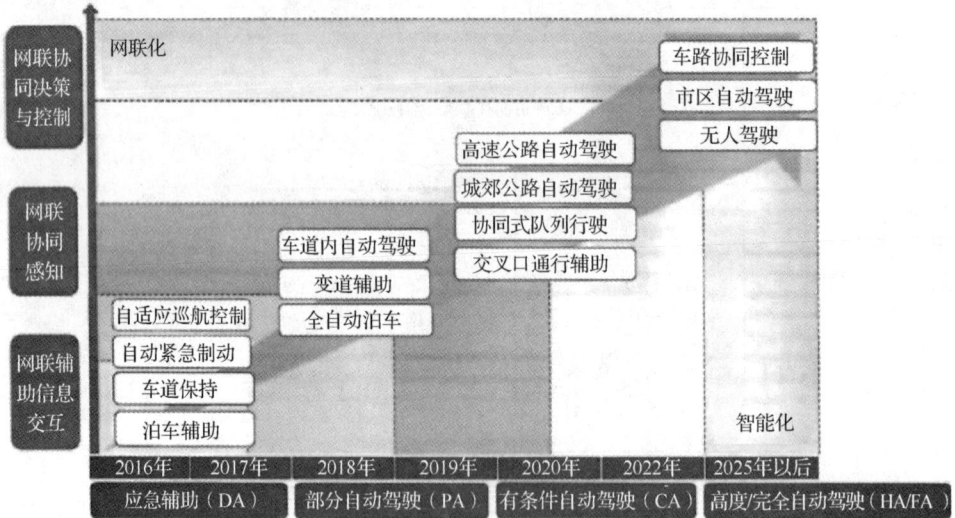

图 1-13　智能网联乘用车的发展路径

智能网联商用车的发展路径如图 1-14 所示。

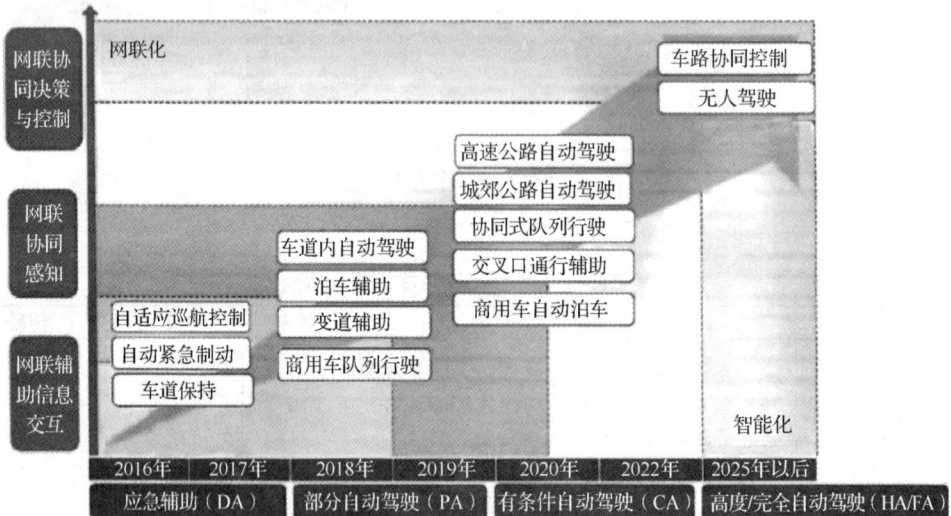

图 1-14　智能网联商用车的发展路径

智能网联汽车的发展大致可以分为自主式驾驶辅助、网联式驾驶辅助、人机共驾、高度自动/无人驾驶 4 个阶段。

（1）自主式驾驶辅助。自主式驾驶辅助是指依靠车载传感器进行环境感知并对驾驶员进行驾驶操作辅助的系统，目前已经开始大规模产业化，如前向碰撞预警系统、车道偏离预警系统、盲区监测系统、车道保持辅助系统、自适应巡航控制系统、自动泊车辅助系统等。

（2）网联式驾驶辅助。网联式驾驶辅助是指依靠信息通信技术对车辆周边环境进行感知，并可对周围车辆未来运动进行预测，进而对驾驶员进行驾驶操作辅助的系统。通过现代通信与网络技术，汽车、道路、行人等交通参与者将成为智能交通系统中的信息节点。网联式驾驶辅助已经进入大规模测试和产业化前期准备阶段，如车道内自动驾驶、变道辅助、全自动泊车等。

（3）人机共驾。人机共驾指驾驶员和车辆智能系统同时共存，分享车辆控制权，人机一体化协同完成驾驶任务。人机共驾还处于研发和小规模测试阶段，如高速公路自动驾驶、城郊公路自动驾驶、协同式列队行驶、交叉口通行辅助等。

（4）高度自动/无人驾驶。处于高度自动/无人驾驶阶段的智能汽车，驾驶员不需要介入车辆操作，车辆将会自动完成所有工况下的自动驾驶。在高度自动驾驶阶段，车辆在遇到无法处理的驾驶工况时，会提示驾驶员接管，如果驾驶员不接管，车辆会采取如靠边停车等保守处理措施，以保证安全。在无人驾驶阶段，车辆中可能已经没有驾驶员或乘客，自动驾驶系统需要处理所有驾驶工况，并保证安全。高度自动/无人驾驶也处于研发和小规模测试阶段。

1.2 智能网联汽车的体系结构

1.2.1 智能网联汽车的层次结构

智能网联汽车以汽车为主体，利用环境感知技术实现多车辆有序、安全行驶，通过无线通信网络等手段，为用户提供多样化信息服务。智能网联汽车的层次结构如图1-15所示，由环境感知层、智能决策层以及控制和执行层组成。

图1-15 智能网联汽车的层次结构

（1）环境感知层。环境感知层的主要功能是通过视觉传感器、激光雷达、毫米波雷达、超声波雷达、GPS/BDS、4G/5G网络及V2X等，实现对车辆自身属性和车辆外在属性（如道路、车辆和行人等）静、动态信息的提取和收集，并向智能决策层输送信息。

（2）智能决策层。智能决策层的主要功能是接收环境感知层的信息并进行融合，对道路、车辆、行人、交通标志、交通信号灯和驾驶员疲劳程度等进行识别，决策分析与判断车辆驾驶模式和将要执行的操作，并向控制和执行层输送指令。

（3）控制和执行层。控制和执行层的主要功能是按照智能决策层的指令，对车辆进行操作和协同控制，并为智能网联汽车提供道路交通信息、安全信息、娱乐信息、救援信息以及商务办公、网上消费等功能，保障汽车安全行驶。

例如：智能网联汽车利用77GHz毫米波雷达预警系统探测前方车辆的信息（距离、速度等）和道路的信息（车道线等），并把这些信息传递给智能决策层，判断车辆是否处于安全车距、是否偏离车道，再把判断结果传递给控制和执行层，发出预警信息，保障车辆安全行驶，如图1-16所示。

图1-16　智能网联汽车毫米波雷达预警系统

1.2.2　智能网联汽车的技术架构

智能网联汽车涉及汽车、信息、网络、通信、控制、交通等多领域技术，其技术架构较为复杂，可划分为"三横两纵"技术架构，如图1-17所示。其中，"三横"是指智能网联汽车主要涉及的车辆/设施、信息交互与基础支撑三大领域关键技术，"两纵"是指支撑智能网联汽车发展的车载平台及基础设施。

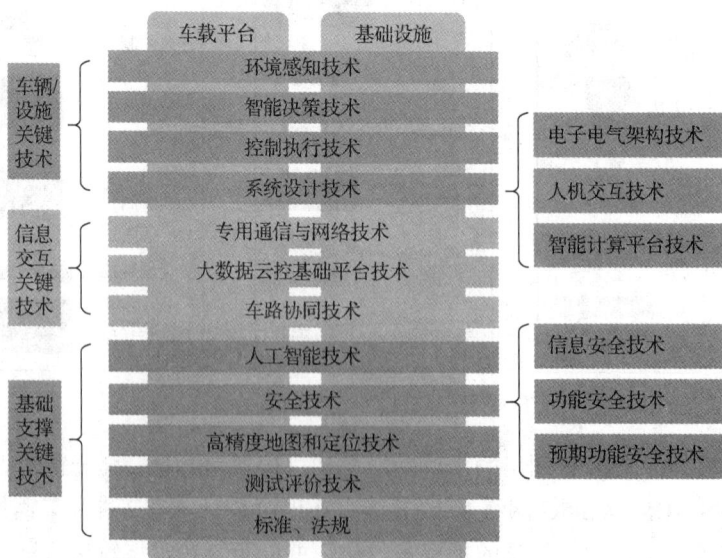

图1-17　智能网联汽车的"三横两纵"技术架构

1.2.3　智能网联汽车的技术路线

　　智能网联汽车的技术路线主要分为基于传感器的车载式技术路线和基于通信互联的网联式技术路线，如图 1-18 所示。

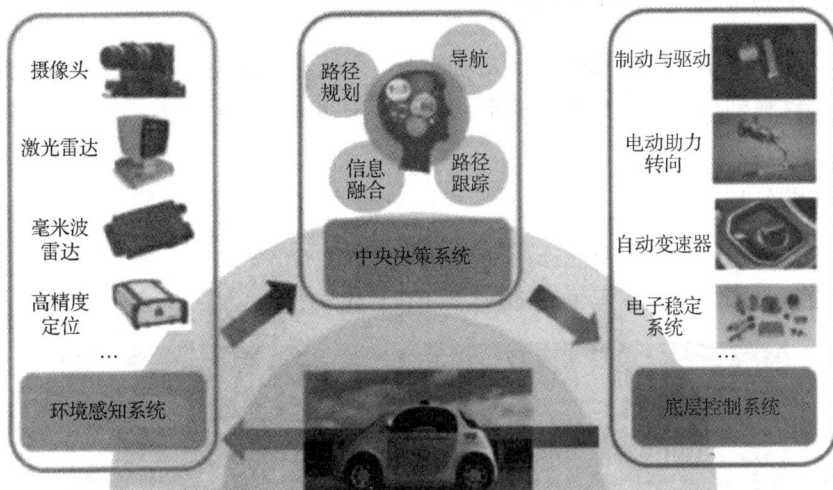

（a）车载式技术路线

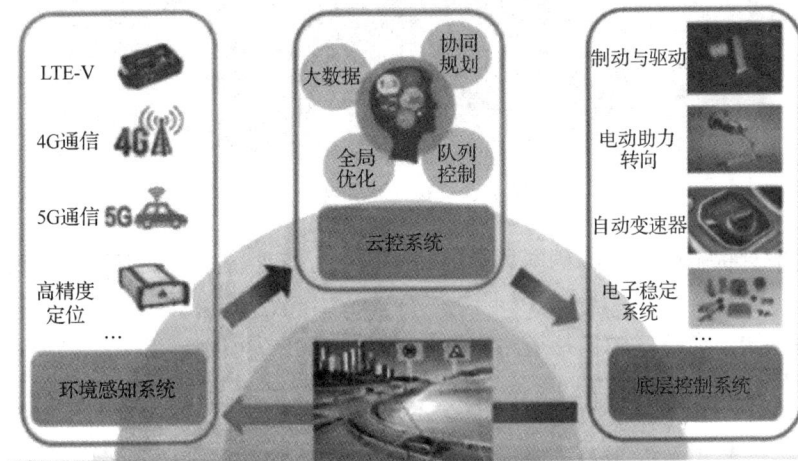

（b）网联式技术路线

图 1-18　车载式技术路线和网联式技术路线

　　车载式技术路线难以实现 V2V、V2I 通信，大规模应用成本较高，并且缺少城市环境的全方位扫描；网联式技术路线则受限于无法实现 V2P 通信，需要较大的基础设施投资。因此，这两种技术路线均不能完全满足未来全工况无人驾驶的需求。对于智能网联汽车，车载式技术路线和网联式技术路线将走向技术融合，通过优势互补，提供安全性更好、自动化程度更高、使用成本更低的解决方案。实现这种技术融合需要更先进的定位技术、分辨率更高的地图自动生成技术、可靠而直观的人机交互界面（HMI）以及相关标准、法规等。

1.3 智能网联汽车的关键技术及发展趋势

1.3.1 智能网联汽车的关键技术

智能网联汽车的关键技术包括环境感知技术、无线通信技术、智能互联技术、车载网络技术、先进驾驶辅助技术、信息融合技术、信息安全与隐私保护技术、智能座舱技术、计算芯片技术、虚拟测试技术等。

1. 环境感知技术

环境感知技术包括车辆本身状态感知、道路感知、行人感知、交通信号灯感知、交通标志感知、交通状况感知、周围车辆感知等，如图 1-19 所示。

图 1-19　环境感知技术

（1）车辆本身状态感知。车辆本身状态感知包括行驶速度、行驶方向、行驶状态、车辆位置检测等。

（2）道路感知。道路感知包括道路类型检测、道路标线识别、道路状况判断、是否偏离行驶轨迹判断等。

（3）行人感知。行人感知主要判断车辆行驶前方是否有行人，包括白天行人识别、夜晚行人识别、被障碍物遮挡的行人识别等。

（4）交通信号灯感知。交通信号灯感知主要包括自动识别交叉路口的信号灯、判断如何高效通过交叉路口等。

（5）交通标志感知。交通标志感知主要识别道路两侧的各种交通标志，如限速、弯道等，及时提醒驾驶员注意。

（6）交通状况感知。交通状况感知主要检测道路交通拥堵情况、是否发生交通事故等，以便车辆选择通畅的路线行驶。

（7）周围车辆感知。周围车辆感知主要检测车辆前方、后方、侧方的车辆情况，避免发生碰撞，检测对象也包括交叉路口被障碍物遮挡的车辆。

在复杂的路况交通环境下，单一传感器无法完成全部的环境感知，必须整合各种类型的传感器，利用传感器融合技术，使其为智能网联汽车提供更加真实、可靠的路况环境信息。

2. 无线通信技术

无线通信技术包括远距离无线通信技术和短距离无线通信技术。

（1）远距离无线通信技术。远距离无线通信技术用于提供即时的互联网接入，主要采用4G/5G 技术，特别是 5G 技术有望成为车载远距离无线通信专用技术。

（2）短距离无线通信技术。短距离无线通信技术有专用短程通信技术（DSRC）、长期演进的车对外界信息交互（LTE-V）、蓝牙、Wi-Fi 等，其中 DSRC 和 LTE-V 可以实现在特定区域内对高速运动下移动目标的识别和双向通信，例如 V2V、V2I 双向通信，实时传输图像、语音和数据信息等，如图 1-20 所示。

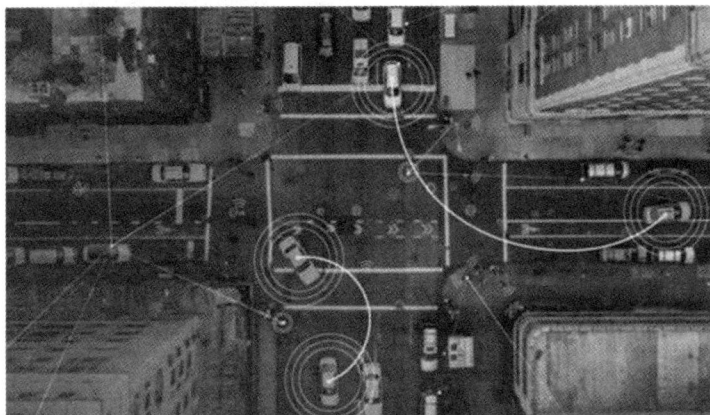

图 1-20　短距离无线通信技术

3. 智能互联技术

当两辆车因距离较远或被障碍物遮挡，直接通信无法完成时，二者可以通过路侧单元（RSU）进行信息传递，构成一个无中心的车载自组织网络。车载自组织网络依靠短距离无线通信技术实现 V2V 和 V2I 通信，在一定通信范围内的车辆依靠它可以相互交换各自的车速、位置等信息和车载传感器感知的数据，并自动连接，建立起一个移动的网络，如图 1-21 所示。其典型的应用包括行驶安全预警、交叉路口协助驾驶、交通信息发布以及基于通信的纵向车辆控制等。

图 1-21　智能互联技术

4. 车载网络技术

车载网络技术将汽车的内部传感器、控制器和执行器之间的通信用点对点的连线方式连成复杂的网状结构，如图1-22所示。目前，汽车上广泛应用的车载网络是CAN、LIN、FlexRay和MOST总线等，它们的特点是传输速率小、带宽窄。随着越来越多的高清视频应用进入汽车，如ADAS、360°全景泊车系统和蓝光DVD播放系统等，它们的传输速率和带宽已无法满足需求。以太网最有可能进入智能网联汽车环境工作，它采用星形连接架构，每一个设备或每一条链路都可以专享100MB带宽，而且传输速率达到万兆级。同时，以太网还可以顺应未来汽车行业的发展趋势，即开放性、兼容性原则，因而可以很容易地将现有的应用嵌入新的系统中。

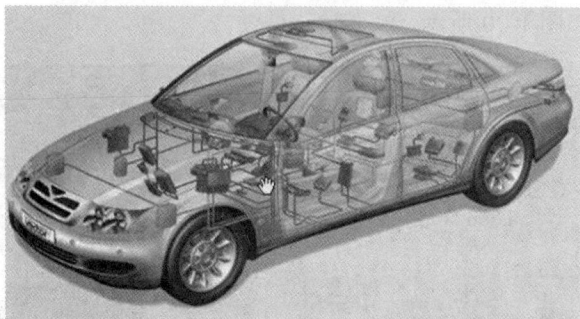

图1-22　车载网络技术

5. 先进驾驶辅助技术

先进驾驶辅助技术通过车辆环境感知技术和自组织网络技术对道路、车辆、行人、交通标志、交通信号灯等进行检测和识别，对识别信号进行分析和处理，传输给执行机构，保障车辆安全行驶，如图1-23所示。先进驾驶辅助技术是智能网联汽车重点发展的技术，其成熟程度和使用多少代表了智能网联汽车的技术水平，是其他关键技术的具体应用体现。

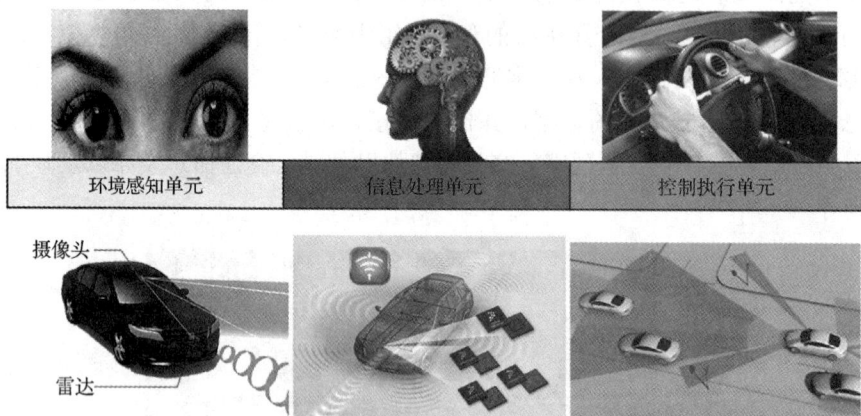

图1-23　先进驾驶辅助技术

6. 信息融合技术

信息融合技术是指在一定准则下，利用计算机技术对多源信息进行分析和综合，以实现不同应用的分类任务而进行的处理过程，如图1-24所示。该技术主要用于对多源信息进行采集、传输、分析和综合，将不同数据源在时间和空间上的冗余或互补信息依据某种准则进行组合，产生完整、准确、及时、有效的综合信息。智能网联汽车采集和传输的信息种类多、数量大，必须采用信息融合技术才能保障实时性和准确性。

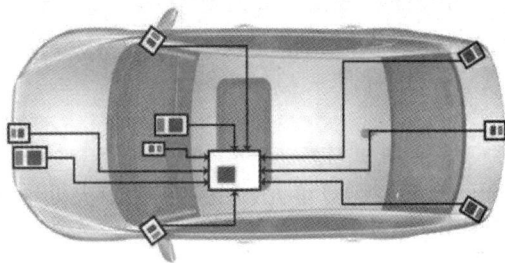

图 1-24　信息融合技术

7. 信息安全与隐私保护技术

智能网联汽车接入网络的同时，带来了信息安全的问题。在应用中，车辆及其所有者/驾驶员的信息都将随时随地传输到网络中被感知，这种暴露在网络中的信息很容易被窃取、干扰，甚至修改等，从而直接影响智能网联汽车体系的安全。因此，在智能网联汽车中，必须重视信息安全与隐私保护技术的研究，如图 1-25 所示。

图 1-25　信息安全与隐私保护技术

8. 智能座舱技术

智能网联汽车智能座舱是以车联网为依托，集合丰富的车载传感器、控制器、网络传感器、云端数据、算力资源等，基于人工智能技术和先进的人机交互技术，提供友好的人机交互界面，提升车辆行驶安全性、通信感知能力、用户体验的汽车座舱软硬件集成系统。它主要由人机交互系统、环境控制系统、影音娱乐系统、信息通信系统、导航定位系统等组成，如图 1-26 所示。

图 1-26　智能网联汽车智能座舱

从汽车座舱升级路径来看，座舱产品正处于"智能时代"初级阶段。现阶段大部分座舱产品仍采用分布式离散控制，即操作系统互相独立，核心技术体现为模块化、集成化设计。未来，随着高级别自动驾驶逐步应用，芯片和算法等性能提升，座舱产品将进一步升级，一芯多屏、多屏互融、立体式虚拟呈现等技术普及，核心技术体现为进一步集成智能驾驶的能力。

9. 计算芯片技术

计算芯片是智能网联汽车的核心运算单元，主要包括中央处理器、图形处理器、现场可编程门阵列及专用定制芯片等。

10. 虚拟测试技术

虚拟测试技术，即运用计算机建模构建出虚拟的街道、城乡和高速公路等作为测试环境，并在虚拟环境中加入测试用例。虚拟测试技术可以大大提高自动驾驶技术的研发测试效率、缩短研发测试周期，并能实现场地测试无法提供的海量测试场景用例。

1.3.2 智能网联汽车的发展趋势

智能网联汽车将向着人工智能化、尺寸小型化、成本低廉化、动力电动化、信息互联化和高可靠性方向发展，主要涉及环境感知技术、决策规划技术、车辆控制技术及网联式智能技术与自主智能技术、智能新技术等。

1. 环境感知技术

77GHz 或 79GHz 毫米波雷达将取代 24GHz 毫米波雷达，天线尺寸更小、角度分辨率更高，芯片材料将向着互补金属氧化物材料发展；激光雷达将向着固态激光雷达、更远的探测距离和更高的分辨率、更小的尺寸和更低的成本方向发展；视觉传感器将沿着深度学习的技术路线，向模块化、可扩展、全天候方向发展。

2. 决策规划技术

决策规划技术主要采用人工智能技术。人工智能技术将由目前所处的机器学习、深度学习阶段向自主学习方向发展；人工智能算法芯片将对软硬件进行深度整合，使其拥有超强的计算能力、更小的体积、更低的功耗，人工智能算法处理速率将会大幅提升。

3. 车辆控制技术

整车电子电气架构将向着跨域集中式电子架构和车辆集中式电子架构发展，分散的控制单元将减少，取而代之的是应用先进算法的集中控制单元；车辆控制算法也将由传统控制算法向基于模型预测控制、最优控制、神经网络控制和深度学习等的智能控制算法转变。

4. 网联式智能技术与自主式智能技术

网联式系统能从时间和空间维度突破自主式系统对车辆周边环境的感知能力。在时间维度，通过 V2X 通信，网联式系统能够提前获知周边车辆的操作信息、红绿灯等交通控制系统信息，以及气象条件、拥堵预测等更长期的未来状态信息。在空间维度，通过 V2X 通信，网联式系统能够感知交叉路口盲区、弯道盲区、车辆遮挡盲区等位置的环境信息，从而帮助自动驾驶系统更全面地掌握周边交通态势。网联式智能技术与自主式智能技术相辅相成、互为补充，正在加速融合发展。

5．智能新技术

人工智能中的深度学习、语义分割、边缘计算、大数据、云计算、5G 等新一代信息技术在智能网联汽车中的应用将不断深入，助推智能网联汽车快速发展。

1.4　智能网联汽车的发展规划

1.4.1　智能网联汽车发展的总体思路

我国智能网联汽车的发展按以下总体思路推进。

（1）近期以自主环境感知为主，推进以网联信息服务为辅的组合驾驶辅助（2 级）应用。

（2）中期重点形成网联式环境感知能力，实现可在复杂工况下进行的有条件自动驾驶（3 级）。

（3）远期推动可实现 V2X 协同控制、具备高度/完全自动驾驶（4 级、5 级）功能的智能化技术。

1.4.2　智能网联汽车发展的目标

智能网联汽车发展的目标见表 1-4。

表 1-4　智能网联汽车发展的目标

年份	建设内容	建设目标
2025	顶层设计方面	基本建成面向乘用车和商用车的自主智能网联汽车产业链与智慧交通体系
	标准体系和能力方面	建立较为完善的自主智能网联汽车标准体系、研发体系、生产配套体系及产业群，掌握自动驾驶系统关键技术，传感器、控制器达到国际先进水平，掌握执行器关键技术，产品质量与价格均具有较强国际竞争力，拥有供应量在世界排名前 10 的供应商 1 家；实现汽车全生命周期的数字化、网络化、智能化，为汽车产业转型和升级奠定基础，完成智能网联汽车的国家信息安全强制认证，在智能汽车领域具备竞争优势
	市场应用方面	1 级、2 级、3 级新车装配率达到 80%，其中 2 级、3 级新车装配率达到 25%，4 级/5 级自动驾驶汽车开始进入市场
	社会效益方面	汽车交通事故数减少 80%，普通道路的交通效率提升 30%，油耗和排放量均降低 20%
2030	顶层设计方面	建立完善的自主智能网联汽车产业链与智能交通体系
	标准体系和能力方面	形成完善的自主智能网联汽车标准体系、研发体系和生产配套体系，我国品牌智能网联汽车以及核心零部件企业具备较强国际竞争力，实现产品大规模出口；建立完善的智能交通体系，智能汽车与智能道路间形成高效的协作发展模式
	市场应用方面	汽车 1 级及以上的智能驾驶系统成为新车标配，汽车联网率接近 100%，4级/5 级新车装配率达到 10%
	社会效益方面	在部分区域初步形成"零伤亡、零拥堵"的智能交通体系，全国范围内交通事故率、拥堵时间与能耗、排放量均大幅度降低

1.4.3　智能网联汽车发展的重点产品

智能网联汽车发展的重点产品主要有基于网联的车载智能信息服务系统、驾驶辅助级智能汽车、部分自动或高度自动驾驶级智能汽车、完全自动驾驶级智能汽车等。

1.　基于网联的车载智能信息服务系统

车载智能信息服务系统在现有远程信息服务系统基础上，为驾驶和出行提供交通、资讯、车辆运行状态及智能控制等信息服务，突出信息化和人机交互升级；逐步普及远程通信功能，部分实现 V2X 短程通信功能，信息可用于智能化控制。

2.　驾驶辅助级智能汽车

制定中国版智能驾驶辅助标准，基于车载传感器实现智能驾驶辅助，可提醒驾驶员干预车辆，突出安全性、舒适性和便利性，驾驶员应对车辆持续控制。

3.　部分自动或高度自动驾驶级智能汽车

制定中国版乘用车城郊智能驾驶标准和高速公路智能驾驶标准，乘用车逐步实现部分自动或高度自动驾驶，突出舒适性、便利性、高效性、机动性和安全性，实现网联信息的安全管理。制定中国版商用车城郊智能驾驶标准和高速公路智能驾驶标准，商用车逐步实现部分自动或高度自动驾驶，以网联智能管理和编队控制技术突破为主，提高运输车辆的运行效率、经济性、安全性和便利性。

4.　完全自动驾驶级智能汽车

制定中国版完全自动驾驶标准，基于多源信息融合、多网融合，利用人工智能、深度挖掘及自动控制技术，配合智能环境和辅助设施实现自动驾驶，可改变出行模式、消除拥堵、提高道路利用率等。

1.4.4　智能网联汽车的关键零部件

智能网联汽车的关键零部件主要有车载光学系统、车载雷达系统、高精度定位系统、车载互联终端、集成控制系统等，如图 1-27 所示。

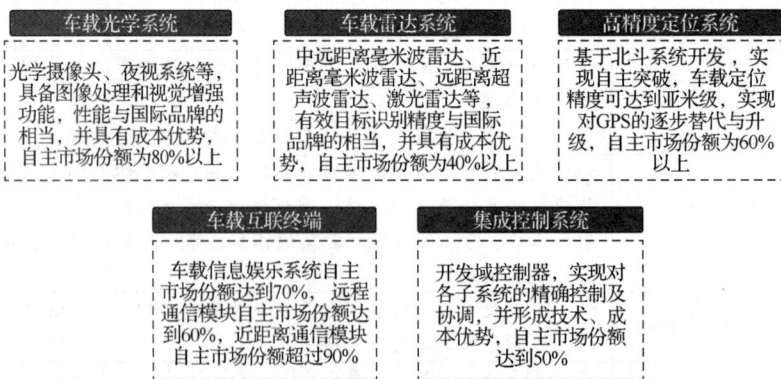

图 1-27　智能网联汽车的关键零部件

1.4.5　智能网联汽车的关键共性技术

智能网联汽车的关键共性技术主要有多源信息融合技术、车辆协同控制技术、数据安全及平台软件、人机交互及共驾技术、基础设施与技术法规等，如图 1-28 所示。

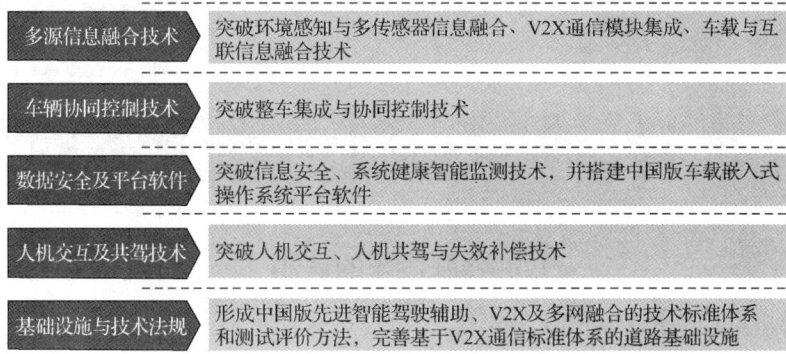

多源信息融合技术	突破环境感知与多传感器信息融合、V2X通信模块集成、车载与互联信息融合技术
车辆协同控制技术	突破整车集成与协同控制技术
数据安全及平台软件	突破信息安全、系统健康智能监测技术，并搭建中国版车载嵌入式操作系统平台软件
人机交互及共驾技术	突破人机交互、人机共驾与失效补偿技术
基础设施与技术法规	形成中国版先进智能驾驶辅助、V2X及多网融合的技术标准体系和测试评价方法，完善基于V2X通信标准体系的道路基础设施

图 1-28　智能网联汽车的关键共性技术

【扩展阅读】

智能网联汽车的渗透率

随着汽车智能化和网联化的发展，智能网联汽车的渗透率逐年增加。根据《2021 年 1—12 月中国智能网联乘用车市场分析报告》，2021 年，我国乘用车上线量为 2031.33 万辆，其中 L2 级乘用车为 476.65 万辆，新车市场的 L2 级渗透率达到 23.5%，较 2020 年增长 7.3%。

从车型类别来看，L2 级渗透率，MPV 车型为 33.2%，SUV 车型为 26.7%，轿车为 20.6%。

从车型级别来看，L2 级渗透率，对于 SUV 车型，小型 SUV 车型为 8.1%，紧凑型 SUV 车型为 23.4%，中型 SUV 车型为 38.7%，中大型 SUV 车型为 82.0%，大型 SUV 车型为 86.4%；对于轿车，微型轿车为 1.9%，小型轿车为 15.0%，紧凑型轿车为 17.2%，中型轿车为 27.8%，中大型轿车为 49.3%。

从动力类型来看，L2 级渗透率，增程式电动汽车为 97.4%，混合动力汽车为 81.5%，插电式混合动力电动汽车为 51.2%，纯电动汽车为 33.0%，燃油汽车为 19.4%。

从车辆系别来看，L2 级渗透率，日系车辆为 37.3%，美系车辆为 30.2%，韩系车辆为 23.2%，自主品牌车辆为 21.7%，德系车辆为 8.6%，其他车辆为 73.3%。

从生产厂商来看，L2 级渗透率，特斯拉为 99.9%，代表车型为 Model Y、Model 3；沃尔沃为 96.8%，代表车型为沃尔沃 XC60、S90；一汽丰田为 73.9%，代表车型为卡罗拉、亚洲龙；广汽丰田为 58.6%，代表车型为雷凌、凯美瑞；广汽本田为 41.6%，代表车型为雅阁、皓影；比亚迪为 37.7%，代表车型为比亚迪汉 PLUS 新能源、比亚迪宋 PLUS 新能源；长城汽车为 33.0%，代表车型为坦克 300、哈弗 H6；东风本田为 27.3%，代表车型为本田 CR-V、艾力绅；上汽通用为 22.3%，代表车型为别克 GL8、凯迪拉克 XT6；吉利汽车为 13.1%，代表车型为吉利星瑞、吉利博越。

随着 L2 级成本的下探和经济型车辆的不断搭载，L2 级渗透率将进入高增长阶段，到 2025 年，L2 级渗透率将超过 50%。

思考与讨论

1. 分析我国当前汽车市场智能网联汽车的渗透率情况。

2. 分别对日系、美系、德系、韩系和自主品牌的车辆，分析一种 L2 级智能网联汽车的配置与功能。

【项目实训】

智能网联汽车的认知

通过智能网联汽车的认知项目实训，填写项目实训工单，增强学生对智能网联汽车的认知。

项目实训工单

实训参考题目	智能网联汽车的认知			
实训实际题目	由指导教师根据实际条件和分组情况给出实训实际题目，包括实训车型、具体实训项目、实训内容等。实训项目可以是智能网联汽车的定义与分级、智能网联汽车的体系结构、智能网联汽车的关键技术及发展趋势、智能网联汽车的发展规划等。根据分组情况可以分配不同的实训内容			
学生姓名		班级		学号	
组长姓名		同组同学			
实训地点		学时		日期	
实训目标	（1）能够依据实训实际题目和要求，独立完成实训前的各种准备。 （2）能够判别实训车辆是否属于智能网联汽车，并说出原因。 （3）能够根据实训规范，结合车辆手册，制订实训计划。 （4）能够在网上查找智能网联汽车资料。 （5）能够结合车辆手册和所学知识，对实训车辆的智能化和网联化属性进行分析、讲解			

一、接受实训任务

小王同学在某汽车 4S 店实习，即将实习结束，要进行综合考核，考核分为实训和理论两部分，其中实训占 70%，理论占 30%（理论部分可参照知识巩固内容）。实训考核是小王同学模仿销售人员，完成实训任务。

某汽车 4S 店接受了一位客户的预约，据客户反映，目前智能网联汽车非常火爆，欲购买一辆智能网联汽车，但对智能网联汽车知识和市场情况不了解，希望销售人员给予详细讲解。汽车 4S 店委派实习生小王等同学，提前做好准备，负责接待客户，给客户全面介绍智能网联汽车知识，并促成销售成功，同时做好各项记录

二、实训任务准备（以下内容由实训学生填写）

（1）实训设备选择：□实训车辆　　□实训专用实验台　　□网上车辆

（2）实训目标是否完全理解：□完全理解　　□不完全理解

（3）实训任务是否完全理解：□完全理解　　□不完全理解

（4）实训车辆拟实训项目：＿＿＿＿＿＿＿＿＿＿＿＿＿＿＿＿＿

（5）实训车辆资料是否完整：□完整　　□不完整（原因：＿＿＿＿＿＿＿）

（6）网上智能网联汽车资料是否准备：□准备　　□没准备（原因：＿＿＿＿＿＿＿）

（7）智能网联汽车的基础知识是否熟悉：□熟悉　　□不熟悉

（8）本次实训所需要的PPT准备情况：□准备　　□没准备（原因：＿＿＿＿＿＿＿）

（9）本次实训所需要的辅助设备准备情况：□齐全　　□不齐全（原因：＿＿＿＿＿＿＿）

（10）本次实训所需时长约为＿＿＿＿＿＿＿＿＿＿＿＿＿＿

（11）实训完是否需要检验：□需要　　□不需要

（12）其他准备：＿＿＿＿＿＿＿＿＿＿＿＿＿＿＿＿＿＿＿＿＿＿＿

三、制订实训计划（以下内容由实训学生填写，指导教师审核）

（1）根据本次智能网联汽车的认知实训任务，完成物料的准备

完成本次实训需要的所有物料准备

序号	物料种类	物料名称范例	实际物料名称
1	实训设备	实训用智能网联汽车	
2	在网上查找的智能网联汽车资料	L1级智能网联汽车	
		L2级智能网联汽车	
		L3级智能网联汽车	
		L4级智能网联汽车	
3	相关资料	智能网联汽车市场销售情况	
		销售的智能网联汽车配置情况	
		L4级智能网联汽车配置情况	
		智能网联汽车发展情况	
4	辅助设备	投影仪、笔记本计算机	

（2）根据智能网联汽车的认知实训任务，制订操作流程

智能网联汽车的认知操作流程

序号	操作流程范例	实际操作流程
1	接受实训任务	
2	实训任务准备	
3	实训物料准备	
4	在实训车辆上查找智能化技术	
5	在实训车辆上查找网联化技术	
6	制作讲授用的PPT	
7	结合实训车辆和PPT讲解识别智能网联汽车	
8	实训小组讨论	
9	实训质量检查	

续表

（3）根据实训计划，完成小组成员任务分工

操作员（1人）		客户（1人）	
协作员（若干人）		记录员（1人）	

操作员负责智能网联汽车的认知具体实训内容的操作；客户负责智能网联汽车的认知具体实训内容结果的验收；协作员负责协助操作员完成智能网联汽车的认知具体实训内容的操作；记录员做好智能网联汽车的认知具体实训内容的记录。

（4）指导教师对制订的实训计划进行审核

审核意见：

年　月　日　签字：

四、实训计划实施（实施内容由指导教师填写，实施结果由实训学生填写）

（1）参考范例

实施步骤	实施内容	实施结果
1	准备好实训车辆	实训车辆放置在合适位置
2	准备好实训车辆手册	车辆手册放在操作员手中
3	判断实训车辆是否属于智能网联汽车	是
4	查找实训车辆上的先进驾驶辅助系统	车道保持辅助系统、自适应巡航控制系统、自动泊车辅助系统等
5	查找车道保持辅助系统使用的传感器	1个视觉传感器
6	查找自适应巡航控制系统使用的传感器	1个毫米波雷达
7	查找自动泊车辅助系统使用的传感器	12个超声波传感器
8	判断实训车辆驾驶自动化分级	L2级
9	查找实训车辆上的网联化技术	导航系统
10	判断实训车辆网联化分级	1级
11	准备给客户讲解用的PPT（智能网联汽车自动驾驶分级方法，举例说明如何判断智能网联汽车的L1~L5级）	已准备
12	操作员给客户（小组其他成员）进行讲解	完成
13	实训完所有物品归位	完成

（2）实际案例

实施步骤	实施内容	实施结果
1		
2		
3		
4		
5		
6		
7		
8		
9		
10		
11		
12		
13		
14		
15		

续表

五、实训小组讨论（以下内容由实训学生填写）

讨论题 1：讨论实训车辆有哪些智能化技术。

讨论题 2：讨论实训车辆有哪些网联化技术。

讨论题 3：讨论上一年度中国汽车市场上智能网联汽车的概况。

讨论题 4：总结本次实训的优点和不足。

六、实训质量检查（以下内容由指导教师填写）

请实训指导教师检查本组实训结果，并针对实训过程中出现的问题提出建议

序号	评价标准	评价结果
1	实训任务是否完成	
2	实训操作是否规范	
3	实施记录是否完整	
4	实训结论是否正确	
5	实训小组讨论是否充分	
综合评价	□优　　　□良　　　□中　　　□及格　　　□不及格	
问题与建议	问题： 建议：	

续表

实训成绩单

项目	评分标准	分值	得分
接受实训任务	明确任务内容，理解任务在实际工作中的重要性	5	
实训任务准备	实训任务准备完整	5	
	掌握智能网联汽车的基础知识	5	
	能够正确划分智能网联汽车的级别	5	
制订实训计划	物料准备齐全	5	
	操作流程合理	5	
	人员分工明确	5	
实训计划实施	实训计划实施步骤合理、记录详细	10	
	实施过程规范，没有出现错误	10	
	能够对实训车辆基础知识进行正确讲解	15	
	能够对实训得出正确结论	10	
实训小组讨论	实训小组讨论热烈	5	
	实训总结客观	5	
实训质量检查	学生实训任务完成，实训过程规范，实训记录完整，结论正确	10	
实训考核成绩			

【归纳与提高】

本项目主要介绍了智能网联汽车的定义与分级，智能网联汽车的层次结构、技术架构和技术路线，智能网联汽车的关键技术及发展趋势，智能网联汽车发展的总体思路、目标、重点产品及智能网联汽车的关键零部件和关键共性技术等。通过对本项目的学习，学生可以较全面地掌握智能网联汽车的基础知识。通过项目实训和知识巩固，可以巩固学生所学的知识，最终培养学生分析问题和解决问题的能力，以及识别智能网联汽车的技能。

由于智能网联汽车发展较快，建议学生多了解国内汽车市场智能网联汽车的销售情况，分析智能网联汽车的渗透率，掌握智能网联汽车技术的发展变化。

【知识巩固】

一、名词解释

1. 智能汽车

2. 网联汽车

3. 智能网联汽车

4．自动驾驶汽车

5．无人驾驶汽车

二、填空题

1．智能网联汽车发展的终极目标是_____。

2．自动驾驶汽车至少包括_____、_____、_____、_____，比较高级的车型还应该配备_____。

3．我国把智能网联汽车驾驶自动化划分为 5 个等级，1 级为_____，2 级为_____，3 级为_____，4 级为_____，5 级为_____。

4．我国把智能网联汽车网联化划分为 3 个等级，1 级为_____，2 级为_____，3 级为_____。

5．对应 SAE 分级标准，无人驾驶专指_____和_____，汽车能够在限定环境乃至全部环境下完成全部的驾驶任务。

6．L2 级功能一般是指已具备_____或_____功能，同时又配备_____的智能化功能。

7．智能网联汽车可划分为"三横两纵"技术架构，"三横"是指智能网联汽车主要涉及的_____、_____与_____三大领域关键技术，"两纵"是指支撑智能网联汽车发展的_____及_____。

8．智能网联汽车的技术路线主要分为_____和_____。

9．智能网联汽车的关键技术包含_____、_____、_____、_____、_____、_____、_____、_____、_____、_____等。

10．智能网联汽车技术将向着_____、_____、_____、_____、信息互联化和高可靠性方向发展。

三、选择题

1．不属于自动驾驶汽车的是（　　）。

A．L0 级　　　　　　B．L1 级　　　　　　C．L2 级　　　　　　D．L3 级

2．属于无人驾驶汽车的是（　　）。

A．L1 级　　　　　　B．L2 级　　　　　　C．L3 级　　　　　　D．L4 级

3．能够实现 V2X 短距离通信的是（　　）。

A．蓝牙　　　　　　B．Wi-Fi　　　　　　C．LTE-V　　　　　　D．5G

4．不属于智能网联汽车的关键零部件的是（　　）。

A．近距离超声波雷达　　　　　　B．中程毫米波雷达

C．激光雷达　　　　　　　　　　D．短程毫米波雷达

5．自主式驾驶辅助不包括（　　）。

A．前向碰撞预警系统　　　　　　B．车道偏离预警系统

C．盲区监测系统　　　　　　　　D．车道内自动驾驶系统

6．智能网联汽车的车辆/设施关键技术主要包括（　　）。

A．环境感知技术　B．智能决策技术　C．控制执行技术　D．车路协同技术

7. 智能网联汽车的信息交互关键技术主要包括（　　）。

    A. 专用通信与网络技术   B. 大数据云控基础平台技术

    C. 系统设计技术   D. 车路协同技术

8. 智能网联汽车的基础支撑关键技术主要包括（　　）。

    A. 人工智能技术   B. 安全技术   C. 测试评价技术   D. 标准、法规

9. 车载式环境感知系统主要包括（　　）。

    A. 摄像头   B. 激光雷达   C. 毫米波雷达   D. 5G

10. 网联式环境感知系统主要包括（　　）。

    A. 摄像头   B. LTE-V   C. 毫米波雷达   D. 5G

四、判断题

1. 具有车道偏离预警系统、盲区监测系统的汽车都属于新能源汽车。（　　）

2. 具有自动紧急制动系统或自适应巡航控制系统及车道保持辅助系统的智能网联汽车属于 L2 级。（　　）

3. 目前，量产车型中还没有 L4 级和 L5 级自动驾驶汽车，尚处于开发测试阶段。（　　）

4. 智能汽车的自动化、网联化程度越高，越接近于智能网联汽车。（　　）

5. 无论驾驶自动化怎样分级，从驾驶员对车辆的控制权来看，其可以分为驾驶员拥有车辆全部控制权、驾驶员拥有车辆部分控制权、驾驶员不拥有车辆控制权 3 种形式。（　　）

6. 电动化、智能化、网联化和共享化已经成为汽车新的发展趋势，电动智能网联汽车是实现汽车"新四化"的最好载体。（　　）

7. 远距离无线通信技术用于提供即时的互联网接入，主要采用 4G/5G 技术，特别是 5G 技术有望成为车载远距离无线通信专用技术。（　　）

8. 短距离无线通信技术有 DSRC 技术、LTE-V、蓝牙、Wi-Fi 等，其中 DSRC 和 LTE-V 可以实现在特定区域内对高速运动下移动目标的识别和双向通信，例如 V2V、V2I 双向通信，实时传输图像、语音和数据信息等。（　　）

9. 2025 年，部分自动驾驶、有条件自动驾驶智能网联汽车将占汽车年销量的 60%以上。（　　）

10. 网联式智能技术与自主式智能技术加速融合是智能网联汽车的发展趋势之一。（　　）

五、问答题

1. 智能汽车、智能网联汽车、自动驾驶汽车和无人驾驶汽车之间是什么关系？

2. 驾驶员对车辆的控制权分为哪几种形式？

3. 智能网联汽车"三横两纵"技术架构具体包含哪些内容？

4. 智能网联汽车的关键零部件有哪些？

5. 智能网联汽车的关键共性技术有哪些？

项目 2
智能网联汽车环境感知系统

智能网联汽车要实现自动驾驶，必须对其周围的环境进行感知，如道路、车辆、行人、交通标志、交通信号灯等，否则将无法保证自动驾驶的安全。环境感知系统的学习是智能网联汽车学习的重中之重，也是学生今后从事智能网联汽车工作的基础。

【知识路径】

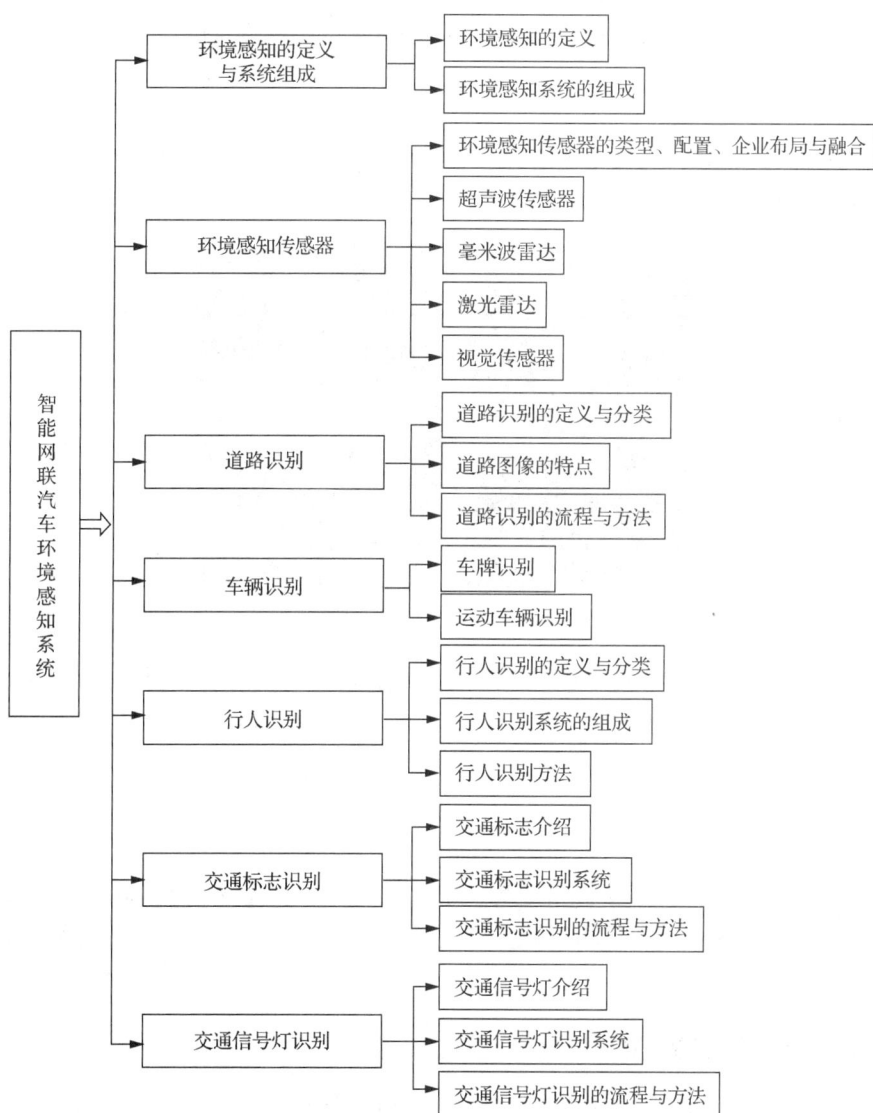

【学习目标】

知识目标

（1）掌握智能网联汽车环境感知的定义与环境感知系统的组成。

（2）掌握智能网联汽车环境感知传感器。

（3）了解智能网联汽车的道路识别、车辆识别、行人识别、交通标志识别和交通信号灯识别等。

技能目标

（1）能够识别智能网联汽车环境感知传感器。

（2）能够对智能网联汽车的道路识别、车辆识别、行人识别、交通标志识别和交通信号灯识别的方法进行判断。

素质目标

（1）培养敬业精神和服务意识。

（2）培养沟通、协调、合作的能力，逐步形成良好的心理素质。

【导入案例】

未来智能网联汽车能够在道路上有序、安全行驶，特别是无人驾驶汽车，不依赖驾驶员，汽车也能安全行驶，如图 2-1 所示。

图 2-1　无人驾驶汽车安全行驶

智能网联汽车或无人驾驶汽车依靠什么技术进行安全行驶？其如何对道路、车辆、行人、交通标志、交通信号灯等进行检测和识别？通过对本项目的学习，学生可以得到答案。

【知识探索】

2.1　环境感知的定义与系统组成

2.1.1　环境感知的定义

智能网联汽车的环境感知就是利用车载超声波传感器、毫米波雷达、激光雷达、视觉传感器，以及 V2X 通信技术等获取道路、车辆位置和障碍物的信息，并将这些信息传输给车载控制中心，为智能网联汽车提供决策依据，是 ADAS 实现的第一步。

环境感知在智能网联汽车中的典型应用如图 2-2 所示。

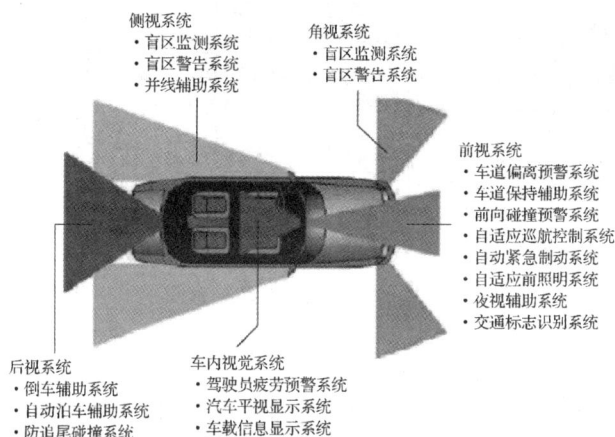

图 2-2　环境感知在智能网联汽车中的典型应用

环境感知相当于智能网联汽车的"眼睛和耳朵"，它的性能将决定智能网联汽车能否适应复杂多变的交通环境。智能驾驶程度越高，对环境感知的要求越高，无人驾驶汽车对环境感知的要求最高，其次是自动驾驶汽车、智能网联汽车和智能汽车。

环境感知的对象主要有道路、车辆、行人、各种障碍物、交通标志、交通信号灯等，如图 2-3 所示。环境感知的对象有静止的，如道路、静止的障碍物、交通标志和交通信号灯等；也有移动的，如车辆、行人和移动的障碍物等。对于移动的对象，不仅要检测，还要对其轨迹（位置）进行追踪，并根据追踪结果预测该对象下一步的轨迹。

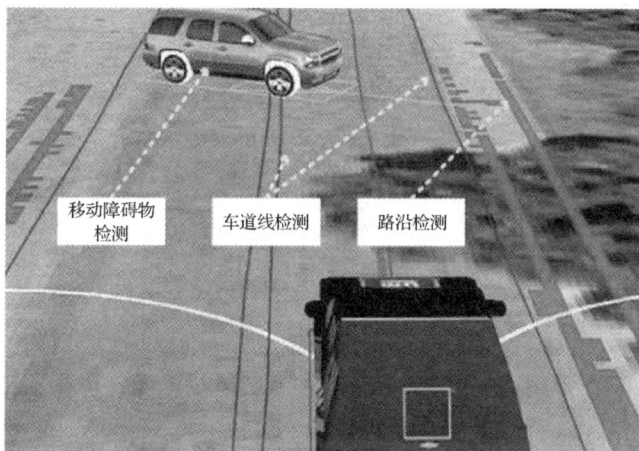

图 2-3　环境感知的对象

2.1.2　环境感知系统的组成

智能网联汽车的环境感知系统由信息采集单元、信息处理单元和信息传输单元组成，如图 2-4 所示。

信息采集单元

| 惯性元件 |
| 超声波传感器 |
| 激光雷达 |
| 毫米波雷达 |
| 视觉传感器 |
| 定位导航 |
| 车载自组织网络 |

信息处理单元

| 道路识别 |
| 车辆识别 |
| 行人识别 |
| 交通标志识别 |
| 交通信号灯识别 |

信息传输单元

| 显示系统 |
| 报警系统 |
| 传感器网络 |
| 车载自组织网络 |

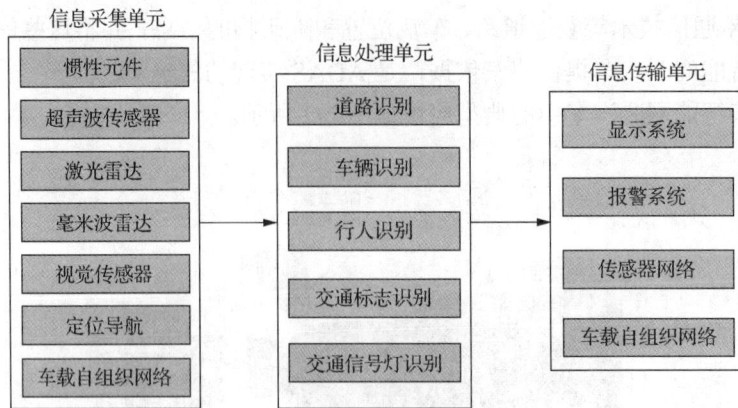

图 2-4　智能网联汽车的环境感知系统

1. 信息采集单元

对环境的感知和判断是智能网联汽车工作的前提和基础，环境感知系统获取周围环境和车辆信息的实时性和稳定性直接关系到后续检测或识别的准确性和执行的有效性。信息采集单元主要包括惯性元件、超声波传感器、激光雷达、毫米波雷达、视觉传感器、定位导航及车载自组织网络等。

惯性元件和定位导航主要用于获取车辆的行驶速度、状态、方位等信息，为智能网联汽车的定位和导航提供有效数据。惯性元件主要是指汽车上的车轮转速传感器、加速度传感器、微机械陀螺仪、转向盘转角传感器等，用于感知汽车自身的行驶状态。定位导航是指 GPS 或 BDS，利用它们可以感知汽车自身的位置。

超声波传感器、激光雷达、毫米波雷达和视觉传感器都属于环境感知传感器，主要用于获取交通环境信息，为智能网联汽车安全行驶提供有效数据。超声波传感器主要用于短距离障碍物的检测；激光雷达不仅用于感知，也用于高精度地图的测绘和定位，是公认的 L3 级以上自动驾驶必不可少的传感器；毫米波雷达主要用于交通车辆的检测；视觉传感器主要用于车道线、交通标志、交通信号灯以及车辆、行人的检测。

按照获取交通环境信息的途径，可将环境感知传感器分为被动环境感知传感器和主动环境感知传感器。被动环境感知传感器自身不会发射信号，而是通过接收外部反射或辐射的信号来获取环境信息，如视觉传感器；主动环境感知传感器可以主动向外部环境发射信号来进行环境感知，如超声波传感器、激光雷达和毫米波雷达。

车载自组织网络强调了车辆、基础设施和行人三者之间的联系，利用短程通信技术，获得实时道路信息、车辆信息和行人信息等一系列交通信息，从而提高驾驶安全性和驾驶效率。

2. 信息处理单元

信息处理单元主要对信息采集单元输送来的信号，通过一定的算法对道路、车辆、行人、交通标志、交通信号灯等进行识别，为智能网联汽车安全行驶提供保障。

3. 信息传输单元

信息处理单元对环境感知信号进行分析后，将其送入信息传输单元，信息传输单元再根据具体情况执行不同的操作。信息传输单元包括显示系统、报警系统、传感器网络和车载自组织网络。

显示系统用于把信息处理单元传输来的重要信息显示出来，提供给驾驶员观看。

报警系统用于把信息处理单元传输来的危险信息用报警的方式提供给驾驶员，如信息处理单元分析信息后确定前方有车辆，并且本车与前方车辆之间的距离小于安全车距，报警系统就会启动。

传感器网络用于把信息处理单元传输来的信息输送到控制系统的执行模块，如驾驶员没有采取措施，碰撞危险继续加大，则将危险信息输送到制动系统的执行模块，执行模块结合本车速度、加速度、转向角等自动调整智能网联汽车的车速和方向，实现自动避障，在紧急情况下也可以自动制动。信息传输单元把信息传输到传感器网络上，可以实现车辆内部资源共享。

车载自组织网络用于把信息处理单元传输来的信息传输给车辆周围的其他车辆，实现车辆与车辆的信息共享。

图 2-5 所示为智能网联汽车的周边环境感知，可以看出，不同传感器的感知范围是不同的。

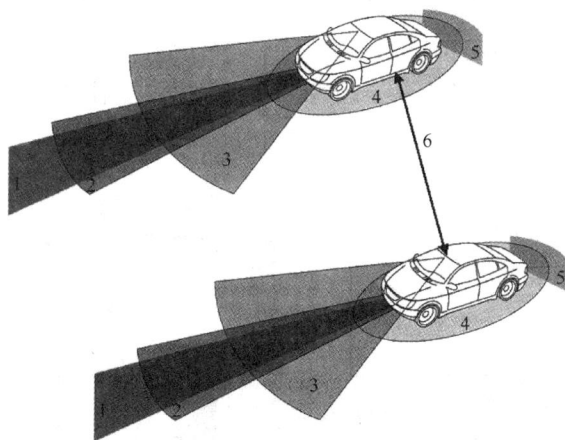

1—远距离雷达；2—短距离雷达；3、5—视觉传感器；4—超声波传感器；6—车载自组织网络

图 2-5　智能网联汽车的周边环境感知

2.2　环境感知传感器

2.2.1　环境感知传感器的类型、配置、企业布局与融合

1. 环境感知传感器的类型

智能网联汽车的环境感知传感器主要有超声波传感器、毫米波雷达、激光雷达、视觉传感器等。

（1）超声波传感器。超声波传感器主要应用于短距离探测物体，不受光照影响，但测量精度受测量物体表面形状、材质的影响大。在智能网联汽车上超声波传感器主要用于自动泊车辅助，其结构简单、体积小、成本低。

（2）毫米波雷达。毫米波雷达是智能网联汽车应用最广泛且最重要的传感器之一，主要有用于短程的 24GHz 毫米波雷达和用于中远程的 77GHz 毫米波雷达。毫米波雷达可以准确检测前方障碍物的距离信息，抗干扰能力强，具备较强的穿透雾、烟、灰尘等的能力，受天气情况和夜间的影响小，体积小。

（3）激光雷达。激光雷达是无人驾驶汽车的必备传感器，根据自动驾驶级别，可以配备不同线束的激光雷达。激光雷达分为单线束激光雷达和多线束激光雷达，多线束激光雷达通过点云来建立周边环境的三维模型，可以检测出车辆、行人、树木等。激光雷达能够直接获取物体的 3D 距离信息，测量精度高，对光照环境变化不敏感，抗干扰能力强，是智能网联汽车发展的最佳技术路线之一，但是成本较高。

（4）视觉传感器。视觉传感器（视觉传感器在汽车上使用时一般称为摄像头）包括单目摄像头、双目摄像头、三目摄像头和环视摄像头等。单目摄像头、双目摄像头、三目摄像头主要应用于中远距离场景，能识别清晰的车道线、交通标志、障碍物、行人等，但对光照、天气等条件很敏感，而且需要复杂的算法支持，对处理器的要求也比较高；环视摄像头主要应用于短距离场景，可识别障碍物，同样对光照、天气等条件很敏感。

不同环境感知传感器的感知范围不同，如图 2-6 所示，它们均有各自的优点和局限性，现在发展的趋势是通过传感器信息融合技术，弥补单个传感器的缺陷，提高整个智能驾驶系统的安全性和可靠性。

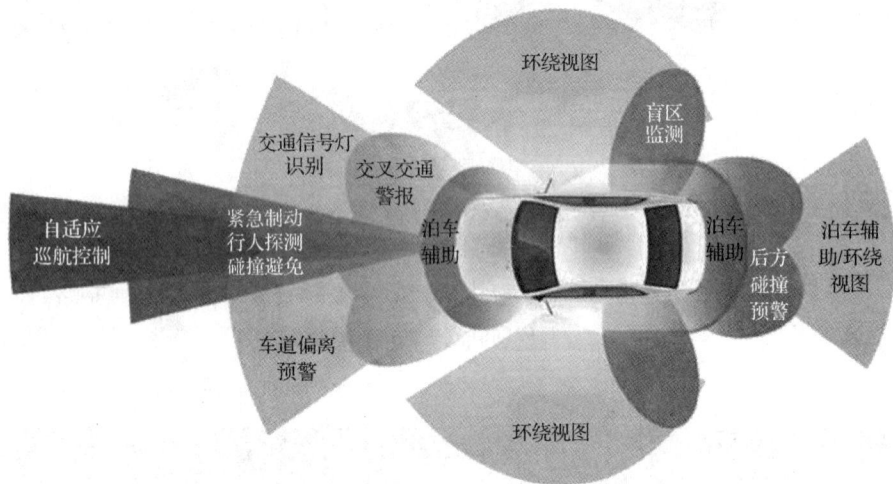

图 2-6　环境感知传感器的感知范围

2. 环境感知传感器的配置

智能网联汽车的环境感知传感器在智能网联汽车上的配置与自动驾驶级别有关，自动驾驶级别越高，配置的传感器越多。

在选择环境感知传感器时，一般需要综合考虑多个方面的属性，结合这些属性参数和不同等级的自动驾驶功能实现需求，从多种传感器中综合考虑并加以选取。智能网联汽车车载传感器配置要求如图 2-7 所示，根据探测距离及探测角度来配置环境感知传感器。

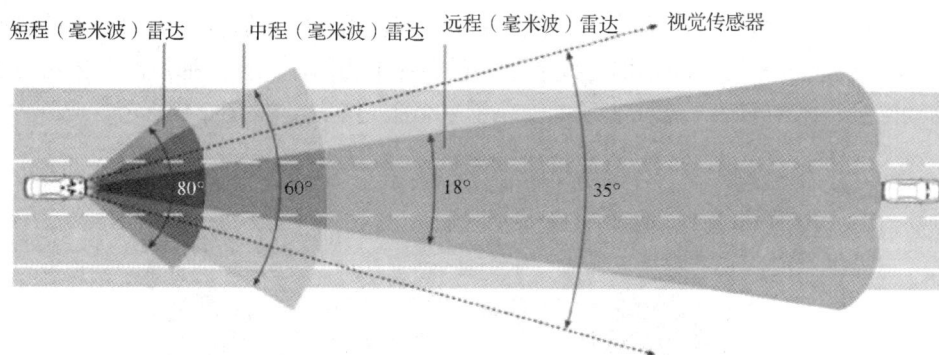

图 2-7　智能网联汽车车载传感器配置要求

智能网联汽车的典型传感器基本配置见表 2-1。

表 2-1　智能网联汽车的典型传感器基本配置

传感器	数量/个	最小感知范围	备注
环视摄像头（高清）	4	8m	前、侧向毫米波雷达信息处理策略有差异，不能互换；毫米波雷达和激光雷达互为冗余；不同供应商的传感器探测范围有差异，表中数据仅供参考
前视摄像头（单目）	1	50°/150m	
超声波传感器	12	5m	
侧向毫米波雷达（24GHz）	4	110°/60m	
前向毫米波雷达（77GHz）	1	15°/170m	
激光雷达	1	110°/100m	

图 2-8 所示为奥迪 A8 配备的自动驾驶系统的环境感知传感器，它配置了激光雷达（激光扫描仪）、前视摄像头、360°（环视）摄像头、远程（毫米波）雷达、中程（毫米波）雷达、超声波传感器等。

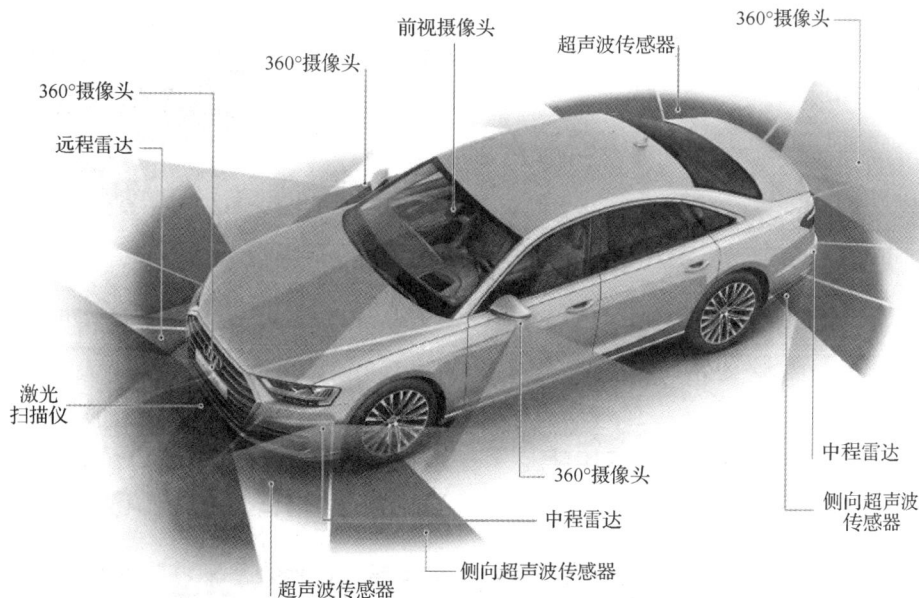

图 2-8　奥迪 A8 配备的自动驾驶系统的环境感知传感器

激光雷达一般安装在无人驾驶汽车的四周和顶部，用于解决摄像头的测距不准确问题，根据各家公司方案的不同，激光雷达数量和位置也各不相同。比如，通用汽车公司用于研究L4级自动驾驶技术的Bolt，就在车顶上安装了多个激光雷达，如图2-9所示。

图2-9　通用汽车公司L4级自动驾驶汽车

它配备了5个威力登（Velodyne）公司生产的16线束激光雷达；21个毫米波雷达，其中12个79GHz毫米波雷达由日本ALPS公司提供，2个前向远程毫米波雷达、2个后向远程毫米波雷达由德国大陆集团提供，5个高分辨率毫米波雷达由博世公司提供，主要安装在车辆两侧和正前方；16个摄像头，其中车顶上有10个摄像头[1个基线长大约8cm的双目摄像头（由2个摄像头组成），8个360°环视摄像头]，车内后视镜位置有1个单目摄像头，车最前部位置有1个远距离单目摄像头，车外后视镜和车后部各有2个摄像头。

随着汽车电动化、智能化和网联化的发展，智能网联汽车配备的环境感知传感器的数量将会逐渐增加。自动驾驶中环境感知传感器的应用变化趋势如图2-10所示。

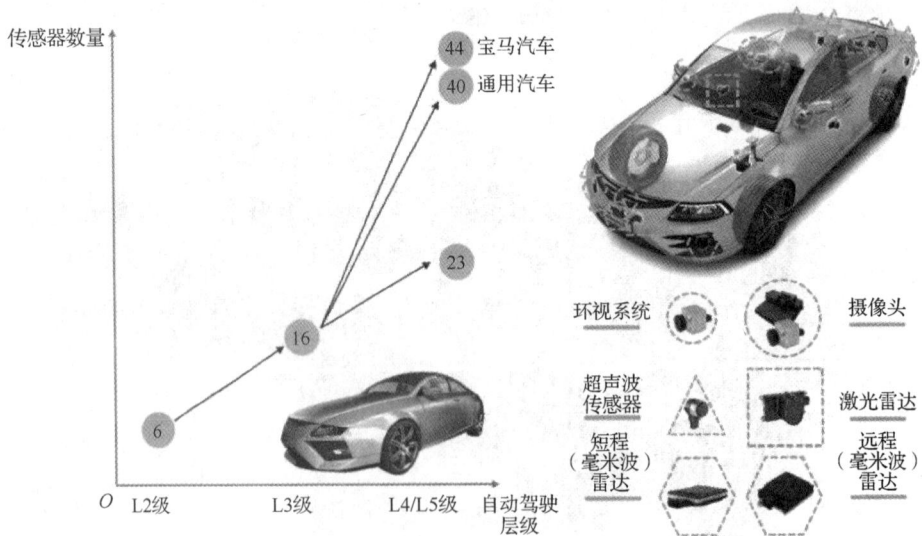

图2-10　自动驾驶中环境感知传感器的应用变化趋势

3. 环境感知传感器的企业布局

环境感知传感器的企业布局如图 2-11 所示，其中深色部分为国外企业，浅色部分为国内企业。

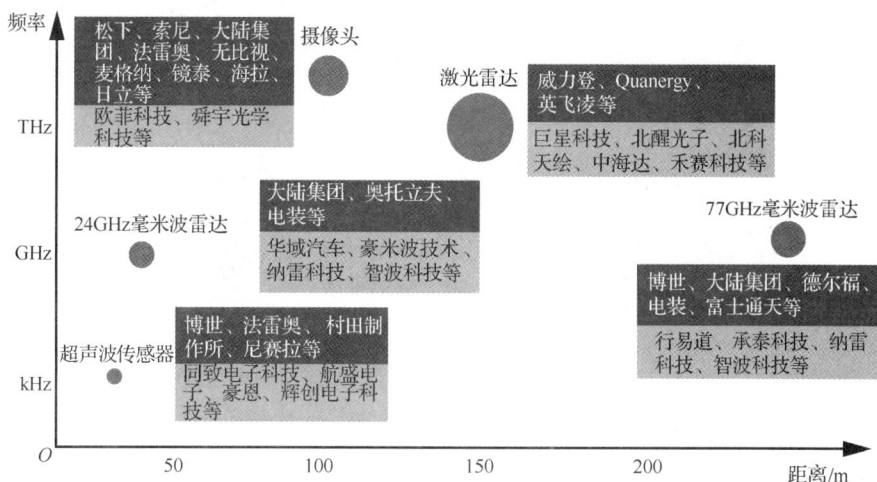

图 2-11　环境感知传感器的企业布局

4. 环境感知传感器的融合

环境感知传感器的融合就是将多个传感器获取的数据集中在一起进行综合分析，以便更加准确、可靠地描述外界环境，从而提高系统决策的正确性。

多传感器融合的基本原理类似于人类大脑对环境信息的综合处理过程。人类将眼睛、耳朵、鼻子等感官所探测的信息传输至大脑，并与先验知识进行综合，以便对周围的环境和正在发生的事件做出快速、准确的评估。人类的感官相当于各种传感器，人类的大脑相当于信息融合中心，人类的先验知识相当于数据库。

多传感器融合的体系结构分为分布式、集中式和混合式，如图 2-12 所示。

（1）分布式。分布式先对各个独立传感器所获得的原始数据进行局部处理，然后将结果送入信息融合中心进行智能优化组合来获得最终的结果。分布式对通信带宽的需求低，计算速度快，可靠性和延续性好，但跟踪的精度远没有集中式的高。

（2）集中式。集中式将各传感器获得的原始数据直接送至信息融合中心进行融合处理，可以实现实时融合。其优点是数据处理的精度高，算法灵活；缺点是对处理器的要求高，可靠性较差，数据量大，故难以实现。

（3）混合式。混合式多传感器融合中，部分传感器采用集中式融合方式，剩余的传感器采用分布式融合方式。混合式具有较强的适应能力，兼顾了集中式和分布式的优点，稳定性强。混合式的结构比分布式和集中式复杂，这样就加大了通信和计算上的代价。

视觉传感器成本低，可以识别不同的物体，在物体高度与宽度的测距精度、车道线识别和行人识别的准确度等方面有优势，是实现车道偏离预警、交通标志识别等功能不可缺少的传感器；但视觉传感器的作用距离和测距精度不如毫米波雷达，并且容易受光照、天气等因素的影响。毫米波雷达受光照、天气等因素的影响较小，测距精度高，但难以识别车道线、交通标志等。另外，毫米波雷达通过多普勒频移的原理能够实现更高精度的目标速度探测。

将视觉传感器和毫米波雷达进行融合，相互配合，共同构成智能网联汽车的感知系统，可取长补短，实现更稳定、更可靠的 ADAS 功能，如图 2-13 所示。视觉传感器与毫米波雷达融合具有以下优势。

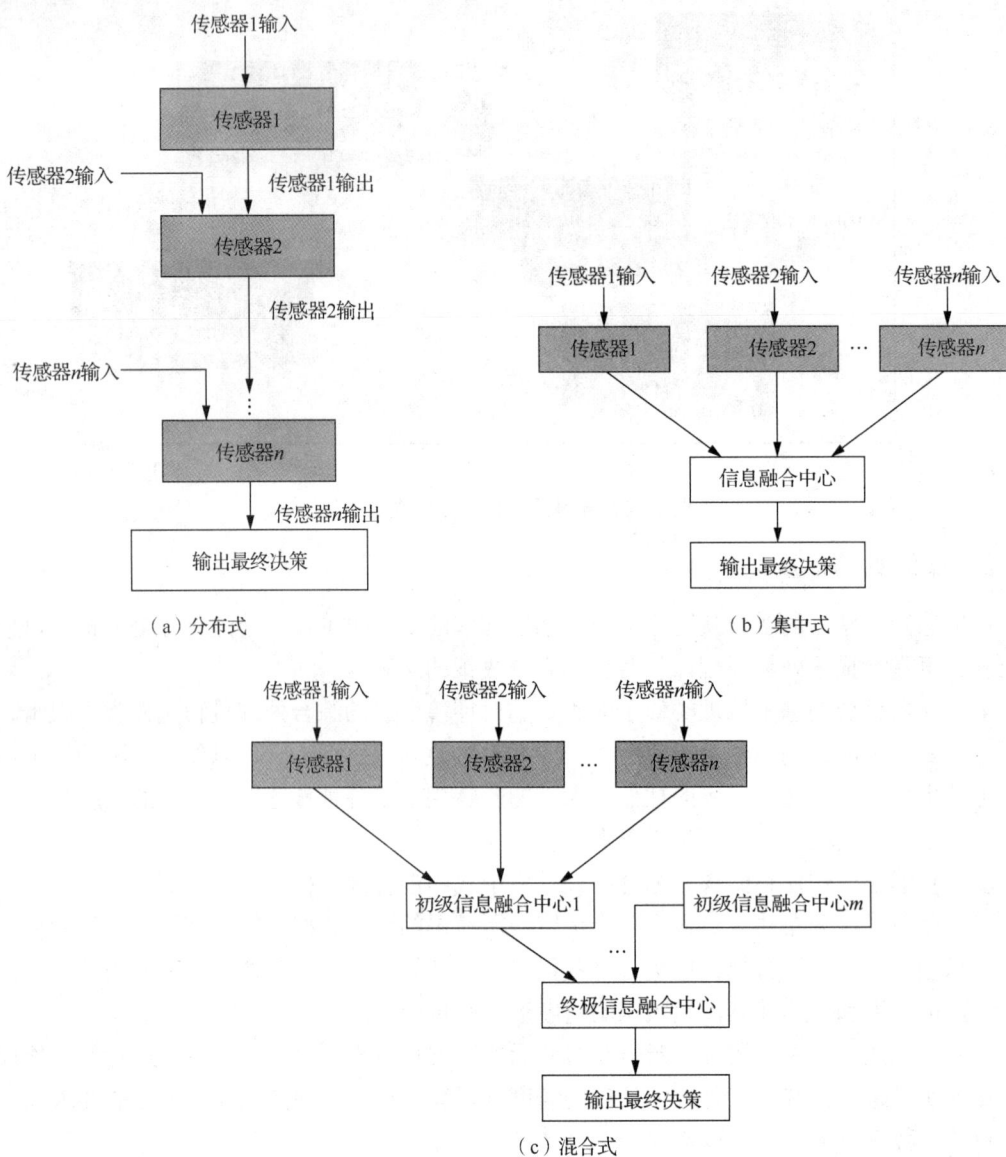

图 2-12 多传感器融合的体系结构

（1）高可靠性。目标真实，可信度提高。

（2）高互补性。全天候应用与远距离提前预警。

（3）高精度。大视角、全距离条件下的高性能定位。

（4）识别能力强。对各种复杂对象都能够识别。

在智能驾驶场景下，视觉传感器与毫米波雷达的数据融合策略大致有 3 种，即图像级融合、目标级融合和信号级融合，如图 2-14 所示。

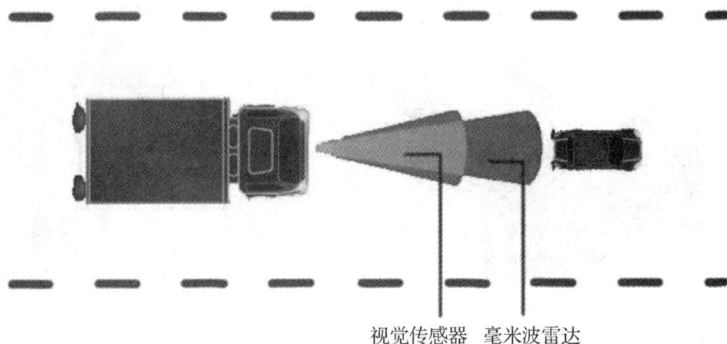

图 2-13 视觉传感器与毫米波雷达的融合

图 2-14 视觉传感器与毫米波雷达的数据融合策略

（1）图像级融合。图像级融合以视觉传感器为主体，将毫米波雷达输出的整体信息进行图像特征转化，然后与视觉系统的图像输出进行融合。

（2）目标级融合。目标级融合是对视觉传感器和毫米波雷达的输出进行综合可信度加权，配合精度标定信息进行自适应的搜索匹配后融合输出。

（3）信号级融合。信号级融合是对视觉传感器和毫米波雷达输出的数据源进行融合。信号级融合的数据损失最小，可靠性最高，但需要大量的运算。

2.2.2 超声波传感器

1. 超声波传感器的定义

声音以波的形式传播称为声波。频率大于 20 000Hz 的声波称为超声波，频率小于 20Hz 的声波称为次声波，频率在 20～20 000Hz 范围内的声波就是人能够听见的声波。

超声波传感器也称超声波雷达，它是利用超声波的特性研制而成的传感器，是在超声波频率范围内将交变的电信号转换为声信号或将外界声场中的声信号转换为电信号的能量转换器件。超声波传感器有一个发射器和一个接收器，安装在同一面上。在有效的检测距离内，发射器发射特定频率的超声波，遇到检测面反射部分超声波；接收器接收返回的超声波，由芯片记录超声波的往返时间，并计算出距离值。超声波传感器可以通过模拟接口和 HC 接口两种方式将数据传输给控制单元，如图 2-15（a）所示。

图 2-15（b）所示为博世公司第 6 代超声波传感器，它将反应时间缩短了一半，能够对近距离物体进行检测和对突然出现的障碍物（如行人、变化的场景等）进行快速响应。

2. 超声波传感器的特点

超声波传感器具有以下特点。

（1）超声波传感器的有效探测距离一般在 10m 之内，但会有一个最小探测盲区，一般为几十毫米，如图 2-16 所示。

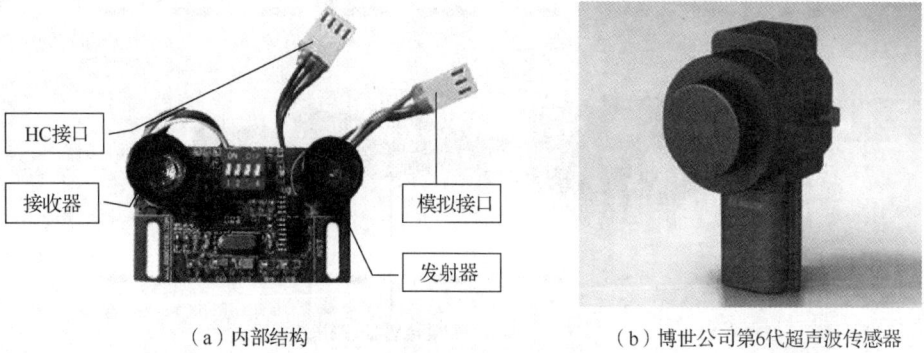

（a）内部结构　　　　　　　　　　　（b）博世公司第6代超声波传感器

图 2-15　超声波传感器

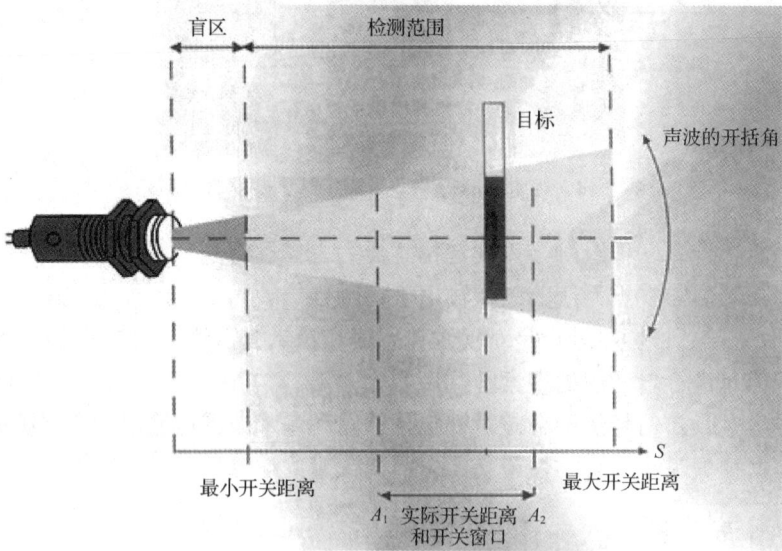

图 2-16　超声波传感器的有效探测距离

（2）超声波传感器对色彩、光照度不敏感，可用于识别透明、半透明及漫反射差的物体。

（3）超声波传感器对外界光线和电磁场不敏感，可用于黑暗、有灰尘或烟雾、电磁干扰强、有毒等恶劣环境中。

（4）超声波传感器结构简单、体积小、成本低，信息处理简单、可靠，易于小型化与集成化，并且可以进行实时控制。

超声波传感器适合低速情况，在速度很快的情况下其测量距离具有一定的局限性。这是因为超声波的传输速度容易受天气情况的影响。在不同的天气情况下，超声波的传输速度不同。当汽车高速行驶时，使用超声波传感器测距无法跟上汽车的车距实时变化，误差较大。另外，超声波传感器散射角大，方向性较差，在测量较远距离的目标时，其回波信号会比较弱，影响测量精度。但是，在短距离低速测量中，超声波传感器具有非常大的优势。

3. 超声波传感器的测距原理

超声波传感器的测距原理如图 2-17 所示。超声波发射器发出的超声波脉冲，经媒质（空气）传到障碍物表面，反射后通过媒质传给超声波接收器，测出超声波脉冲从发射到接收所需的时间，根据媒质中的声速，求得从探头（一般是指超声波传感器的表面）到障碍物表面的距离。设探头到障碍物表面的距离为 L，超声波脉冲在空气中的传播速度为 v（约为340m/s），从发射到接收超声波脉冲所需的传播时间为 t，当超声波发射器和超声波接收器之间的距离远小于探头到障碍物表面的距离时，则有 $L = vt/2$。只要能测出传播时间，即可求出测量距离。

4. 超声波传感器的类型

智能网联汽车上常见的超声波传感器有两种。第一种是安装在汽车前后保险杠上的，用于探测汽车前后障碍物的传感器，探测距离一般为 15～250cm，称为 UPA（驻车辅助）传感器；第二种是安装在汽车侧面的，用于测量停车位长度的传感器，探测距离一般为 30～500cm，称为 PLA 传感器，也称 APA（自动泊车辅助）传感器。图 2-18 所示的汽车配备了前后向共 8 个 UPA 传感器，左右侧共 4 个 APA 传感器。

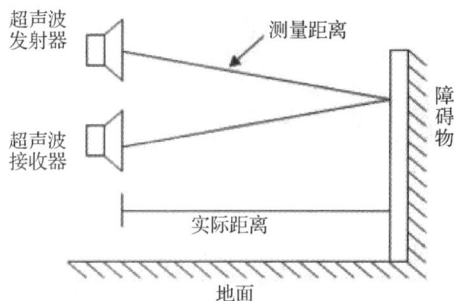

图 2-17   超声波传感器的测距原理

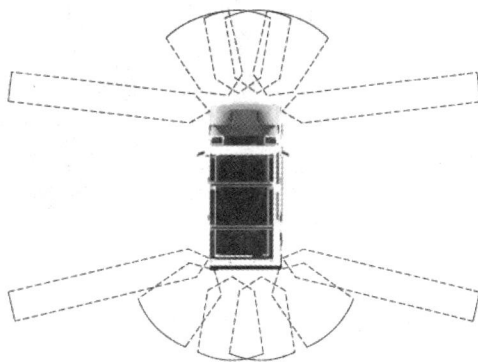

图 2-18   超声波传感器的类型

5. 超声波传感器的主要参数和性能

超声波传感器有以下主要参数和性能。

（1）测量范围。超声波传感器的测量范围取决于其使用的波长和频率，波长越长，频率越小，测量范围越大。用于测量汽车前后障碍物距离的短距离超声波传感器测量范围一般为 15～250cm；安装在汽车侧面、用于测量侧方障碍物距离的远距离超声波传感器测量范围一般为 30～500cm。

（2）测量精度。测量精度是指传感器测量值与真实值的偏差。超声波传感器测量精度主要受被测物体体积、表面形状、表面材料等的影响。被测物体体积过小、表面形状凹凸不平、表面材料吸收声波等情况都会降低超声波传感器测量精度。测量精度越高，感知信息越可靠。

（3）波束角。超声波传感器产生的声波以一定角度向外发出，声波沿超声波传感器中轴线方向上的超声波射线能量最大，其他方向能量逐渐减弱。以超声波传感器中轴线的延长线为轴线，到一侧能量强度减小一半处的角度称为波束角。波束角越小，指向性越好。一些超声波传感器具有较窄的 6°波束角，更适合精确测量相对较小的物体。一些波束角为 12°～15°的超声波传感器能够检测具有较大倾角的物体。

（4）工作频率。工作频率直接影响超声波的扩散和吸收损失、障碍物反射损失、背景噪声等，并直接决定超声波传感器的尺寸。一般选择工作频率 40kHz 左右的超声波传感器，这样超声波传感器方向性尖锐，且避开了噪声，提高了信噪比；虽然传播损失相对低频的超声波传感器有所增加，但不会给发射和接收超声波带来困难。

（5）抗干扰性能。超声波为机械波，使用环境中的噪声会干扰超声波传感器接收物体反射回来的超声波，因此要求超声波传感器具有一定的抗干扰性能。

6. 超声波传感器的应用

超声波传感器在智能网联汽车中有着广泛的应用，常见的是自动泊车辅助系统，如图 2-19 所示。自动泊车辅助系统通常使用 12 个超声波传感器，车前后部各 4 个短距离超声波传感器，负责探测倒车时与障碍物之间的距离；两侧的远距离超声波传感器负责探测停车位空间。

图 2-19　基于超声波传感器的自动泊车辅助系统

特斯拉 Model S 就是主要靠摄像头、毫米波雷达和超声波传感器实现感知的，特斯拉辅助驾驶使用的硬件包括前视摄像头、前置毫米波雷达和 12 个超声波传感器，如图 2-20 所示。图 2-20 中①代表位于前后保险杠附近的超声波传感器，②代表位于挡风玻璃上后视镜下方的前视摄像头，③代表安装在前格栅中部的毫米波雷达。

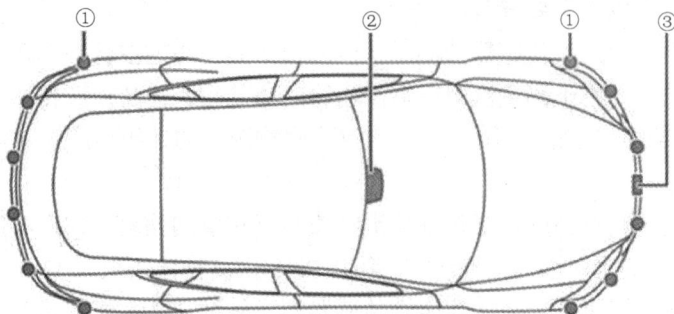

图 2-20　特斯拉 Model S 环境感知传感器的配置

2.2.3　毫米波雷达

1. 毫米波雷达的定义

毫米波雷达是工作在毫米波频段的雷达，如图 2-21 所示。毫米波是指波长范围为 1～

10mm 的电磁波，对应的频率范围为 30～300GHz。毫米波雷达是 ADAS 核心传感器，主要用于自适应巡航控制系统、自动紧急制动系统、盲区监测系统、行人检测等。

图 2-21　毫米波雷达

毫米波波长范围位于微波与远红外波波长范围相交叠区域，所以毫米波兼有这两种波的优点，同时也有自己独特的性质。根据波的传播理论，频率越高，波长越短，分辨率越高，穿透能力越强，但在传播过程中的损耗也越大，传输距离越短；相对地，频率越低，波长越长，绕射能力越强，传输距离越远。所以与微波相比，毫米波的分辨率高，指向性好，抗干扰能力强；与远红外波相比，毫米波的大气衰减小，对烟雾、灰尘等具有更好的穿透性，受天气影响小。

2.　毫米波雷达的特点

毫米波雷达具有以下优点。

（1）探测距离远。毫米波雷达探测距离远，可达 200m 以上。

（2）探测性能好。毫米波波长较短，汽车在行驶中的前方目标一般都是由金属构成的，这会形成很强的电磁反射，因此毫米波雷达探测不受颜色与温度的影响。

（3）响应速度快。毫米波的传播速度与光速一样，并且调制简单，因此毫米波雷达配合高速信号处理系统，可以快速地测量出目标的距离、速度、角度等信息。

（4）适应能力强。毫米波雷达具有很强的穿透能力，在雨、雪、大雾等恶劣天气依然可以正常工作，而且不受颜色和温度的影响。

（5）抗干扰能力强。毫米波雷达一般工作在高频段，而周围的噪声和干扰处于中低频段，基本上不会影响毫米波雷达的正常运行，因此，毫米波雷达具有抗低频干扰的特性。

毫米波雷达具有以下缺点。

（1）毫米波雷达覆盖区域呈扇形，有盲点区域。

（2）毫米波雷达无法识别交通标志。

（3）毫米波雷达无法识别交通信号灯。

3.　毫米波雷达的类型

毫米波雷达可以按测量原理、探测距离和频段进行分类。

（1）按测量原理分类。毫米波雷达按测量原理的不同可分为脉冲式毫米波雷达与调频式连续毫米波雷达两类。脉冲式毫米波雷达通过发射脉冲信号与接收脉冲信号的时间差来计算目标距离；调频式连续毫米波雷达利用多普勒效应测量得出不同距离的目标的速度。

（2）按探测距离分类。毫米波雷达按探测距离可分为短程、中程和远程毫米波雷达。短程毫米波雷达一般探测距离小于 60m；中程毫米波雷达一般探测距离为 100m 左右；远程毫米波雷达一般探测距离大于 200m。

（3）按频段分类。毫米波雷达按采用的毫米波频段不同，可分为 24GHz、60GHz、77GHz 和 79GHz 毫米波雷达。主流可用频段为 24GHz 和 77GHz，其中 24GHz 毫米波雷达适合近距离探测，77GHz 毫米波雷达适合远距离探测，如图 2-22 所示。79GHz 毫米波雷达有可能是未来发展趋势。

图 2-22　24GHz 和 77GHz 毫米波雷达

77GHz 毫米波雷达与 24GHz 毫米波雷达相比具有以下不同。

（1）77GHz 毫米波雷达探测距离更远。

（2）77GHz 毫米波雷达的体积更小。

（3）77GHz 毫米波雷达所需要的工艺更高。

（4）77GHz 毫米波雷达的检测精度更好。

（5）77GHz 毫米波雷达的射频芯片不容易获取。

4. 毫米波雷达的测量原理

（1）脉冲式毫米波雷达。脉冲式毫米波雷达的测量原理简单，但由于受技术、元器件等方面的影响，实际应用中很难实现。脉冲式毫米波雷达需在很短的时间（一般都是微秒的数量级）内发射大功率的脉冲信号，通过脉冲信号控制雷达发射装置发射出高频信号，因此在硬件结构上比较复杂，成本高。除此之外，在高速路上行驶的车辆回波信号难免会受到周围树木、建筑物的影响，使回波信号衰减，从而降低接收系统的灵敏度。同时，如果收发采用同一个天线，在对回波信号进行放大处理之前，应将其与发射信号进行严格的隔离，否则会因为发射信号的窜入，导致回波信号放大器饱和或损坏。为了避免发射信号窜入接收信号中，需对其进行隔离处理，通常情况下，采用环形器或收发使用不同的天线以避免发射信号的窜入，但这样就导致硬件结构的复杂性增加，产品成本高。故在车用领域，脉冲式毫米波雷达应用较少。

（2）调频式连续毫米波雷达。目前，车载毫米波雷达主要采用调频式连续毫米波雷达。

调频式连续毫米波雷达利用多普勒效应测量得出目标的距离和速度，它通过发射源向给定目标发射微波信号，并分析发射信号频率和回波信号频率的差值，精确测量出目标相对于毫米波雷达的运动速度等信息。

雷达调频器通过天线发射微波信号，发射信号遇到目标后，经目标的反射会产生回波信号，发射信号与回波信号相比形状相同，但时间上存在差值；当目标回波信号与毫米波雷达信号发射源之间存在相对运动时，发射信号与回波信号之间除存在时间差外，还会产生多普勒频率，如图 2-23 所示。

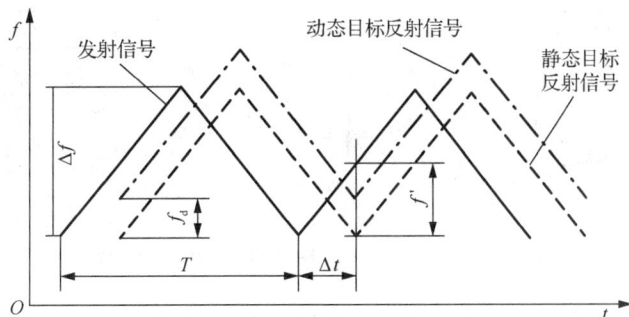

图 2-23　调频式连续毫米波雷达测量原理

毫米波雷达测量的距离和速度分别为

$$s = \frac{c\Delta t}{2} = \frac{cTf'}{4\Delta f} \tag{2-1}$$

$$u = \frac{cf_d}{2f_0} \tag{2-2}$$

式中，s 为相对距离；c 为光速；Δt 为发射信号与回波信号的时间间隔；T 为信号发射周期；f' 为发射信号与回波信号的频率差；Δf 为调频带宽；u 为相对速度；f_d 为多普勒频率；f_0 为发射信号的中心频率。

5. 毫米波雷达的工作过程

毫米波雷达的工作过程如图 2-24 所示。毫米波雷达通过天线向外发射毫米波，接收机接收目标回波信号，经信号处理器处理后快速、准确地获取汽车周围的环境信息，如汽车与其他物体之间的相对距离、相对速度、角度、运动方向等，然后根据所探知的物体信息进行目标追踪和识别，进而结合车身动态信息进行数据融合，最终通过电子控制单元（ECU）进行智能处理。经合理决策后，以声、光及触觉等多种方式告知或警告驾驶员，或及时对汽车进行主动干预，从而保证汽车行驶的安全性和舒适性，减少事故发生。

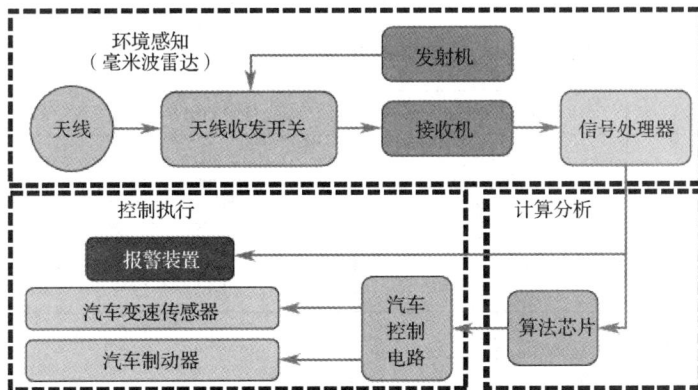

图 2-24　毫米波雷达的工作过程

6. 毫米波雷达的布置

毫米波雷达在智能网联汽车上的布置如图 2-25 所示。

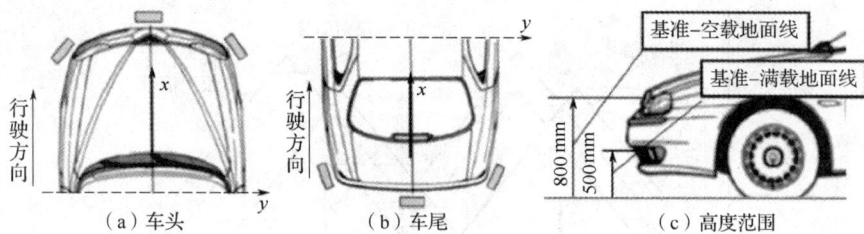

（a）车头　　　　　　（b）车尾　　　　　　（c）高度范围

图 2-25　毫米波雷达在智能网联汽车上的布置

（1）正向毫米波雷达布置。正向毫米波雷达一般布置在车辆中轴线上，外露或隐藏在保险杠内部。雷达波束的中心平面要求与路面基本平行，考虑雷达系统误差、结构安装误差、车辆载荷变化后，需保证与路面夹角的最大偏差不超过 5°。

另外，在某些特殊情况下，正向毫米波雷达无法布置在车辆中轴线上时，允许正 y 向最大偏置距离为 300mm，偏置距离过大会影响雷达的有效探测范围。

（2）侧向毫米波雷达布置。侧向毫米波雷达在车辆四角呈左右对称布置，前侧向毫米波雷达与车辆行驶方向成 45° 夹角，后侧向毫米波雷达与车辆行驶方向成 30° 夹角，雷达波束的中心平面与路面基本平行，角度最大偏差仍需控制在 5° 以内。

（3）毫米波雷达布置高度。毫米波雷达在垂直方向探测角度一般只有 ±5°，雷达安装高度太高会导致下盲区增大，太低又会导致雷达波束射向地面，地面反射带来杂波干扰，影响雷达的判断。因此，毫米波雷达的布置高度（即地面到雷达模块中心点的距离）一般建议为 500mm（满载状态）～800mm（空载状态）。

毫米波雷达在布置时，还需要兼顾其他因素，如雷达区域外造型的美观性、对行人保护的影响、设计安装结构的可行性、雷达调试的便利性、售后维修成本等。

7. 毫米波雷达的主要指标

短程、中程和远程毫米波雷达的主要指标见表 2-2。

表 2-2　短程、中程和远程毫米波雷达的主要指标

指标	短程毫米波雷达	中程毫米波雷达	远程毫米波雷达
频段/GHz	24	76～77	77～81
带宽/GHz	4	0.6	0.6
测距范围/m	0.15～60	1～100	10～250
最大视角/°	±80	±40	±15
测距精度/m	±0.02	±0.1	±0.1
方位精度/°	±1	±0.5	±0.1
测速精度/（m·s⁻¹）	0.1	0.1	0.1

77GHz 毫米波雷达的主要指标见表 2-3。

表 2-3　77GHz 毫米波雷达的主要指标

序号	指标	内容
1	频段/GHz	76～77
2	测距范围/m	1～250

序号	指标	内容
3	方位角最大覆盖/°	45
4	俯仰角覆盖/°	±5
5	速度范围/（km·h^{-1}）	最大 180
6	测距精度/m	0.3
7	测速精度/（m·s^{-1}）	0.25
8	最大目标数量/个	超过 32
9	扫描周期/ms	小于 50
10	主要应用	前向碰撞预警系统逐步到自适应巡航控制系统、自动紧急制动系统

美国德尔福公司开发的 ESR 毫米波雷达采用连续调制方式，应用多普勒测试原理，能够扫描最远 175m 范围以内的 64 个目标。

ESR 毫米波雷达能够提供目标的距离、相对速度和角度等信息。它从 CAN 总线获取所需的车速、横摆角速度、转向盘转角等本车信息，扫描后将目标的信息，如距离、相对速度等同样通过 CAN 总线传递给车载计算机。

ESR 毫米波雷达同时具有中距离扫描和远距离扫描的功能，并能将所扫描的目标数据存入相应的内存地址，其主要指标见表 2-4。

表 2-4　ESR 毫米波雷达的主要指标

指标		远距离	中距离
系统特性	频段/GHz	76～77	
	尺寸/（mm×mm×mm）	130×90×39	
	刷新率/ms	50	
	可检测的目标数	通过远距离和中距离目标的合并，总共 64 个目标	
覆盖范围	距离/m	1～175	1～60
	相对速度/（m·s^{-1}）	−100±25	−100±25
	水平视角/°	±10	±45
精度	距离/m	±0.5	±0.25
	相对速度/（m·s^{-1}）	±0.12	±0.12
	角度/°	±0.5	±0.2

不同厂家生产的毫米波雷达的指标是不一样的，各厂家也会不断进行技术升级，所以表 2-2、表 2-3、表 2-4 中所列毫米波雷达的指标仅供参考，最终应以厂家提供的毫米波雷达的指标为准。

8. 毫米波雷达的应用

毫米波雷达在智能网联汽车上的应用主要有自适应巡航控制系统、前向碰撞预警系统、自动紧急制动系统、盲区监测系统、自动泊车辅助系统、变道辅助系统等 ADAS。

例如：奔驰 S 级采用 6 个（1 个远程+1 个中程+4 个短程）毫米波雷达，分别为前向双模远程毫米波雷达 1 个、后向中程毫米波雷达 1 个、前/后保险杠左/右短程毫米波雷达共 4 个。短程毫米波雷达、中程毫米波雷达、远程毫米波雷达三者结合共同实现自适应巡航控制（ACC）、前向碰撞预警/后向碰撞预警（FCW/RCW）、自动紧急制动（AEB）、盲区监测（BSD）、自动泊车辅助（APA）、变道辅助（LCA）等多种 ADAS 功能。这些系统功能是如何实现的？下面将详细介绍。

（1）自适应巡航控制系统。自适应巡航控制系统是一种可以依据设定的车速或距离跟随前车行驶，或根据前车速度主动控制本车行驶速度，最终将本车与前车保持在安全车距的辅助驾驶系统，该系统最大的优点之一是可以有效地解放驾驶员的双脚，提高驾驶的舒适性，如图 2-26 所示。

图 2-26　基于毫米波雷达的自适应巡航控制系统

自适应巡航控制系统的实现原理如下。在车辆行驶过程中，安装在车辆前部的毫米波雷达持续扫描车辆前方道路，同时轮速传感器采集车速信号。当本车与前车的距离过小时，自适应巡航控制系统可以通过与防抱死制动系统、发动机控制系统协调动作，使车轮适当制动，并使发动机的输出功率下降，以使车辆与前车始终保持安全车距。自适应巡航控制系统在控制车辆制动时，通常会将制动减速限制在不影响舒适度的程度，当需要更大的减速时，自适应巡航控制系统会发出声、光预警信号，通知驾驶员主动采取制动操作。

（2）前向碰撞预警系统。前向碰撞预警系统通过毫米波雷达和前置摄像头不断监测前车，判断本车与前车的距离、方位及相对速度等，当探测到与前车存在潜在的碰撞危险，驾驶员没有采取制动措施时，仪表会显示报警信息并伴随声音报警，警告驾驶员务必采取应对措施，如图 2-27 所示。当判断到事故即将发生时，前向碰撞预警系统会自动介入制动工作，从而避免事故发生或降低事故可能造成的风险。

图 2-27　基于毫米波雷达的前向碰撞预警系统

（3）自动紧急制动系统。自动紧急制动系统利用毫米波雷达测出本车与前车或障碍物的距离，然后利用数据分析模块将测出的距离与警报距离、安全车距进行比较，小于警报距离时就进行警报提示，而小于安全车距时，即使驾驶员没有来得及踩制动踏板下，该系统也会启动，使汽车自动制动，从而确保驾驶安全，如图 2-28 所示。

图 2-28　基于毫米波雷达的自动紧急制动系统

研究表明，90%的交通事故是由驾驶员的注意力不集中引起的，而自动紧急制动系统能减少 38%的追尾碰撞事故，且无论是在城市道路（限速 60km/h）还是郊区道路行驶的情况下，效果都显著。

（4）盲区监测系统。盲区监测系统依靠毫米波雷达判断移动物体所处的相对位置及与本车的相对速度，当其处于本车的盲区范围内时，该系统会及时提醒驾驶员注意变道可能带来的风险，如图 2-29 所示。

图 2-29　基于毫米波雷达的盲区监测系统

（5）自动泊车辅助系统。自动泊车辅助系统利用毫米波雷达探测环境信息，如寻找可用车位，在泊车过程中实时探测车辆的位置信息和车身状态信息，如图 2-30 所示。在车位探测阶段，该系统会采集车位的长度和宽度；在泊车阶段，该系统会监测车辆相对于目标车位的坐标，进而将其用于计算车身的角度和转角等信息，确保泊车过程的安全、可靠。

（6）变道辅助系统。变道辅助系统通过毫米波雷达、摄像头等传感器，对车辆相邻两侧车道及后方进行探测，获取车辆侧方及后方物体的运动信息，并结合当前车辆的状态进行判断，最终以声、光等方式提醒驾驶员，让驾驶员掌握最佳变道时机，避免变道引发的交通事故发生，同时对后向碰撞也有比较好的预防作用，如图 2-31 所示。

图 2-30　基于毫米波雷达的自动泊车辅助系统

图 2-31　基于毫米波雷达的变道辅助系统

变道辅助系统具有"盲区监测""变道辅助""后向碰撞预警"3 个功能，可以有效地避免变道、转弯、后方追尾等交通事故的发生，极大提升汽车变道操作的安全性。

（7）后向碰撞预警系统。后向碰撞预警系统通过安装在本车后方的毫米波雷达检测到与本车同一车道后方有快速接近的移动物体，并有碰撞风险时，会及时通过声、光等方式通知驾驶员采取措施，避免发生碰撞或减小碰撞带来的伤害，如图 2-32 所示。

图 2-32　基于毫米波雷达的后向碰撞预警系统

智能网联汽车 ADAS 应用的毫米波雷达见表 2-5。

表 2-5 智能网联汽车 ADAS 应用的毫米波雷达

项目		短程毫米波雷达	中程毫米波雷达	远程毫米波雷达
工作频段/GHz		24	77	77
探测距离/m		小于 60	100 左右	大于 200
系统	自适应巡航控制系统	—	前方	前方
	前向碰撞预警系统	—	前方	前方
	自动紧急制动系统	—	前方	前方
	盲区监测系统	侧方	侧方	—
	自动泊车辅助系统	前方、后方	侧方	—
	变道辅助系统	后方	后方	—
	后向碰撞预警系统	后方	后方	—
	行人检测系统	前方	前方	—
	驻车开门辅助系统	侧方		

为了满足不同距离范围的探测需求，一辆汽车上会安装多个短程、中程和远程毫米波雷达。其中 24GHz 毫米波雷达主要实现短程探测，77GHz 毫米波雷达主要实现中程和远程的探测。不同的毫米波雷达在车辆前方、侧方和后方发挥不同的作用。

2.2.4 激光雷达

1. 激光雷达的定义

激光雷达是工作在光波频段的雷达，它利用光波频段的电磁波先向目标发射探测信号，然后将其接收到的回波信号与发射信号相比较，从而获得目标的位置（距离、方位和高度）、运动状态（速度、姿态）等信息，实现对目标的探测、跟踪和识别等。

激光雷达根据安装位置的不同，分为两大类。一类安装在智能网联汽车或无人驾驶汽车的四周，另一类安装在智能网联汽车或无人驾驶汽车的顶部，如图 2-33 所示。安装在智能网联汽车或无人驾驶汽车四周的激光雷达，其激光线束数一般小于 8，常见的有单线束激光雷达和 4 线束激光雷达，适用于 L3 级以下；安装在智能网联汽车或无人驾驶汽车顶部的激光雷达，其激光线束数一般不小于 16，常见的有 16/32/64 线束激光雷达，适用于 L3 级以上，L5 级甚至会使用 128 线束激光雷达。少线束激光雷达主要用于智能网联汽车的 ADAS，多线束激光雷达主要用于制作无人驾驶汽车的高精度地图，并进行道路和车辆的识别等。

2. 激光雷达的特点

激光雷达具有以下优点。

图 2-33　激光雷达的安装位置

（1）探测距离远。激光雷达的探测距离远，可达 300m 以上。

（2）分辨率高。激光雷达可以获得极高的距离、速度和角度分辨率。通常激光雷达的距离分辨率可达 0.1m，速度分辨率范围为 10m/s 以内，角度分辨率不低于 0.1mrad，也就是说激光雷达可以分辨 3km 距离内相距 0.3m 的两个目标，并可同时跟踪多个目标。

（3）信息量丰富。激光雷达可直接获取探测目标的距离、角度、反射强度、速度等信息，生成目标多维度图像。

（4）可全天候工作。激光雷达可以主动探测，不依赖于外界光照条件或目标本身的辐射特性，它只需发射自己的激光束，通过探测发射激光束的回波信号来获取目标信息。

激光雷达具有以下缺点。

（1）与毫米波雷达相比，激光雷达体积大、成本高。

（2）激光雷达不能识别交通标志和交通信号灯。

3. 激光雷达系统的组成

智能网联汽车激光雷达系统由收发天线、收发前端、信号处理模块、汽车控制装置和报警模块组成，如图 2-34 所示。

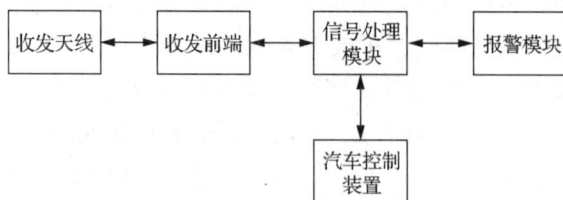

图 2-34　智能网联汽车激光雷达系统的组成

（1）收发天线。对于少线束激光雷达，收发天线可安装于车辆保险杠内，向车辆前方发出发射信号，并接收回波信号。

（2）收发前端。收发前端是激光雷达系统的核心部件，负责信号调制、射频信号的发射/接收及接收信号解调。

（3）信号处理模块。信号处理模块负责自动分析、计算本车与前方车辆的距离和相对速度，并且防止转弯时错误测量邻近车道车辆的情况发生。

（4）汽车控制装置。汽车控制装置是控制汽车的自动操作系统，能够自动减速或紧急制动。它通过限制发动机输出转矩、调节制动力及变速器挡位，来控制汽车的行驶速度。

（5）报警模块。报警模块根据设定的安全车距和报警距离，以适当的方式向驾驶员报警，保障汽车安全行驶。

4．激光雷达的测距原理

激光雷达的测距原理是通过测算激光发射信号与激光回波信号的往返时间来计算与目标的距离。首先，激光雷达发出激光束，激光束碰到障碍物后被反射回来，被接收系统接收和处理，从而得知激光束从发射至接收的时间，即激光的飞行时间，根据飞行时间，可以计算出与障碍物的距离。

根据所发射激光信号的形式不同，激光测距方法有脉冲测距法、干涉测距法和相位测距法等。

（1）脉冲测距法。用脉冲测距法测量距离时，首先发射系统发射出一个光脉冲，同时设定的计数器开始计数，当接收系统接收到经过障碍物反射回来的光脉冲时停止计数。根据计数器所记录的数据，可以计算出光脉冲从发射到接收所用的时间。光速是一个固定值，所以只要得到光脉冲从发射到接收所用的时间就可以算出所要测量的距离。脉冲测距法的测距原理如图 2-35 所示。

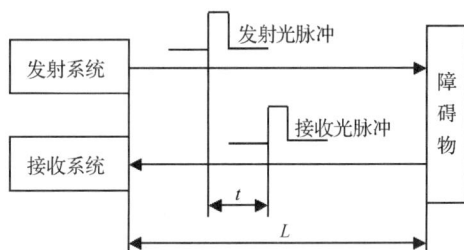

图 2-35　脉冲测距法的测距原理

设 c 为光在空气中传播的速度，$c=3\times10^8$m/s，光脉冲从发射到接收所用的时间为 t，则待测距离 $L=ct/2$。

用脉冲测距法所能测得的距离比较远，发射功率较高，一般从几瓦到几十瓦不等，最大射程可达几十千米。脉冲测距法的关键之一是对激光飞行时间的精确测量。激光脉冲测量的精度和分辨率与发射信号带宽或处理后的脉冲宽度有关，脉冲越窄，性能越好。

（2）干涉测距法。干涉测距法的基本原理是利用光波的干涉特性来测量距离。根据干涉原理，产生干涉现象的条件是两束有相同频率、相同振动方向的光相互叠加，并且这两束光的相位差固定。

干涉测距法的测距原理如图 2-36 所示，通过激光器发射出一束激光，通过分光镜将其分为两束相干光波 S1 和 S2，两束光波各自经过反射镜 M1 和 M2 反射回来，在分光镜处又汇合到一起。由于两束光波的路程差不同，通过干涉形成的明暗条纹也不同，所以传感器将干涉条纹转换为电信号之后，就可以实现测距。

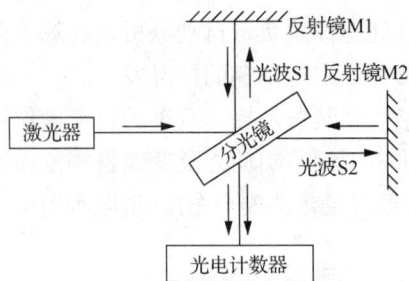

图 2-36　干涉测距法的测距原理

干涉测距法虽然已经很成熟，并且测量精度很好，但是它一般用于测量变化的距离，不能直接用它来测量距离。所以，干涉测距法一般应用于干涉仪、测振仪、陀螺仪中。

（3）相位测距法。相位测距法的测距原理是利用发射波和返回波所形成的相位差来测量距离。首先，经过调制的频率通过发射系统发出一个正弦波激光束，然后，通过接收系统接收经过障碍物反射回来的激光束。只要求出这两束激光束的相位差，便可通过此相位差计算出待测距离。相位测距法的测距原理如图 2-37 所示。

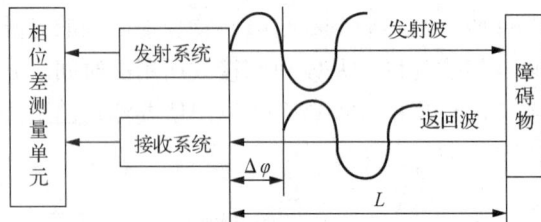

图 2-37　相位测距法的测距原理

激光束从发射到接收的时间为

$$t = \frac{\Delta\varphi}{\omega} = \frac{\Delta\varphi}{2\pi f} \tag{2-3}$$

式中，t 为激光束从发射到接收的时间；$\Delta\varphi$ 为发射波和返回波的相位差；ω 为正弦波角频率；f 为正弦波频率。

待测距离为

$$L = \frac{1}{2}ct = \frac{c\Delta\varphi}{4\pi f} \tag{2-4}$$

基于相位测距法的激光雷达由于其精度高、体积小、结构简单、昼夜可用的优点，被公认为最有发展潜力的测距方法之一。相比于其他类型的测距方法，相位测距法朝着小型化、高稳定性、方便与其他仪器集成的方向发展。

5. 激光雷达的类型

激光雷达按有无机械旋转部件，可分为机械激光雷达、固态激光雷达和混合固态激光雷达。

（1）机械激光雷达。机械激光雷达带有控制激光发射角度的机械旋转部件，体积较大，价格昂贵，测量精度相对较高，一般置于汽车顶部。

图 2-38 所示为激光雷达公司威力登的 HDL-64E 机械激光雷达，它采用 64 线束激光规格，性能较好，能够描绘出周围空间的三维形态，精度较高，甚至能够探测出百米内人类的细微动作。

HDL-64E 机械激光雷达已经在谷歌、百度等公司生产的无人驾驶汽车上使用。

HDL-64E 机械激光雷达的缺点是体积大，装配复杂，成本高，机械旋转部件在行车环境下的可靠性不高，难以符合车规的严苛要求。

（2）固态激光雷达。固态激光雷达依靠电子部件来控制激光发射角度，无须机械旋转部件，故尺寸较小，可安装于车体内。

图 2-39 所示为激光雷达公司 Quanergy 在 2016 年发布的号称全球首款的固态激光雷达 S3，它采用相控阵技术，不含任何旋转活动部件，实现了小型化，提高了可靠性。在效果上，固态激光雷达 S3 可以达到厘米级精度、30Hz 扫描频率、0.1°的角度分辨率、不同天气条件下的高稳定性，这些特性比起一般的激光雷达更具竞争力。虽然它仅采用 8 线束激光规格，但是其每秒扫描接近 50 万点，产生 50 万点的点云数据量，也就是横向扫描的时候横向的角度分辨率非常高。

图 2-38　HDL-64E 机械激光雷达　　　　图 2-39　固态激光雷达 S3

为了降低激光雷达的成本，也为了提高可靠性，满足车规的要求，激光雷达的发展方向是从机械激光雷达转向固态激光雷达。

（3）混合固态激光雷达。混合固态激光雷达没有大体积旋转结构，采用固定激光源，通过内部玻璃片旋转的方式改变激光束方向，满足多角度检测的需求，并且采用嵌入式安装。

根据线束数量的多少，激光雷达又可分为单线束激光雷达与多线束激光雷达。

（1）单线束激光雷达。单线束激光雷达每扫描一次只产生一条扫描线，其所获得的数据为二维数据，因此无法区别有关目标物体的三维信息。不过，由于单线束激光雷达具有测量速度快、数据处理量少等特点，多应用于安全防护、地形测绘等领域。

单线束激光雷达成本低，只能测量距离。北汽福田自动驾驶汽车就使用了 4 个单线束激光雷达，分别布置于车辆的前、后、左、右，用于车身周围障碍物的检测，如图 2-40 所示。

图 2-40　单线束激光雷达的应用

（2）多线束激光雷达。多线束激光雷达每扫描一次可产生多条扫描线，目前市场上的多线束激光雷达产品包括 4 线束、8 线束、16 线束、32 线束、64 线束等，其可细分为 2.5D 激光雷达和 3D 激光雷达。2.5D 激光雷达与 3D 激光雷达最大的区别在于激光雷达垂直视野范围，前者垂直视野范围一般不超过 10°，而后者垂直视野范围可达到 30° 甚至 40° 以上，这就导致两者对激光雷达在汽车上的安装位置要求有所不同。

奥迪 A8 为了实现 L3 级的自动驾驶，在其进气格栅下布置了 4 线束激光雷达，如图 2-41 所示。4 线束激光雷达将 4 个激光发射器进行轮巡，一个轮巡周期后，得到单帧的点云数据。4 帧的点云数据可以组成面状信息，这样就能够获取障碍物的高度信息。根据单帧的点云坐标，可得到障碍物的距离信息；根据多帧的点云坐标，对距离信息做微分处理，可得到障碍物的速度信息。

图 2-41　4 线束激光雷达的应用

图 2-42 所示为 64 线束激光雷达（HDL-64E）、32 线束激光雷达（HDL-32E）和 16 线束激光雷达（VLP-16）。

美国威力登公司开发的 128 线束激光雷达的探测距离约是 64 线束激光雷达（HDL-64E）的 3 倍，达到 300m，分辨率则是 64 线束激光雷达的 10 倍，尺寸缩小了 70%，如图 2-43 所示。该产品是为 L5 级自动驾驶而开发的。

（a）HDL-64E　　（b）HDL-32E　　（c）VLP-16

图 2-42　多线束激光雷达

（a）64 线束激光雷达　　（b）128 线束激光雷达

图 2-43　64 线束激光雷达和 128
线束激光雷达

64 线束激光雷达和 128 线束激光雷达生成的点云数据对比如图 2-44 所示。可以看出，128 线束激光雷达生成的点云数据明显更清晰。

（a）64 线束激光雷达生成的点云数据

（b）128 线束激光雷达生成的点云数据

图 2-44   64 线束激光雷达和 128 线束激光雷达生成的点云数据对比

6. 激光雷达的主要指标

激光雷达的主要指标有距离分辨率、最大探测距离、测距精度、测量帧频、数据采样率、角度分辨率、视场角、波长等。

（1）距离分辨率。距离分辨率指两个目标物体可区分的最小距离。

（2）最大探测距离。最大探测距离通常需要标注基于某一个反射率的测得值，例如白色物体约 70% 反射率，黑色物体 7%～20% 反射率。

（3）测距精度。测距精度指对同一目标进行重复测量得到的距离值之间的误差范围。

（4）测量帧频。测量帧频与摄像头的帧频概念相同，激光雷达成像刷新帧频会影响激光雷达的响应速度，刷新帧频越高，响应速度越快。

（5）数据采样率。数据采样率指每秒输出的数据点数，等于帧率乘以单幅图像的点云数目。通常数据采样率会影响成像的分辨率，特别是在远距离时，点云越密集，目标呈现就越精细。

（6）角度分辨率。角度分辨率指扫描的角度分辨率，等于视场角除以该方向所采集的点云数目，因此角度分辨率与数据采样率直接相关。

（7）视场角。视场角又分为垂直视场角和水平视场角，指激光雷达的成像范围。

（8）波长。波长指激光雷达所采用的激光波长，波长会影响雷达的环境适应性和对人眼的安全性。

美国威力登公司生产的激光雷达 HDL-64E、HDL-32E 和 VLP-16 的主要指标见表 2-6。

表 2-6　美国威力登公司生产的激光雷达 HDL-64E、HDL-32E 和 VLP-16 的主要指标

指标	激光束	扫描距离/m	精度/cm	数据类型	垂直扫描角度/°	水平扫描角度/°	功率/W	体积/(mm×mm)	质量/kg
HDL-64E	64	120	±2	距离/密度	26.8	360	60	203×284	15
HDL-32E	32	100	±2	距离/校准发射率	40	360	12	86×145	1
VLP-16	16	100	±3	距离/校准发射率	30	360	8	104×72	0.83

7. 激光雷达的应用

少线束激光雷达和多线束激光雷达的用途不一样。

Ibeo LUX（4 线束）激光雷达是德国 Ibeo 公司借助高分辨率激光测量技术推出的第一款多功能的汽车智能传感器，如图 2-45 所示。它拥有 110°的宽视角，0.3～200m 的探测距离，绝对安全的 L1 级激光。

图 2-45　Ibeo LUX（4 线束）激光雷达

LUX（4 线束）激光雷达不仅输出原始扫描数据，还输出每个测量对象的数据，如位置、尺寸、纵向速度、横向速度等，其拥有远距离、智能分辨率、全天候等优点，结合 110°的宽视角，在以下 7 个方面拥有出色的性能。

（1）行人保护。行人保护指当行人出现在车辆行驶的前方路面上时，需要车辆提供保护的场合。LUX（4 线束）激光雷达能检测 0.3～30m 视场范围内所有的行人。通过分析对象的外形、速度和腿部移动来区分行人与普通物体，LUX（4 线束）激光雷达在启动安全保护措施（如安全气囊）前 300ms 时发出警告，这样便可在发生碰撞之前保护行人。

（2）自适应巡航控制系统的启和停。基于 LUX（4 线束）激光雷达的自适应巡航控制系统可在 0～200km/h 的速度范围内实现自动行驶，可在没有驾驶员帮助的情况下自动调整车速，如有必要会制动停行。宽视场范围使得 LUX（4 线束）激光雷达能及时地检测到并线的车辆，并且快速判断 LUX（4 线束）激光雷达的横向速度。

（3）车道偏离预警。LUX（4 线束）激光雷达可以检测车辆行驶前方的车道线标志和

潜在的障碍，同时可以计算车辆在道路中的位置。如果车辆偏离航线，系统会立即发出预警。

（4）自动紧急制动。LUX（4 线束）激光雷达实时检测车辆行驶前方的所有静止的和移动的物体，并且判断它们的外形，当要发生危险时，会自动紧急制动。

（5）预碰撞功能。通过分析所有的环境扫描数据，不管即将发生什么样的碰撞（如擦碰），预碰撞功能都会在碰撞发生前 100ms 发出警告。LUX（4 线束）激光雷达能计算出碰撞的初始接触点并且采取措施以减少碰撞，提前启动安全系统。

（6）交通拥堵辅助功能。针对城市拥堵路况，LUX（4 线束）激光雷达能够在上下班路上消除频繁启停而带来的烦恼，驾驶员只需掌握好汽车转向盘。该功能在速度小于 30km/h 的路况下显得尤为重要。缓和的加、减速度和可靠的行人保护功能，使车辆驾驶既安全又省心。

（7）低速防碰撞功能。行驶途中，哪怕驾驶员分神 1s 也有可能导致事故的发生，引入低速防碰撞功能，使得以前在 30km/h 速度下时常发生的类似事故减少发生，LUX（4 线束）激光雷达能检测并分析前方的路况，使车辆在发生碰撞前自动停驶。

激光雷达具有高精度电子地图和定位、障碍物检测与识别、可通行空间检测、障碍物轨迹预测等功能。

（1）高精度电子地图和定位。利用多线束激光雷达的点云信息与车载组合惯导采集的信息，可以进行高精度电子地图制作。无人驾驶汽车利用激光点云信息与高精度电子地图匹配实现高精度定位，如图 2-46 所示。

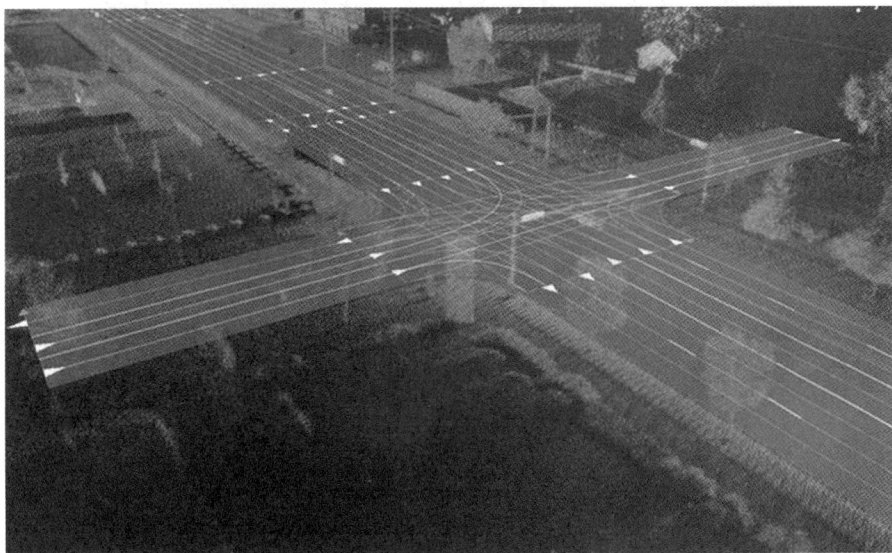

图 2-46　激光雷达用于高精度电子地图和定位

（2）障碍物检测与识别。利用高精度电子地图限定感兴趣区域，可以根据障碍物特征和识别算法，对障碍物检测与识别，如图 2-47 所示。

（3）可通行空间检测。利用高精度电子地图限定感兴趣区域，可以根据感兴趣区域内部（比如可行驶道路和交叉口）的点云的高度及连续性信息来判断点云处是否可通行，如图 2-48 所示。

图 2-47 激光雷达用于障碍物检测与识别

图 2-48 激光雷达用于可通行空间检测

（4）障碍物轨迹预测。可以根据激光雷达的感知数据与障碍物所在车道的拓扑关系（道路连接关系）进行障碍物轨迹预测，以此作为无人驾驶汽车规划（避障、变道、超车等）的判断依据，如图 2-49 所示。

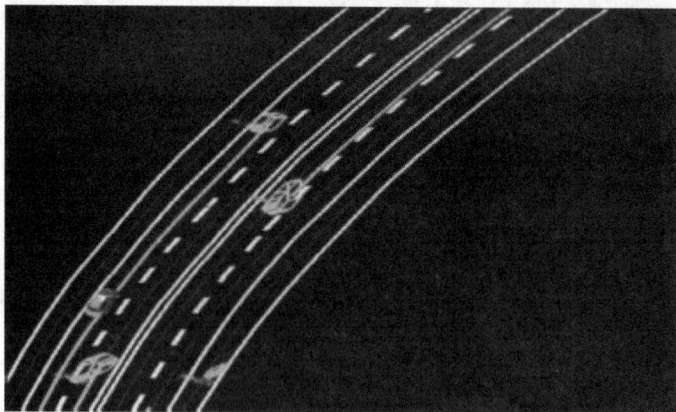

图 2-49 激光雷达用于障碍物轨迹预测

车载激光雷达产品研发及生产厂商主要集中在国外，美国威力登公司激光雷达技术研发及产业化进程相对领先，拥有包括 HDL-64E、HDL-32E 和 VLP-16 这 3 个系列在内的多条产品线；美国德尔福公司，德国博世公司、大陆集团和英飞凌公司等技术竞争实力相对较强，在不同产品领域均占据一定市场份额。

2.2.5　视觉传感器

1. 视觉传感器的定义

视觉传感器主要由光源、摄像头、图像传感器、模/数转换器、图像处理器、图像存储器等组成，如图 2-50 所示。其主要功能是获取足够的机器视觉系统要处理的原始图像。

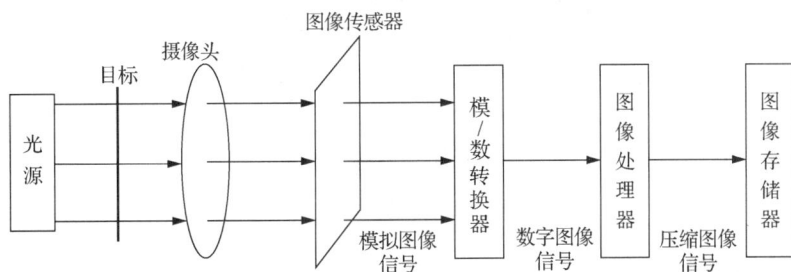

图 2-50　视觉传感器的组成

把光源、摄像头、图像处理器、标准的控制与通信接口等集成一体的视觉传感器常称为智能图像采集与处理单元，如图 2-51 所示。内部图像存储器可存储图像处理算法，并能使用PC 利用专用组态软件编制各种算法下载到视觉传感器的图像存储器中。视觉传感器将 PC 的灵活性、PLC 的可靠性、分布式网络技术结合在一起，用这样的视觉传感器和 PLC 可以更容易地构成机器视觉系统。

图 2-51　智能图像采集与处理单元

2. 视觉传感器的特点

视觉传感器具有以下特点。

（1）视觉传感器所获取的视觉图像的信息量极为丰富，尤其是彩色图像，不仅包含视野内物体的距离信息，还包含该物体的颜色、纹理、深度和形状等信息。

（2）视觉传感器在视野范围内可同时实现道路检测、车辆检测、行人检测、交通标志检测、交通信号灯检测等，信息获取面积大。当多辆智能网联汽车同时工作时，不会出现相互干扰的现象。

（3）视觉传感器获取的视觉信息是实时的场景图像，提供的信息不依赖于先验知识，比如 GPS 导航依赖地图信息，有较强的适应环境的能力。

（4）视觉传感器应用广泛，在智能网联汽车中可以用于前视、后视、侧视、内视等，如

图 2-52 所示。以前视为例，夜视、车道偏离预警、碰撞预警、交通标志识别等要求视觉传感器在各种天气和路况条件下，能够清晰识别车道线、车辆、障碍物、交通标志等。

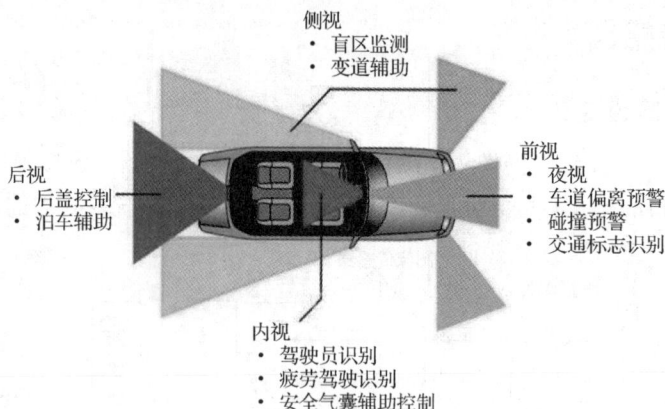

侧视
- 盲区监测
- 变道辅助

后视
- 后盖控制
- 泊车辅助

前视
- 夜视
- 车道偏离预警
- 碰撞预警
- 交通标志识别

内视
- 驾驶员识别
- 疲劳驾驶识别
- 安全气囊辅助控制

图 2-52 视觉传感器应用广泛

3. 视觉传感器的类型

视觉传感器在智能网联汽车上以摄像头的形式出现，主要用于车道偏离预警系统、车道保持辅助系统、盲区监测系统、自动紧急制动系统中的障碍物检测和道路检测，以及交通标志识别、交通信号灯识别等。

摄像头一般分为单目摄像头、双目摄像头、三目摄像头和环视摄像头。

（1）单目摄像头。单目摄像头如图 2-53 所示，一般安装在前挡风玻璃上部，用于探测车辆前方环境，识别道路、车辆、行人等。先通过图像匹配进行目标（各种车型、行人、物体等）识别，再通过目标在图像中的大小去估算目标距离。这就要求对目标进行准确识别，然后建立并不断维护一个庞大的样本特征数据库，保证这个数据库包含待识别目标的全部特征数据。如果缺乏待识别目标的特征数据，就无法估算目标的距离，导致 ADAS 的漏报。

图 2-53 单目摄像头

单目摄像头的优点是成本低廉，能够识别具体障碍物的种类，识别准确；缺点是其识别原理导致其无法识别没有明显轮廓的障碍物，工作准确率与外部光线条件有关，并且受限于数据库，没有自学功能。

（2）双目摄像头。双目摄像头通过对两幅图像视差的计算，直接对前方景物（图像所拍摄到的范围）进行距离测量，而无须判断前方出现的是什么类型的障碍物。依靠两个平行布置的摄像头产生的视差，找到同一个物体所有的点，依赖精确的三角测距，就能够算出摄像头与前方障碍物的距离，实现更高的识别精度和更大的探测范围。双目摄像头需要两个摄像头有较高的同步率和采样率，因此技术难点在于双目标定及双目定位。相比单目摄像头，双目摄像头没有识别率的限制，无须先识别，可直接进行测量；直接利用视差计算距离，精度更高；无须维护样本数据库。

图2-54所示为博世公司生产的双目摄像头，两个摄像头的距离为12cm，像素数为1080×960，水平视角为45°，垂直视角为25°，最大探测距离为50m，该双目摄像头不仅可以用于自动紧急制动系统，也可以用于车道偏离预警系统和交通标志识别系统等。

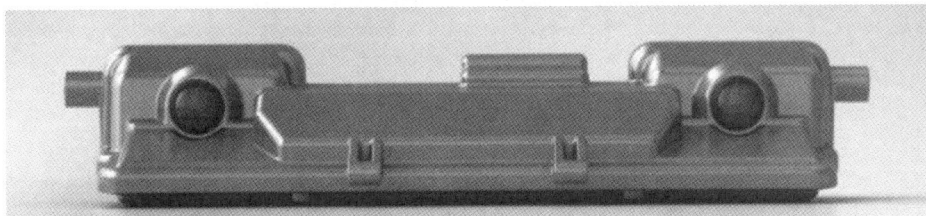

图2-54　双目摄像头

（3）三目摄像头。三目摄像头如图2-55所示。三目摄像头感知范围更大，但同时标定3个摄像头，工作量大。

图2-55　三目摄像头

图2-56所示为特斯拉AutoPilot 2.0使用的三目摄像头。

图2-56　特斯拉AutoPilot 2.0使用的三目摄像头

根据焦距不同，三目摄像头的每个摄像头所感知的范围也不尽相同，如图2-57所示。可以看出3个摄像头的感知范围由远及近，分别为前视窄视野摄像头（最大监测距离为250m）、前视主视野摄像头（最大监测距离为150m）及前视宽视野摄像头（最大监测距离为60m）。

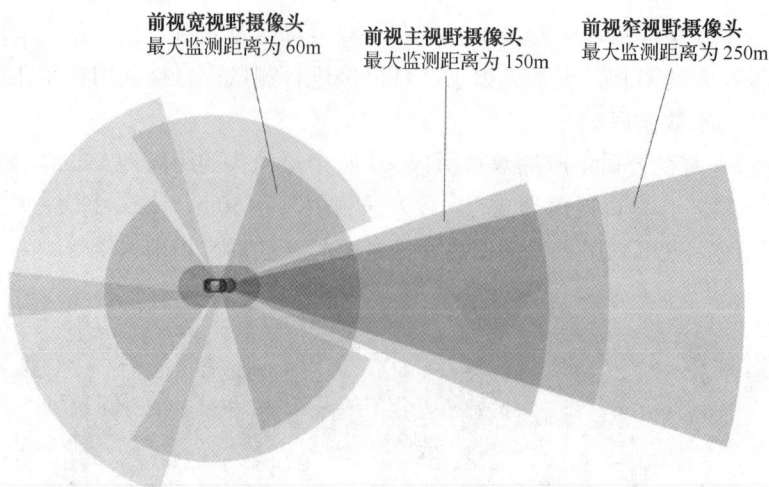

前视宽视野摄像头
最大监测距离为60m

前视主视野摄像头
最大监测距离为150m

前视窄视野摄像头
最大监测距离为250m

图 2-57　三目摄像头的感知范围

由于三目摄像头的每个摄像头的视野不同，因此近距离的测量交给前视宽视野摄像头，中距离的测量交给前视主视野摄像头，更远距离的测量交给前视窄视野摄像头。这样一来每个摄像头都能发挥其最大优势。

三目摄像头的缺点是需要同时标定 3 个摄像头，因而工作量更大一些。同时软件部分需要关联 3 个摄像头的数据，对算法要求也很高。

（4）环视摄像头。环视摄像头如图 2-58 所示，一般至少包括 4 个摄像头，实现 360°环境感知。

图 2-58　环视摄像头

环视摄像头采用鱼眼镜头，而且安装位置是朝向地面的。某些高配车型上会有"360°全景显示"功能，所用到的就是环视摄像头。环视摄像头安装于车辆前方、车辆左/右后视镜下和车辆后方，共 4 个鱼眼镜头，用来采集图像。环视摄像头的感知范围并不大，主要用于车身 5～10m 范围内的障碍物检测、自主泊车时的库位线识别等。

摄像头包括红外摄像头和普通摄像头，红外摄像头既适合白天工作，也适合黑夜工作；普通摄像头只适合白天工作，不适合黑夜工作。目前车辆使用的主要是红外摄像头。

4. 视觉传感器的要求

车载摄像头在工艺上的首要特性是快速，特别是在高速行驶时，系统必须能够记录关键驾驶状况，评估这种状况并实时采取相应措施。以 140km/h 的速度为例，汽车每秒要移动 40m。为避免两次图像信息获取间隔期间自动驾驶的距离过长，要求摄像头具有最慢不低于 30 帧/秒的影像捕捉率，有的汽车制造商甚至提出了最慢不低于 60 帧/秒和 120 帧/秒的要求。

在功能上，车载摄像头需要在复杂的运动路况下仍能保证采集到稳定的数据，具体表现为以下几点。

（1）高动态。在较暗环境以及明暗差异较大的环境下仍能实现识别，要求车载摄像头具有高动态的特性。

（2）中低像素。为降低计算处理的负担，车载摄像头的像素并不需要非常高，目前 30 万～120 万像素已经能满足要求。

（3）角度要求。对于环视和后视摄像头，一般采用 135° 以上的广角镜头；前置摄像头对视距要求更大，一般采用 55° 的范围。

（4）相比工业级和生活级摄像头，车载摄像头在安全级别上要求更高，尤其是前置摄像头。

（5）温度要求。车载摄像头温度范围为-40℃～80℃。

（6）防磁与抗震。汽车启动时会产生极高的电磁，车载摄像头必须具备极高的防磁与抗震的性能。

（7）寿命长。车载摄像头的寿命至少为 8 年才符合要求。

5. 视觉传感器的主要指标

视觉传感器的主要指标有像素、帧率、靶面尺寸、感光度、信噪比和电子快门等。

（1）像素。感光单元可以将光线转换成电荷，从而形成对应于景物的电子图像。而在视觉传感器中，每一个感光单元都对应一个像素。所以，像素越多，代表视觉传感器能够感测的物体细节越多，形成的图像越清晰。

（2）帧率。帧率代表单位时间内所记录或播放的图像数量，连续播放一系列图像就会产生动画效果。当图像的播放速度大于 15 幅/秒的时候，人眼就基本看不出图像的跳跃现象；在 24～30 幅/秒时就已经基本觉察不到图像的闪烁现象。每秒的帧数（帧率）表示图像传感器在处理场时每秒能够更新的次数。高的帧率可以使人们得到更流畅、更逼真的视觉体验。

（3）靶面尺寸。靶面尺寸代表图像传感器感光部分的大小。靶面尺寸一般用英寸（1 英寸≈2.54 厘米）来表示，通常这个数据指的是图像传感器的对角线长度，如常见的有 1/3 英寸。靶面尺寸越大，意味着通光量越好；而靶面尺寸越小，则越容易获得更大的景深。比如，1/2 英寸图像传感器可以有比较大的通光量，而 1/4 英寸图像传感器可以比较容易获得较大的景深。

（4）感光度。感光度代表通过 CCD 或 CMOS 以及相关的电子线路感应入射光线的能力强弱。感光度越高，面对光的敏感度就越强，快门速度就越快，这在拍摄运动车辆、夜间监控的时候显得尤其重要。

（5）信噪比。信噪比代表信号电压对于噪声电压的比值，单位为 dB。一般摄像头给出的信噪比均是自动增益控制（AGC）关闭时的值。这是因为当 AGC 接通时，会对小信号进行提升，使得噪声电平也相应提高。信噪比的典型值为 45～55dB，若为 50dB，则图像有少量噪声，但图像质量良好；若为 60dB，则图像质量优良，不出现噪声。信噪比越大说明对噪声的控制越好。

（6）电子快门。电子快门用来控制图像传感器的感光时间，由于图像传感器的感光值就是信号电荷的积累，感光值越大，信号电荷积累时间就越长，输出信号电流的幅值就越大。电子快门越快，感光值越低，因此电子快门适用于在强光下拍摄。

6. 视觉传感器的功能

视觉传感器具有车道线识别、障碍物识别、交通标志和地面标志识别、交通信号灯识别、可通行空间识别等功能，如图 2-59 所示。

车道线识别　　　　　　　障碍物识别　　　　　交通标志和地面标志
　　　　　　　　　　　　　　　　　　　　　　　识别、交通信号灯
　　　　　　　　　　　　　　　　　　　　　　　识别、可通行空间识别

图 2-59　视觉传感器的功能

（1）车道线识别。车道线是视觉传感器能够感知的最基本的信息，拥有车道线识别功能，无人驾驶汽车即可实现在高速公路上行驶时的车道保持功能。

（2）障碍物识别。障碍物种类很多，如汽车、行人、自行车、动物等，有了障碍物信息，无人驾驶汽车即可完成车道内的跟车行驶。

（3）交通标志和地面标志识别。交通标志和地面标志作为道路特征，可用来与高精度电子地图做匹配后辅助定位，也可以基于这些感知信息进行地图的更新。

（4）交通信号灯识别。交通信号灯状态的感知能力对于城区行驶的无人驾驶汽车十分重要。

（5）可通行空间识别。可通行空间表示无人驾驶汽车可以正常行驶的区域。

7. 视觉传感器的应用

视觉传感器在无人驾驶汽车上的应用主要是环境感知，以摄像头的形式出现。

图 2-60 所示为视觉传感器实现的感知功能，有车道线识别、障碍物识别、交通标志和地面标志识别、可通行空间识别、交通信号灯识别等。

视觉传感器实现的
感知功能（彩图）

图 2-60　视觉传感器实现的感知功能

（1）车道线识别。图 2-60 中的深绿色线（见二维码彩图）即车道线。车道线是摄像头能够感知的最基本的信息，拥有车道线识别功能，无人驾驶汽车即可实现在高速公路行驶时的车道保持功能。

（2）障碍物识别。图 2-60 中使用矩形框框出的物体即障碍物，仅有汽车、行人和自行车等。其实障碍物的种类可以更丰富，比如摩托车、卡车，甚至动物等，都是可以检测到的。有了障碍物信息，无人驾驶汽车即可完成车道内的跟车行驶。

（3）交通标志和地面标志识别。图 2-60 中使用绿色或红色矩形框框出的物体即交通标志和地面标志。这些感知信息更多用来作为道路特征与高精度电子地图做匹配后辅助定位，当然也可以基于这些感知信息进行地图的更新。

（4）可通行空间识别。图 2-60 中使用透明绿色覆盖的区域即可通行空间，可通行空间表示无人驾驶汽车可以正常行驶的区域。可通行空间可以让车辆不再局限于车道内行驶，能够实现更多跨车道的超车功能等。

（5）交通信号灯识别。图 2-60 中使用绿色矩形框框出的物体即交通信号灯。交通信号灯状态的感知能力对于城区行驶的无人驾驶汽车十分重要。

视觉传感器是智能网联汽车实现众多预警、识别类 ADAS 功能的基础，见表 2-7。

表 2-7　视觉传感器在智能网联汽车上的应用

ADAS	使用的摄像头	具体功能介绍
车道偏离预警系统	前视	当前视摄像头检测到车辆即将偏离车道线时发出警报
盲区监测系统	侧视	利用侧视摄像头将后视镜盲区的影像显示在后视镜或驾驶舱内
自动泊车辅助系统	后视	利用后视摄像头将车尾影像显示在驾驶舱内
全景泊车系统	前视、侧视、后视	利用图像拼接技术将摄像头采集的影像组成周边的全景图
驾驶员疲劳预警系统	内置	利用内置摄像头检测驾驶员是否疲劳、闭眼等
行人碰撞预警系统	前视	当前视摄像头检测到车辆前方的行人可能与车辆发生碰撞时发出警报
车道保持辅助系统	前视	当前视摄像头检测到车辆即将偏离车道线时通知控制中心发出指示，纠正行驶方向
交通标志识别系统	前视、侧视	利用前视、侧视摄像头识别前方和两侧的交通标志
前向碰撞预警系统	前视	当前视摄像头检测到与前车距离小于安全车距时发出警报

根据不同 ADAS 功能的需求，摄像头的安装位置也不同，据此主要分为前视、后视、侧视、内置以及环视摄像头，如图 2-61 所示。实现自动驾驶全套 ADAS 功能时应安装 6 个以上摄像头。

前视摄像头一般采用 55°左右的镜头来得到较远的有效距离，有单目摄像头和双目摄像头两种解决方案。双目摄像头需要安装在两个位置，成本较单目摄像头高 50%。前视摄像头可以实现 ADAS 主动、安全的核心功能，如车道偏离预警、车辆识别、行人识别、交通标志识别等，未来将是自动紧急制动、自适应巡航控制等主动控制功能的信号入口，安全等级较高，应用范围较广。

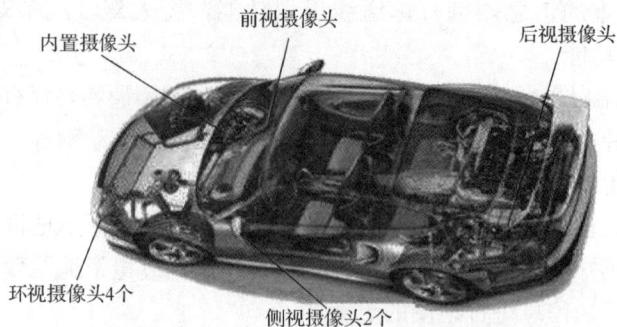

图 2-61　智能网联汽车的摄像头安装位置

后视摄像头采用广角或鱼眼镜头，主要为倒车后视使用。

侧视摄像头一般使用两个广角镜头，完成盲区监测等工作。这一部分工作也可由超声波传感器或毫米波雷达代替完成。

内置摄像头使用的是广角镜头，安装在车内后视镜处，完成在行驶过程中对驾驶员的疲劳提醒。

环视摄像头使用的是鱼眼镜头，通常在车辆四周装备 4 个，用来进行图像拼接以实现全景图，通过辅助算法可实现车道线感知。

超声波传感器、毫米波雷达、激光雷达和视觉传感器作为主要的环境感知传感器，对于它们的选择需要综合考虑其性能特点和性价比。环境感知传感器的比较见表 2-8。

表 2-8　环境感知传感器的比较

项目	超声波传感器	毫米波雷达	激光雷达	视觉传感器
远距离探测	弱	强	强	较强
探测角度/°	120	10～70	15～360	30
夜间环境	强	强	强	弱
全天候	弱	强	强	弱
不良天气环境	一般	强	弱	弱
温度稳定性	弱	强	强	强
车速测量能力	一般	弱	强	弱
路标识别	×	×	×	√
主要应用	泊车辅助	自适应巡航控制、自动紧急制动	实时建立车辆周边环境的三维模型	车道偏离预警、车道保持辅助、盲区监测、前车防撞预警、交通标志识别、交通信号灯识别、全景泊车
成本	低	适中	高	适中

2.3　道路识别

2.3.1　道路识别的定义与分类

1.　道路识别的定义

道路识别就是把真实的道路通过激光雷达转换成汽车"认识"的道路，供自动驾驶汽车行驶；或通过视觉传感器识别出车道线，提供车辆在当前车道中的位置，帮助智能网联汽车提高行驶的安全性。

图 2-62 所示为自动驾驶汽车识别的道路，图 2-63 所示为视觉传感器识别的车道线。

图 2-62　自动驾驶汽车识别的道路

图 2-63　视觉传感器识别的车道线

道路识别的任务是提取车道的几何结构，如车道的宽度、车道线的曲率等；确定车辆在车道中的位置、方向；提取车辆可行驶的区域。

2.　道路识别的分类

依据道路类型的不同，道路可分为结构化道路和非结构化道路，见表 2-9。

表 2-9　道路类型

项目	结构化道路	非结构化道路
典型道路	高速公路、城市道路	乡村道路、越野道路
主要特点	结构明确，形状相对规则，有明显的车道线或边界，环境相对稳定	形状不规则，没有明确的边界，光照、景物、天气多变

根据道路类型，道路识别可分为结构化道路识别和非结构化道路识别。

（1）结构化道路识别。结构化道路具有明显的车道线或边界，几何特征明显，车道宽度基本上保持不变，如城市道路、高速公路等。结构化道路识别一般依据车道线的边界或车道线的灰度与车道明显不同实现检测。结构化道路识别对道路模型有较强的依赖性，且对噪声、阴影、遮挡等环境变化敏感。结构化道路识别技术比较成熟。

（2）非结构化道路识别。非结构化道路相对比较复杂，一般没有车道线和清晰的道路边界，或路面凹凸不平，或交通拥堵，或受到阴影和水迹的影响。多变的道路类型、复杂的环境背景，以及阴影的影响与变化的天气等，都是非结构化道路识别方法所面临的困难。所以，非结构化道路识别是无人驾驶汽车的难点。非结构化道路识别主要依据车道的颜色或纹理进行检测。

根据所用传感器的不同，道路识别可分为基于视觉传感器的道路识别和基于雷达的道路识别。

（1）基于视觉传感器的道路识别。基于视觉传感器的道路识别就是通过视觉传感器采集道路图像，并通过算法处理道路图像，识别出车道线。

（2）基于雷达的道路识别。基于雷达的道路识别就是通过雷达采集道路信息，并通过算法处理信息，识别出车道线。

智能网联汽车的道路识别主要基于视觉传感器。

2.3.2　道路图像的特点

复杂的道路环境和气候变化都会影响道路识别效果。道路图像具有以下特点。

1.　阴影条件下的道路图像

道路图像经常出现阴影，如图2-64所示。道路识别一般要先对道路的阴影进行检测和去除。阴影检测方法一是基于物体的特性，二是基于阴影的特性。前者通过目标的三维几何结构、已知场景和光源信息来确定阴影区域；后者通过分析阴影在色彩、亮度和几何结构等方面的特征来识别阴影。第一种方法局限性很大，因为获得场景、目标的三维结构信息并不是一件容易的事；第二种方法则具有普遍性和实用性。

2.　强/弱光照射条件下的道路图像

光照可分为强光照射和弱光照射。强光照射造成的路面反射会使道路其余部分的像素亮度变大，而弱光照射会使道路的像素变得暗淡。例如阴天，道路图像具有黑暗、车道线难以辨别等特点，如图2-65所示。

图2-64　阴影条件下的道路图像　　　图2-65　阴天条件下的道路图像

3. 雨天条件下的道路图像

雨水对道路有覆盖，而且雨水能反光，雨天条件下的道路图像如图 2-66 所示。

图 2-66　雨天条件下的道路图像

4. 弯道的道路图像

弯道的道路图像与直道的道路图像相比，在建模上会更复杂，但是并不影响道路图像的检测。弯道的道路图像的彩色信息与普通道路图像的彩色信息差别不大，所以依然可以利用基于模型的道路图像进行建模，提取弯道曲线的斜率，从而进一步检测图像。车辆行驶的重要信息均来自近区域，而近区域视野的车道线可近似看成直线模型。图 2-67 所示为弯道的道路图像。

图 2-67　弯道的道路图像

2.3.3　道路识别的流程与方法

1. 道路识别的流程

利用视觉传感器进行道路识别的流程为"原始图像采集→图像灰度化→图像滤波→图像二值化→车道线提取"，如图 2-68 所示。

（a）原始图像采集

（b）图像灰度化

（c）图像滤波

（d）图像二值化

（e）车道线提取

图 2-68　道路识别的流程

2. 道路识别的方法

道路识别的方法主要有基于区域分割的识别方法、基于道路特征的识别方法、基于道路模型的识别方法和基于道路特征与模型相结合的识别方法等。

（1）基于区域分割的识别方法。基于区域分割的识别方法把道路图像的像素分为道路和非道路两类。区域分割的依据一般是颜色特征或纹理特征。基于颜色特征的区域分割方法的依据是道路图像中道路部分的像素与非道路部分的像素的颜色存在显著差别。根据采集到的图像性质，颜色特征可以分为灰度特征和彩色特征两类。灰度特征来自灰度图像，可用的信息为亮度；彩色特征除了亮度信息外，还包含色调和饱和度信息。基于颜色特征的区域分割方法的本质是彩色图像分割问题，主要涉及颜色空间的选择和采用的分割策略两个方面。

（2）基于道路特征的识别方法。基于道路特征的识别方法主要结合道路图像的一些特征，如颜色、梯度、纹理等，从所获取的图像中识别出道路边界或车道线，适用于有明显边界特征的道路。

基于道路特征的识别方法与道路的形状没有关系，鲁棒性较好，但对阴影和水迹较为敏感，且计算量较大。

（3）基于道路模型的识别方法。基于道路模型的识别方法主要基于不同的（2D 或 3D）道路图像模型，采用不同的检测技术（如霍夫变换、模板匹配技术、神经网络技术等）对道路边界或车道线进行识别。

基于道路模型的识别方法检测出的道路较为完整，只需较少的参数就可以表示整个道路，所以基于道路模型的识别方法对阴影、水迹等外界影响有较强的抗干扰性。不过在道路类型比较复杂的情况下，很难建立准确的模型，这降低了对任意类型道路检测的灵活性。

（4）基于道路特征与模型相结合的识别方法。基于道路特征与模型相结合的识别方法的基本思想是，利用基于道路特征的识别方法在对抗阴影、光照变化等方面的鲁棒性，对待处理的图像进行分割，找出其中的道路区域，再根据道路区域与非道路区域的分割结果找出道路边界，并使用道路边界拟合道路模型，从而达到综合利用基于道路特征的识别方法与基于道路模型的识别方法的目的。

图 2-69 所示为道路识别的结果。

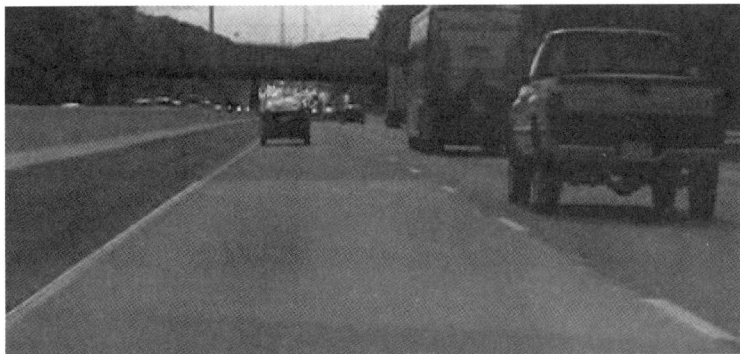

图 2-69　道路识别的结果

2.4　车辆识别

2.4.1　车牌识别

1. 车牌识别的定义

车牌识别就是利用摄像头对监控路面过往车辆的特征图像和车辆全景图像进行实时拍摄，利用图像处理的分析方法，提取出车牌区域，进而对车牌区域进行字符分割和识别，从而对车辆进行管理，如图 2-70 所示。

图 2-70　车牌识别

2. 车牌识别系统的组成

车牌识别系统集合了先进的光电、计算机视觉、信号处理、图像处理、模式识别、人工智能、远程数据访问等技术，实现对监控路面过往的每一辆机动车的特征图像和车辆全景图像进行连续全天候实时记录，利用图像处理的分析方法，提取车牌区域，进而对车牌区域进行字符分割和识别。车牌识别系统的组成如图 2-71 所示。

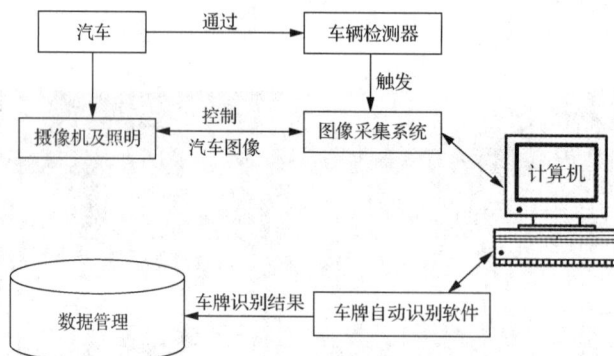

图 2-71　车牌识别系统的组成

3. 车牌识别的流程

车牌识别的流程为"图像采集→视频车辆检测→车牌定位→字符分割→字符识别→结果输出"，如图 2-72 所示。

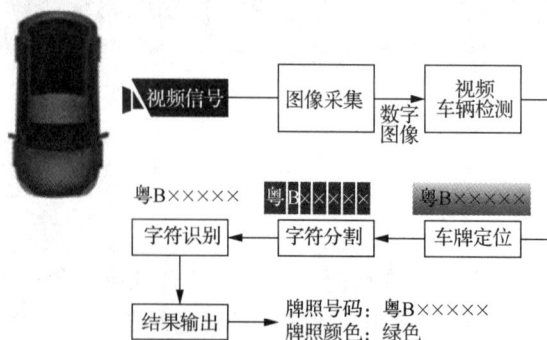

图 2-72　车牌识别的流程

4．车牌识别的方法

车牌识别实际上是字符识别，其识别方法主要有基于模板匹配的字符识别方法、基于特征的统计匹配法、基于边缘检测和水平灰度变化特征的方法、基于颜色相似度及彩色边缘的方法等。

（1）基于模板匹配的字符识别方法。模板匹配是一种经典的模式识别方法，是非常直接的字符识别方法。其实现方式是计算输入模式与样本的相似性，取相似性最大的样本为输入模式所属类别。这种方法具有较快的识别速度，尤其是对二值图像的识别，可以满足实时性要求。

（2）基于特征的统计匹配法。针对字符图像的特征提取方法多种多样，有逐像素特征提取法、垂直方向数据统计特征提取法、基于网格的特征提取法、弧度梯度特征提取法等。这些特征对一般噪声不敏感，选取的特征能够反映出图像的局部细节特征，方法相对简单。然而在实际应用中，由于外部原因，常常会出现字符模糊、字符倾斜等情况，从而影响识别效果。当字符出现笔画融合、断裂、部分缺失时，此方法更是无能为力。因此，其实际应用效果不理想，抗干扰性不强。

（3）基于边缘检测和水平灰度变化特征的方法。这类方法使用较多，细分类也多，有用可变矩形模板检测来搜索符合条件的车牌矩形区域的方法，有记录灰度水平跳变频度的方法。其速度快、漏检率低，但误检率高。

（4）基于颜色相似度及彩色边缘的方法。这类方法一般利用颜色模型转换，结合先验知识进行定位和判断，优点是不受大小限制，精度较高；缺点是对图像的品质要求高，对偏色、牌照褪色及背景色干扰等情况无能为力，一般不独立使用。

图 2-73 所示为车牌识别系统自动识别的车牌号码。

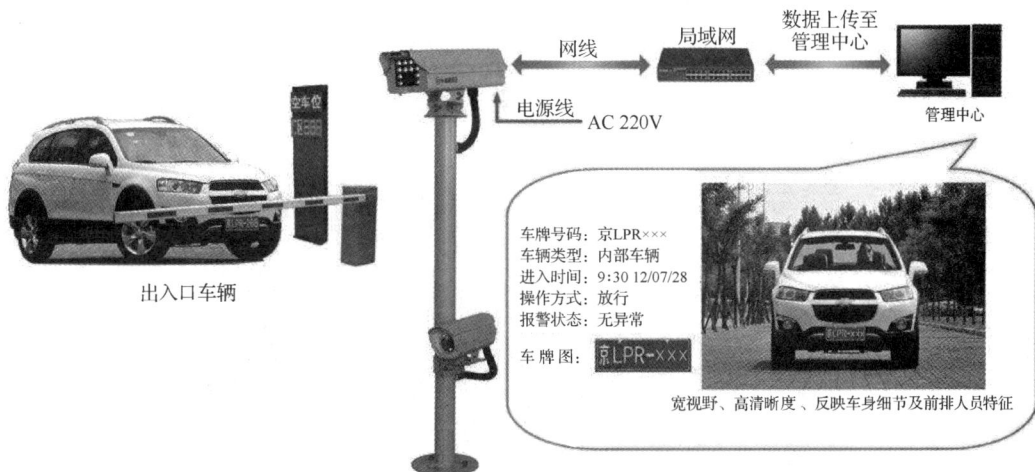

图 2-73　车牌识别系统自动识别的车牌号码

2.4.2　运动车辆识别

前方运动车辆检测是判断安全车距的前提，车辆检测的准确与否不仅决定了测距是否准确，而且决定了是否能够及时发现一些潜在的交通事故风险。

目前用于识别前方运动车辆的方法主要有基于特征的识别方法、基于机器学习的识别方法、基于光流场的识别方法和基于模型的识别方法等。

1. 基于特征的识别方法

车辆的颜色、轮廓、对称性等特征都可以用来将车辆与周围的背景区别开。因此，基于特征的识别方法就以车辆的这些外形特征为基础，从图像中检测前方运动车辆。常用的基于特征的识别方法主要有使用阴影特征的方法、使用边缘特征的方法、使用对称特征的方法、使用位置特征的方法和使用车辆尾灯特征的方法等。

2. 基于机器学习的识别方法

基于机器学习的识别方法一般需要从正样本集和负样本集中提取目标特征，再训练出识别车辆区域与非车辆区域的决策边界，最后使用分类器判断目标。

3. 基于光流场的识别方法

光流场是指图像中所有像素点构成的一种二维瞬时速度场，其中的二维速度矢量是景物中可见点的三维速度矢量在成像表面的投影。通常光流场是由于摄像机、运动目标或二者同时运动产生的。在存在独立运动目标的场景中，通过分析光流场可以检测目标的数量、运动速度、相对距离以及表面结构等。

4. 基于模型的识别方法

基于模型的识别方法是根据前方运动车辆的参数来建立二维或三维模型，然后利用指定的搜索算法来匹配查找前方运动车辆。

多传感器融合技术是未来车辆识别技术的发展方向。目前，在车辆识别中主要有两种融合技术，即视觉传感器与激光雷达的融合技术，以及视觉传感器与毫米波雷达的融合技术。

图 2-74 所示为车辆的识别结果。

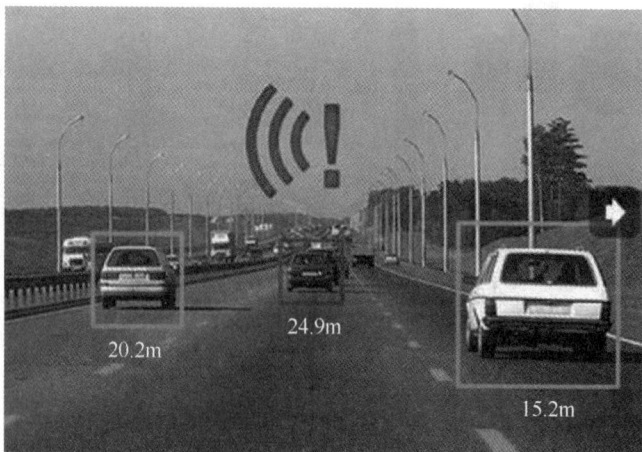

图 2-74　车辆的识别结果

2.5　行人识别

2.5.1　行人识别的定义与分类

1.　行人识别的定义

行人识别就是利用安装在车辆前方的视觉传感器采集前方场景的图像信息，通过一系列复杂的算法分析、处理这些图像信息，实现对行人的识别，如图 2-75 所示。

图 2-75　行人识别

行人识别是智能网联汽车 ADAS 的重要组成部分。行人是道路交通的主体和主要参与者，由于其行为具有非常大的随意性，再加上驾驶员在车内视野变窄以及长时间驾驶导致的视觉疲劳，因此行人在交通事故中很容易受到伤害。行人识别的目的是能够及时、准确地检测出车辆前方的行人，并根据不同危险级别提供不同的预警提示，如距离车辆越近的行人危险级别越高，提示音也应越急促，以保证驾驶员具有足够的反应时间，从而极大减少甚至避免撞人事故的发生。

2.　行人识别的分类

根据所采用的视觉传感器的不同，可以将基于视觉的行人检测方法分为可见光行人的检测和红外行人的检测。

（1）可见光行人的检测。可见光行人的检测采用的视觉传感器为普通的光学摄像头，由于普通的光学摄像头基于可见光进行成像，因此非常符合人的正常视觉习惯，而且其硬件成本十分低廉。但是受到光照条件的限制，该方法只能应用在白天，在光照条件很差的阴雨天或夜间则无法使用。

（2）红外行人的检测。红外行人的检测采用红外热成像摄像头，利用物体发出的红外线进行成像，不依赖于光照，具有很好的夜视能力。该方法在白天和晚上都适用，尤其是在夜间以及光线较差的阴雨天具有无可替代的优势。

红外行人的检测相比可见光行人的检测，主要优势包括：红外热成像摄像头靠感知物体发出的红外线（与温度成正比）进行成像，与光照条件无关，对于夜间场景中的发热物体检测有明显的优势；行人属于恒温动物，温度一般会高于周围背景很多，在红外图像中表现为行人相对于背景明亮、突出；由于红外成像不依赖于光照条件，红外热成像摄像头对光照的明暗、物体的颜色变化以及纹理和阴影干扰不敏感。

2.5.2　行人识别系统的组成

行人识别系统的组成如图 2-76 所示，它由预处理、分类检测和决策报警三部分组成。

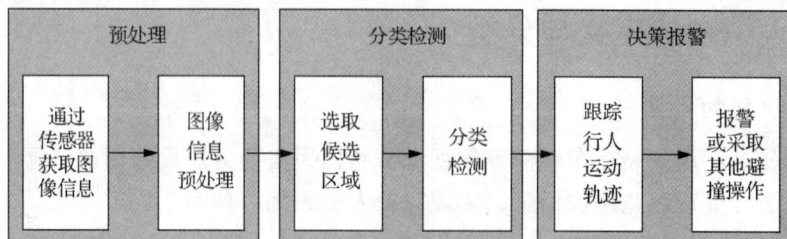

图 2-76　行人识别系统的组成

（1）预处理。通过传感器获取车辆前方的图像信息，对这些信息做预处理，如降噪、增强等。

（2）分类检测。采用图像分割、模型提取等图像处理技术在图像中选取一些感兴趣的区域，即行人的候选区域，然后对候选区域进行进一步的验证，用分类检测等技术方法判断候选区域中是否包含行人。

（3）决策报警。对含有行人的区域进行跟踪，得到行人运动轨迹。在提高检测精度和速度的同时，也能对行人是否会和车辆发生碰撞进行判断，对可能发生碰撞的情况进行报警或采取其他避撞操作。

2.5.3　行人识别方法

目前，行人识别方法主要有基于特征分类的行人识别方法、基于模型的行人识别方法、基于运动特性的行人识别方法、基于形状模型的行人识别方法、小波变换和支持向量机以及神经网络方法等。

1. 基于特征分类的行人识别方法

基于特征分类的行人识别方法着重于提取行人的特征，然后通过特征匹配来识别行人目标，是目前较为主流的行人识别方法，主要有基于方向梯度直方图（HOG）特征的行人识别方法、基于小波（Haar）特征的行人识别方法、基于小边（Edgelet）特征的行人识别方法、基于形状轮廓模板特征的行人识别方法、基于部件特征的行人识别方法等。

2. 基于模型的行人识别方法

基于模型的行人识别方法通过建立背景模型来识别行人。常用的基于模型的行人识别方法有混合高斯法、核密度估计法和密码本法。

3. 基于运动特性的行人识别方法

基于运动特性的行人识别方法利用人体运动的周期性特性来确定图像中的行人。该方法主要针对运动的行人进行识别，不适合用于识别静止的行人。在基于运动特性的行人识别方法中，比较典型的方法有背景差分法、帧间差分法和光流法。

4. 基于形状模型的行人识别方法

基于形状模型的行人识别方法主要依靠行人的形状特征来识别行人，避免了背景变化和摄像机运动的影响，适用于识别运动和静止的行人。

5. 小波变换和支持向量机

行人识别主要基于小波模板概念，按照图像中小波相关系数子集定义目标形状的小波模板。系统首先对图像中每个特定大小的窗口以及该窗口进行一定范围的比例缩放得到的窗口进行小波变换，然后利用支持向量机检测变换的结果是否可以与小波模板匹配，如果匹配成功则认为识别到一个行人。

6. 神经网络方法

神经网络方法在行人识别技术中的应用主要是对利用视觉信息探测到的可能含有行人的区域进行分类识别。首先利用立体视觉进行目标区域分割，然后合并和分离子目标候选图像满足行人尺寸和形状约束的图像，最后将所有探测到的可能含有行人目标的方框区域输入神经网络中进行行人识别。

图 2-77 所示为行人的识别结果。

图 2-77　行人的识别结果

2.6　交通标志识别

2.6.1　交通标志介绍

交通标志作为重要的道路交通安全附属设施，可向驾驶员提供各种引导和约束信息。驾驶员实时、正确地获取交通标志信息，可保障行车更安全。

鉴于地区和文化差异，目前世界各个国家执行的交通标志标准有所不同。目前，我国道路交通标志执行的标准是 GB 5768.2—2022《道路交通标志和标线　第 2 部分：道路交通标志》。由该标准可知，我国的交通标志分为主标志和辅助标志两大类，主标志又可以分为警告标志、禁令标志、指示标志、指路标志、旅游区标志、作业区标志、告示标志 7 种。其中，警告标志、禁令标志和指示标志是十分重要也是十分常见的交通标志，直接关系到道路交通的通畅与安全，更与智能网联汽车的行车路径规划直接相关。为引起行人和车辆驾驶员的注意，交通标志都具有鲜明的颜色特征。我国的警告标志、禁令标志和指示标志共计 131 种，这些交通标志由 5 种主要颜色（红色、黄色、蓝色、黑色和白色）组成。

1. 警告标志

警告标志主要用来警告车辆驾驶员、行人前方有危险，在道路上行动需谨慎。警告标志有明显的颜色特征，即黄色的底、黑色的边缘、黑色的内部图形，其形状是正三角形，如图 2-78 所示。

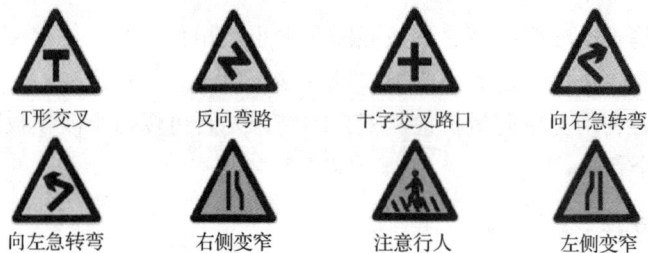

图 2-78　警告标志

2. 禁令标志

禁令标志主要用来禁止或限制车辆、行人的交通行为及相应解除，道路使用者应严格遵守。禁令标志有明显的颜色特征，即白色的底、红色的边缘、红色的斜杠、黑色的内部图形，而且黑色的内部图形在红色的斜杠之上（解除速度限制和解除禁止超车除外），其形状大多数是圆形，其中特殊的是正八边形和倒三角形，这两种形状的禁令标志的个数都是一个，如图 2-79 所示。

图 2-79　禁令标志

3. 指示标志

指示标志主要用来指示车辆、行人的行进。指示标志有明显的颜色特征，即蓝色的底、白色的内部图形，其形状为圆形或矩形，如图 2-80 所示。

图 2-80　指示标志

交通标志颜色与形状有着一定的关系，如图 2-81 所示，禁令标志以红色为主，形状有圆形、倒三角形和正八边形；警告标志以黄色为主，形状为正三角形；指示标志以蓝色为主，形状为圆形和矩形。在交通标志的检测与识别过程中，应该充分利用这些颜色与形状信息，以及颜色与形状信息的对应关系。

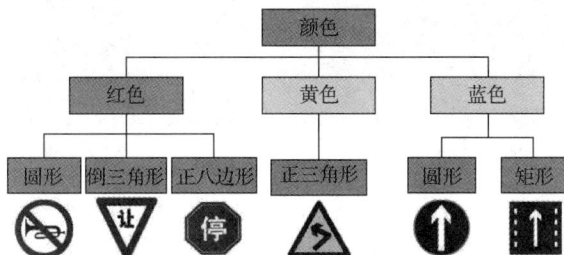

图 2-81　交通标志颜色与形状的关系

交通标志具有鲜明的色彩特征，因此要实现对交通标志图像的有效分割，颜色是一个重要信息；选择合适的颜色空间对其加以分析和提取，将有助于提高系统识别的实时性和准确性。

2.6.2　交通标志识别系统

在智能网联汽车中，交通标志的检测是通过交通标志识别系统实现的，如图 2-82 所示。首先使用车载摄像头采集目标图像，然后进行交通标志检测分割和特征提取，通过与交通标志标准特征库比较进行交通标志识别，输出的识别结果可以与其他智能网联汽车共享。

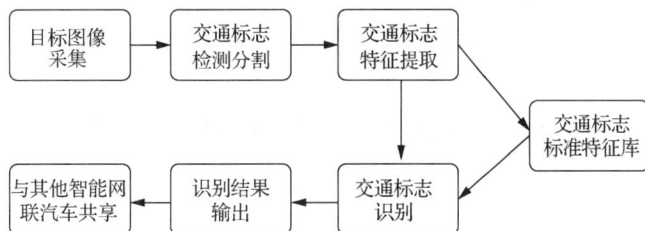

图 2-82　交通标志识别系统

2.6.3　交通标志识别的流程与方法

1. 交通标志识别的流程

利用视觉传感器进行交通标志识别的流程为"原始图像采集→图像预处理→图像分割检测→图像特征提取→交通标志识别"，如图 2-83 所示。

2. 交通标志识别的方法

交通标志识别的方法主要有基于颜色特征的交通标志识别方法、基于形状特征的交通标志识别方法、基于显著性的交通标志识别方法、基于特征提取和机器学习的交通标志识别方法等。

（a）原始图像采集

（b）图像预处理

（c）图像分割检测

（d）图像特征提取

（e）交通标志识别

图 2-83　交通标志识别的流程

（1）基于颜色特征的交通标志识别方法。颜色分割就是利用交通标志特有的颜色特征，将交通标志与背景分离。基于颜色特征的交通标志识别方法对图像旋转、倾斜的情况具有较好的鲁棒性。

（2）基于形状特征的交通标志识别方法。除颜色特征外，形状也是交通标志的显著特征。我国的警告标志、指示标志、禁令标志共有 130 多种，其中大多数都有规则的形状，如圆形、矩形、正三角形、倒三角形、正八边形等。颜色检测和形状检测是交通标志识别中的重要内容。检测方法通常以颜色分割做粗检测，排除大部分的背景干扰；再提取二值图像各连通域的轮廓，进行形状特征的分析，进而确定交通标志候选区域并完成定位。

（3）基于显著性的交通标志识别方法。由于交通标志被设计成具有显眼的颜色和特定的形状，在一定程度上满足了对显著性的要求，可以采用显著性模型来识别交通标志。

（4）基于特征提取和机器学习的交通标志识别方法。基于特征提取和机器学习的交通标志识别方法一般使用滑动窗口的方式，或使用之前处理得到的感兴趣区域进行验证的方式。前者对全图或交通标志可能出现的感兴趣区域进行操作，以多尺度的滑动窗口扫描目标区域，对得到的每一个窗口均用训练好的分类器判断是否为标志。后者则认为经过之前的处理，如颜色、形状分析等，得到的感兴趣区域已经是一整个交通标志或干扰物，只需对其整体进行分类即可。

图 2-84 所示为交通标志识别的结果。

图 2-84　交通标志识别的结果

2.7　交通信号灯识别

2.7.1　交通信号灯介绍

不同国家和地区采用的交通信号灯样式各不相同。在国内，交通信号灯的设置都必须遵循 GB 14887—2011《道路交通信号灯》和 GB 14886—2016《道路交通信号灯设置与安装规范》。

我国交通信号灯的特征如图 2-85 所示。从颜色来看，交通信号灯的颜色有红色、黄色、绿色 3 种颜色，而且这 3 种颜色在交通信号灯中出现的位置都有一定的顺序关系；从安装方式来看，交通信号灯有横放安装和竖放安装两种，一般安装在道路上方。

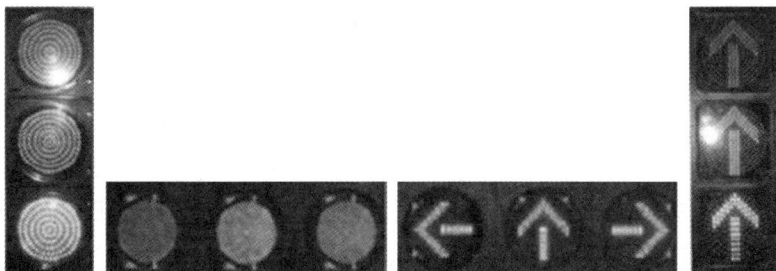

图 2-85　我国交通信号灯的特征

从功能来看，交通信号灯有机动车信号灯、非机动车信号灯、左转非机动车信号灯、人行横道信号灯、车道信号灯、方向指示信号灯、闪光警告信号灯、道口信号灯、掉头信号灯等。其中机动车信号灯、闪光警告信号灯、道口信号灯的光信号无图案；非机动车信号灯、左转非机动车信号灯、人行横道信号灯、车道信号灯、方向指示信号灯、掉头信号灯的光信号有特定图案。

2.7.2　交通信号灯识别系统

交通信号灯识别系统包括检测和识别两个基本环节。首先检测交通信号灯，通过摄像机，从复杂的城市道路交通环境中获取图像，根据交通信号灯的颜色、几何特征等信息，准确定位其位置，获取候选区域；然后识别交通信号灯，在检测算法中已经获取交通信号灯的候选区域，通过对其进行分析及特征提取，运用分类算法，实现对交通信号灯的分类识别。

交通信号灯有各种识别系统。图 2-86 所示为交通信号灯识别系统的组成，它主要由图像采集模块、图像预处理模块、检测模块、识别模块、跟踪模块和通信模块等组成。

图像采集模块 → 图像预处理模块 → 检测模块 → 识别模块 → 跟踪模块 → 通信模块

图 2-86　交通信号灯识别系统的组成

1．图像采集模块

图像采集模块（即摄像机）成像质量的好坏影响后续识别和跟踪的效果，一般采用彩色摄像机。其中摄像机的镜头焦距、曝光时间、增益、白平衡等参数的选择都对摄像机成像效果和后续处理有重要影响。

2．图像预处理模块

图像预处理模块包括颜色空间选择和转换、颜色空间各分量的统计分析、基于统计分析的彩色图像分割、噪声去除、基于区域生长聚类的区域标记等，通过图像预处理模块后可得到交通信号灯的候选区域。

3．检测模块

检测模块包括离线训练和在线检测两部分。离线训练通过交通信号灯的样本和背景样本的统计学习得到分类器，利用得到的分类器完成交通信号灯的检测。

4．识别模块

识别模块依据检测模块在图像中的检测定位，结合图像预处理模块得出的交通信号灯色彩结果、交通信号灯发光单元面积的大小和位置先验知识，完成对交通信号灯的识别。

5．跟踪模块

跟踪模块通过识别模块得到的结果可以得到跟踪目标，利用基于颜色空间的跟踪算法可以对目标进行跟踪，有效提高目标识别的实时性和稳定性。运动目标跟踪方法可分为 4 类，分别是基于区域的跟踪方法、基于特征的跟踪方法、基于主动轮廓线的跟踪方法和基于模型的跟踪方法。

6．通信模块

通信模块是联系环境感知模块、规划决策模块与车辆底层控制模块的桥梁，通过制定的通信协议完成各系统的通信，实现信息共享。

2.7.3　交通信号灯识别的流程与方法

1. 交通信号灯识别的流程

利用视觉传感器进行交通信号灯识别的流程为"原始图像采集→图像灰度化→直方图均衡化→图像二值化→交通信号灯识别",如图 2-87 所示。

（a）原始图像采集　　　　　　　　　　　　（b）图像灰度化

（c）直方图均衡化　　　　　　　　　　　　（d）图像二值化

（e）交通信号灯识别

图 2-87　交通信号灯识别的流程

2. 交通信号灯识别的方法

交通信号灯识别的方法主要有基于颜色特征的识别方法和基于形状特征的识别方法。

（1）基于颜色特征的识别方法。基于颜色特征的识别方法主要是选取某个颜色空间，对交通信号灯的红、黄、绿 3 种颜色进行描述。依据颜色空间的不同，主要有基于 RGB 颜色空间的识别方法、基于 HSI 颜色空间的识别方法、基于 HSV 颜色空间的识别方法。

（2）基于形状特征的识别方法。基于形状特征的识别方法主要利用交通信号灯和它的相关支撑物之间的几何信息。

也可以将交通信号灯的颜色特征和形状特征结合起来，以减少单独利用某一特征所带来的不利影响。

图 2-88 所示为交通信号灯识别的结果。

图 2-88　交通信号灯识别的结果

【扩展阅读】

理想 L9 增程式电动汽车的环境感知传感器

理想 L9 增程式电动汽车为 5 门 6 座 SUV，其外形尺寸为 5 218mm×1 998mm×1 800mm，轴距为 3 105mm；发动机排量为 1.5L，最大功率为 113kW；前电机最大功率为 130kW，前电机最大转矩为 220N·m，后电机最大功率为 200kW，后电机最大转矩为 400N·m，系统综合功率为 330kW，系统综合转矩为 620N·m；变速器为固定齿比变速器；WLTC 纯电续驶里程为 180km，CLTC 纯电续驶里程为 215km，百公里耗电量为 24.3kW·h。

理想 L9 增程式电动汽车配置了 2 个 800 万像素正前视摄像头、2 个 800 万像素侧前视摄像头、2 个 800 万像素侧后视摄像头、1 个 200 万像素正后视摄像头、4 个 200 万像素 360°环视摄像头、12 个超声波雷达、1 个前向毫米波雷达以及 1 个 128 线束激光雷达，具有并线辅助系统、车道偏离预警系统、车道保持辅助系统、交通标志识别系统、自适应巡航控制系统、自动泊车辅助系统、全景影像监测系统等 ADAS，辅助驾驶级别为 L2 级。

思考与讨论

1. 分析理想 L9 增程式电动汽车环境感知传感器的用途。

2. 如果理想 L9 增程式电动汽车要实现无人驾驶，还需要配置哪些传感器？

【项目实训】

智能网联汽车环境感知系统的认知

通过智能网联汽车环境感知系统的认知项目实训，填写项目实训工单，增强学生对智能网联汽车环境感知系统的认知。

项目实训工单

实训参考题目	智能网联汽车环境感知系统的认知			
实训实际题目	由指导教师根据实际条件和分组情况给出实训实际题目，包括实训车型、具体实训项目、实训内容等。实训项目可以是环境感知的定义与系统组成、环境感知传感器、道路识别、车辆识别、行人识别、交通标志识别、交通信号灯识别等，重点是智能网联汽车环境感知传感器的认知。根据分组情况可以分配不同的实训内容			
学生姓名		班级		学号	
组长姓名		同组同学			
实训地点		学时		日期	
实训目标	（1）能够依据实训实际题目和要求，独立完成实训前的各种准备。 （2）能够识别实训车辆的环境感知系统。 （3）能够根据实训规范，结合车辆手册，制订实训计划。 （4）能够在网上查找智能网联汽车环境感知系统资料。 （5）能够结合车辆手册和所学知识，对实训车辆的环境感知系统进行分析、讲解			

一、接受实训任务

小王同学在某汽车4S店实习，即将实习结束，要进行综合考核，考核分为实训和理论两部分，其中实训占70%，理论占30%（理论部分可参照知识巩固内容）。实训考核是小王同学模仿销售人员，完成实训任务。

某汽车4S店接受了一位客户的预约，据客户反映，目前智能网联汽车非常火爆，欲购买一辆智能网联汽车，希望销售人员对其环境感知系统给予详细讲解。汽车4S店委派实习生小王等同学，提前做好准备，负责接待客户，给客户全面介绍智能网联汽车环境感知系统知识，并促成销售成功，同时做好各项记录

二、实训任务准备（以下内容由实训学生填写）

（1）实训设备选择：□实训车辆　　□实训专用实验台　　□网上车辆

（2）实训目标是否完全理解：□完全理解　　□不完全理解

（3）实训任务是否完全理解：□完全理解　　□不完全理解

（4）实训车辆拟实训项目：＿＿＿＿＿＿＿＿＿＿＿＿＿＿＿＿＿＿＿

（5）实训车辆资料是否完整：□完整　　□不完整（原因：＿＿＿＿＿＿＿）

（6）网上智能网联汽车环境感知系统资料准备情况：□准备　　□没准备（原因：＿＿＿＿＿）

（7）智能网联汽车的环境感知系统知识熟悉情况：□熟悉　　□不熟悉

（8）本次实训所需要的PPT准备情况：□准备　　□没准备（原因：＿＿＿＿＿＿）

（9）本次实训所需要的辅助设备准备情况：□齐全　　□不齐全（原因：＿＿＿＿＿）

（10）本次实训所需时长约为＿＿＿＿＿＿＿＿＿＿＿＿

（11）实训完是否需要检验：□需要　　□不需要

（12）其他准备：＿＿

三、制订实训计划（以下内容由实训学生填写，指导教师审核）

（1）根据本次智能网联汽车环境感知系统的认知实训任务，完成物料的准备

完成本次实训需要的所有物料准备

序号	物料种类	物料名称范例	实际物料名称
1	实训设备	实训用智能网联汽车	
2	在网上查找的智能网联汽车资料	L1级智能网联汽车	
		L2级智能网联汽车	
		L3级智能网联汽车	
		L4级智能网联汽车	
3	相关资料	超声波传感器产品资料	
		毫米波雷达产品资料	
		激光雷达产品资料	
		视觉传感器产品资料	
4	辅助设备	投影仪、笔记本计算机	

（2）根据智能网联汽车环境感知系统的认知实训任务，制订操作流程

智能网联汽车环境感知系统的认知操作流程

序号	操作流程范例	实际操作流程
1	接受实训任务	
2	实训任务准备	
3	实训物料准备	
4	在实训车辆上查找环境感知系统配置	
5	在网上查找L1~L4级智能网联汽车的环境感知系统配置	
6	制作讲授用的PPT	
7	结合实训车辆和PPT讲解识别环境感知系统	
8	实训小组讨论	
9	实训质量检查	

（3）根据实训计划，完成小组成员任务分工

操作员（1人）		客户（1人）	
协作员（若干人）		记录员（1人）	

操作员负责智能网联汽车环境感知系统的认知具体实训内容的操作；客户负责智能网联汽车环境感知系统的认知具体实训内容结果的验收；协作员负责协助操作员完成智能网联汽车环境感知系统的认知具体实训内容的操作；记录员做好智能网联汽车环境感知系统的认知具体实训内容的记录。

（4）指导教师对制订的实训计划进行审核

审核意见：

年　　月　　日　　签字：

四、实训计划实施（实施内容由指导教师填写，实施结果由实训学生填写）

（1）参考范例

实施步骤	实施内容	实施结果
1	准备好实训车辆	实训车辆放置在合适位置
2	准备好实训车辆手册	车辆手册放在操作员手中
3	查找实训车辆的超声波传感器	12 个超声波传感器
4	查找实训车辆的毫米波雷达	4 个毫米波雷达
5	查找实训车辆的激光雷达	1 个激光雷达
6	查找实训车辆的视觉传感器	2 个视觉传感器
7	记录环境感知传感器的安装位置	已记录
8	分析环境感知传感器的原理与用途	已分析
9	分析实训车辆环境感知系统的组成	已分析
10	分析实训车辆环境感知系统的应用	已分析
11	准备给客户讲解用的 PPT（智能网联汽车环境感知系统，举例说明超声波传感器、毫米波雷达、激光雷达、视觉传感器在智能网联汽车上的应用）	已准备
12	操作员给客户（小组其他成员）进行讲解	完成
13	实训完所有物品归位	完成

（2）实际案例

实施步骤	实施内容	实施结果
1		
2		
3		
4		
5		
6		
7		
8		
9		
10		
11		
12		
13		
14		
15		

五、实训小组讨论（以下内容由实训学生填写）

讨论题 1：讨论实训车辆环境感知系统的组成。

讨论题 2：讨论实训车辆环境感知系统的功能。

讨论题 3：讨论目前我国汽车市场上智能网联汽车环境感知系统的概况。

讨论题 4：总结本次实训的优点和不足。

六、实训质量检查（以下内容由指导教师填写）

请实训指导教师检查本组实训结果，并针对实训过程中出现的问题提出建议

序号	评价标准	评价结果
1	实训任务是否完成	
2	实训操作是否规范	
3	实施记录是否完整	
4	实训结论是否正确	
5	实训小组讨论是否充分	
综合评价	□优　　　□良　　　□中　　　□及格　　　□不及格	
问题与 建议	问题： 建议：	

实训成绩单

项目	评分标准	分值	得分
接受实训任务	明确任务内容，理解任务在实际工作中的重要性	5	
实训任务准备	实训任务准备完整	5	
	掌握智能网联汽车环境感知系统的基本知识	5	
	能够识别智能网联汽车环境感知系统	5	
制订实训计划	物料准备齐全	5	
	操作流程合理	5	
	人员分工明确	5	
实训计划实施	实训计划实施步骤合理、记录详细	10	
	实施过程规范，没有出现错误	10	
	能够对实训车辆环境感知系统进行正确讲解	15	
	能够对实训得出正确结论	10	
实训小组讨论	实训小组讨论热烈	5	
	实训总结客观	5	
实训质量检查	学生实训任务完成，实训过程规范，实训记录完整，结论正确	10	
实训考核成绩			

【归纳与提高】

本项目主要介绍了智能网联汽车环境感知的定义与环境感知系统的组成；环境感知传感器的类型、配置企业布局与融合，超声波传感器，毫米波雷达，激光雷达，视觉传感器；道路识别的定义与分类，道路图像的特点，道路识别的流程与方法；车牌识别和运动车辆识别；行人识别的定义与类型，行人识别系统的组成，行人识别方法；交通标志介绍，交通标志识别系统，交通标志识别的流程与方法；交通信号灯介绍，交通信号灯识别系统，交通信号灯识别的流程与方法等。通过对本项目的学习，学生可以较全面地掌握智能网联汽车环境感知系统的基本知识。通过项目实训和知识巩固，可以巩固学生所学习的知识，最终培养学生分析问题和解决问题的能力，以及识别与分析智能网联汽车环境感知系统的技能。

本项目的重点是环境感知传感器的应用，建议学生多结合市场销售的智能网联汽车，分析其环境感知传感器的用途，分析无人驾驶汽车环境感知传感器的配置与用途。

【知识巩固】

一、名词解释

1. 超声波传感器

2. 毫米波雷达

3．激光雷达

4．视觉传感器

5．传感器融合

二、填空题

1．智能网联汽车的环境感知系统由＿＿＿＿＿＿＿＿、＿＿＿＿＿＿＿＿和＿＿＿＿＿＿＿＿组成。

2．智能网联汽车环境感知的对象主要有＿＿＿＿＿＿、＿＿＿＿＿＿、＿＿＿＿＿＿、＿＿＿＿＿＿、＿＿＿＿＿＿、＿＿＿＿＿＿等。

3．智能网联汽车的环境感知传感器主要有＿＿＿＿＿＿＿＿、＿＿＿＿＿＿＿＿、＿＿＿＿＿＿＿＿、＿＿＿＿＿＿＿＿。

4．智能网联汽车的视觉传感器分为＿＿＿＿＿＿＿＿、＿＿＿＿＿＿＿＿、＿＿＿＿＿＿＿＿和＿＿＿＿＿＿＿＿。

5．智能网联汽车的毫米波雷达按探测距离可分为＿＿＿＿＿＿＿＿、＿＿＿＿＿＿＿＿和＿＿＿＿＿＿＿＿。

6．智能网联汽车的激光雷达按有无机械旋转部件，可分为＿＿＿＿＿＿＿＿、＿＿＿＿＿＿＿＿和＿＿＿＿＿＿＿＿。

7．激光雷达具有＿＿＿＿＿＿＿＿＿＿、＿＿＿＿＿＿＿＿＿＿、＿＿＿＿＿＿＿＿＿＿等功能。

8．根据所用传感器的不同，道路识别分为基于＿＿＿＿＿＿的道路识别和基于＿＿＿＿＿＿的道路识别。

9．道路识别的任务是提取＿＿＿＿＿＿＿＿，如＿＿＿＿＿＿＿＿、＿＿＿＿＿＿＿＿等；确定＿＿＿＿＿＿＿＿、＿＿＿＿＿＿＿＿；提取＿＿＿＿＿＿＿＿。

10．利用视觉传感器进行交通信号灯识别的流程为＿＿＿＿＿＿＿＿、＿＿＿＿＿＿＿＿、＿＿＿＿＿＿＿＿、＿＿＿＿＿＿＿＿、＿＿＿＿＿＿＿＿。

三、选择题

1．智能网联汽车的惯性元件主要是指（　　　　）。
　　A．车轮轮速传感器　　　　　　　　　B．微机械陀螺仪
　　C．节气门传感器　　　　　　　　　　D．转向盘转角传感器

2．L4 级自动驾驶汽车一般必不可少的传感器是（　　　　）。
　　A．超声波传感器　　B．毫米波雷达　　C．激光雷达　　　D．视觉传感器

3．不适合用于盲区监测系统的传感器的是（　　　　）。
　　A．短程毫米波雷达　　　　　　　　　B．中程毫米波雷达
　　C．远程毫米波雷达　　　　　　　　　D．视觉传感器

4．用于智能网联汽车自动泊车系统的传感器可以是（　　　　）。
　　A．超声波传感器　　B．毫米波雷达　　C．激光雷达　　　　D．视觉传感器

5．用于智能网联汽车自动紧急制动系统的传感器可以是（　　　　）。
　　A．超声波传感器　　B．毫米波雷达　　　C．激光雷达　　　　D．视觉传感器

6．用于智能网联汽车车道保持辅助系统的传感器可以是（　　　）。

　　A．超声波传感器　B．毫米波雷达　　　C．激光雷达　　　　D．视觉传感器

7．用于智能网联汽车自适应巡航控制系统的传感器可以是（　　　）。

　　A．超声波传感器　B．毫米波雷达　　　C．激光雷达　　　　D．视觉传感器

8．在基于特征的交通标志识别中，一般不作为特征的是（　　　）。

　　A．颜色特征　　　　B．形状特征　　　　C．纹理特征　　　　D．空间关系特征

9．行人识别常用的传感器是（　　　）。

　　A．超声波传感器　B．毫米波雷达　　　C．激光雷达　　　　D．视觉传感器

10．智能网联汽车常见的传感器融合是（　　　）。

　　A．毫米波雷达与激光雷达的融合　　　　B．毫米波雷达与超声波传感器的融合

　　C．毫米波雷达与视觉传感器的融合　　　D．激光雷达与视觉传感器的融合

四、判断题

1．智能网联汽车环境感知只能应用超声波传感器、毫米波雷达、激光雷达和视觉传感器，其中道路识别只能应用视觉传感器。（　　　）

2．车载自组织网络强调了车辆、基础设施和行人三者之间的联系，利用短程通信技术，获得实时道路信息、车辆信息和行人信息等一系列交通信息，从而提高驾驶安全性和驾驶效率。（　　　）

3．智能网联汽车上配置的环境感知传感器与自动驾驶级别有关，自动驾驶级别越高，配置的环境感知传感器越多。（　　　）

4．传感器的融合就是将多个传感器获取的数据集中在一起进行综合分析，以便更加准确、可靠地描述外界环境，从而提高系统决策的正确性。（　　　）

5．激光雷达是智能网联汽车必不可少的传感器。（　　　）

6．智能网联汽车道路识别既可以使用视觉传感器，也可以使用毫米波雷达。（　　　）

7．智能网联汽车车辆识别既可以使用视觉传感器，也可以使用毫米波雷达。（　　　）

8．智能网联汽车行人识别既可以使用视觉传感器，也可以使用毫米波雷达。（　　　）

9．智能网联汽车交通标志识别主要使用视觉传感器，不能使用毫米波雷达。（　　　）

10．智能网联汽车交通信号灯识别既可以使用视觉传感器，也可以使用 V2X 通信技术。（　　　）

五、问答题

1．简述智能网联汽车环境感知系统中的惯性元件和定位导航的主要作用。

2．毫米波雷达在智能网联汽车上的应用主要有哪些？

3．少线束激光雷达和多线束激光雷达在应用上有什么区别？

4．视觉传感器在无人驾驶汽车上能够实现哪些功能？

5．运动车辆的识别方法主要有哪些？

无线通信技术是智能网联汽车实现的基础，它直接决定了信息交互的实时性和有效性。用于智能网联汽车的无线通信技术有短距离无线通信技术和远距离无线通信技术。

【知识路径】

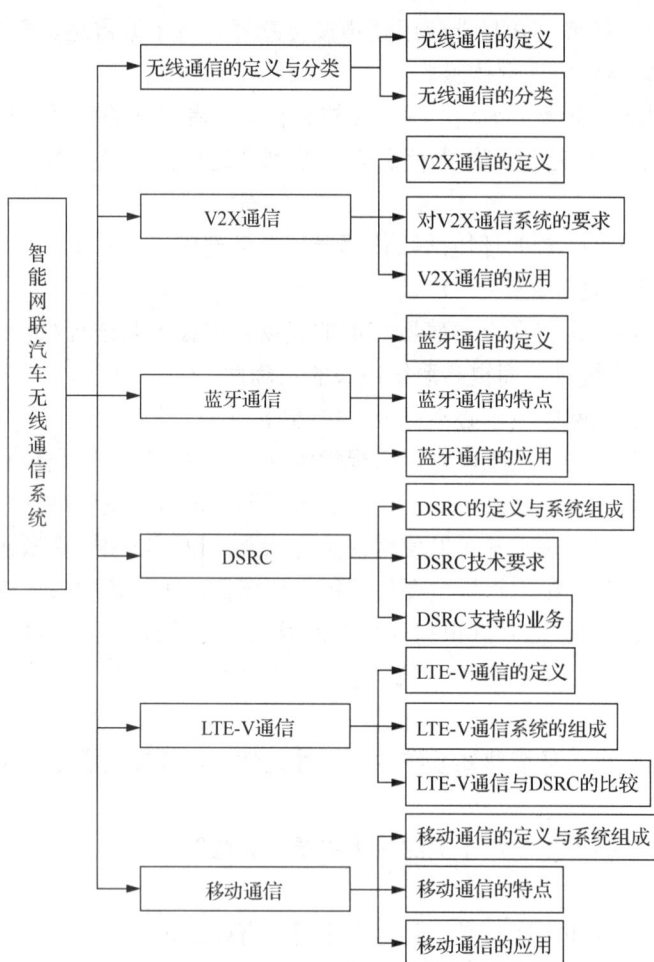

【学习目标】

知识目标

（1）掌握无线通信的定义与分类。

（2）掌握 V2X 通信、蓝牙通信、DSRC、LTE-V 通信、移动通信的定义。

（3）了解 V2X 通信、蓝牙通信、DSRC、LTE-V 通信、移动通信在智能网联汽车中的应用等。

技能目标

（1）能够识别智能网联汽车无线通信系统。

（2）能够对智能网联汽车的 V2X 通信、蓝牙通信、DSRC、LTE-V 通信、移动通信进行判断。

素质目标

（1）培养敬业精神和服务意识。

（2）培养沟通、协调、合作的能力，逐步形成良好的心理素质。

【导入案例】

智能网联汽车不是独立的运输个体，而是无数个移动终端。智能网联汽车之间及智能网联汽车与道路基础设施、行人之间都有信息交流，以保证安全行驶，提高通行效率。图 3-1 所示为利用短距离无线通信技术进行的 V2X 通信。

图 3-1　V2X 通信

智能网联汽车常用的通信有哪些？能够实现 V2X 通信的又有哪些？通过对本项目的学习，学生可以得到答案。

【知识探索】

3.1　无线通信的定义与分类

3.1.1　无线通信的定义

无线通信就是不用导线、电缆、光纤等有线传输介质，而是利用电磁波信号在自由空间中传播的特性进行信息交换的一种通信方式，如图 3-2 所示。无线通信可以传输文字、图像、音频和视频等。

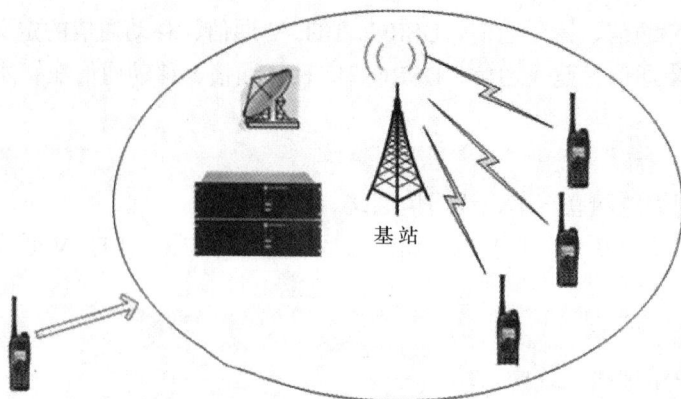

图 3-2　无线通信

无线通信系统一般由发射设备、传输介质和接收设备组成，如图 3-3 所示。发射设备和接收设备上需要安装天线，完成电磁波的发射与接收。

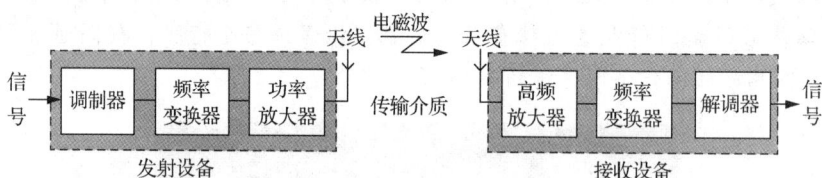

图 3-3　无线通信系统的组成

1. 发射设备

发射设备用于将原始的信号源转换成适合在给定传输介质上传输的信号，包括调制器、频率变换器、功率放大器等。调制器将低频信号加到高频载波信号上，频率变换器进一步将信号变换成发射电波所需要的频率，如短波频率、微波频率等，经功率放大器放大后，再通过天线发射出去来进行传输。

2. 传输介质

传输介质为电磁波。

3. 接收设备

接收设备用于将接收到的信号还原成原来的信息送至接收端。接收设备把天线接收到的射频载波信号，经过高频放大器进行信号放大、频率变换器进行频率变换，最后经过解调器解调后将原始信息恢复出来，完成无线通信。

3.1.2　无线通信的分类

无线通信可以根据传输信号形式、无线终端状态、电磁波波长、传输方式和通信距离等进行分类。

1. 根据传输信号形式分类

根据传输信号形式的不同，无线通信可以分为模拟无线通信和数字无线通信。

（1）模拟无线通信。模拟无线通信将采集的信号直接进行传输，传输的是模拟信号。

（2）数字无线通信。数字无线通信将采集的信号转变为数字信号后再进行传输，传输的信号只包括数字 0、1。数字无线通信正在逐步取代模拟无线通信。

2. 根据无线终端状态分类

根据无线终端状态的不同，无线通信可以分为固定无线通信和移动无线通信。

（1）固定无线通信。固定无线通信指终端设备是固定的，如固定电话通信。

（2）移动无线通信。移动无线通信指终端设备是移动的，如移动电话通信。

3. 根据电磁波波长分类

根据电磁波波长的不同，无线通信可以分为长波无线通信、中波无线通信、短波无线通信、超短波无线通信、微波无线通信等。

（1）长波无线通信。长波无线通信是指利用波长大于 1 000m、频率低于 300kHz 的电磁波进行的无线通信，亦称为低频通信。它可细分为长波（波长为 1～10km、频率为 30～300kHz）、甚长波（波长为 10～100km、频率为 3～30kHz）、特长波（波长为 100～1 000km、频率为 300～3 000Hz）、超长波（波长为 1 000～10 000km、频率为 30～300Hz）和极长波（波长为 10 000～100 000km、频率为 3～30Hz）波段的通信。

（2）中波无线通信。中波无线通信是指利用波长为 100～1 000m、频率为 300～3 000kHz 的电磁波进行的无线通信。

（3）短波无线通信。短波无线通信是指利用波长为 10～100m、频率为 3～30MHz 的电磁波进行的无线通信。

（4）超短波无线通信。超短波无线通信是指利用波长为 1～10m、频率为 30～300MHz 的电磁波进行的无线通信。

（5）微波无线通信。微波无线通信是指利用波长小于 1m、频率高于 300MHz 的电磁波进行的无线通信。它可细分为分米波（波长为 100～1 000mm、频率为 300～3 000MHz）、厘米波（波长为 10～100mm、频率为 3～30GHz）、毫米波（波长为 1～10mm、频率为 30～300GHz）、丝米波（波长为 0.1～1mm、频率为 300～3 000GHz）波段的通信。

4. 根据传输方式分类

根据传输方式的不同，无线通信可以分为红外通信、可见光通信、微波中继通信和卫星通信等。

（1）红外通信。红外通信是一种利用红外线传输信息的通信方式。

（2）可见光通信。可见光通信是指利用可见光波段的光作为信息载体，在空气中直接传输光信号的通信方式。

（3）微波中继通信。微波中继通信是指利用微波的视距传输特性，采用中继站接力的方法实现的无线电通信方式。

（4）卫星通信。卫星通信实际上也是一种微波中继通信，它以卫星作为中继站转发微波信号，在多个地面站之间进行通信。

5. 根据通信距离分类

根据通信距离的不同，无线通信可以分为短距离无线通信和远距离无线通信。

（1）短距离无线通信。短距离无线通信和远距离无线通信在传输距离上至今并没有严格的定义。一般来说，只要通信收发两端是以无线方式传输信息，并且传输距离被限定在较短的范围（一般是几厘米到几百米）内的，就可以称为短距离无线通信。它具有低成本、低功耗和对等通信这 3 个重要特征。短距离无线通信技术主要有蓝牙技术、紫蜂（ZigBee）技术、Wi-Fi 技术、超宽带（UWB）技术、60GHz 技术、红外线数据协会（IrDA）技术、射频识别（RFID）技术、近场通信（NFC）技术、可见光（VLC）技术、DSRC、LTE-V 等。

（2）远距离无线通信。当无线通信的传输距离超过短距离无线通信的传输距离时，称之为远距离无线通信。远距离无线通信技术主要有移动通信、微波通信和卫星通信等。

3.2　V2X 通信

3.2.1　V2X 通信的定义

智能网联汽车 V2X 通信包括车辆与车辆（V2V）通信、车辆与基础设施（V2I）通信、车辆与行人（V2P）通信、车辆与网络（V2N）通信，如图 3-4 所示。

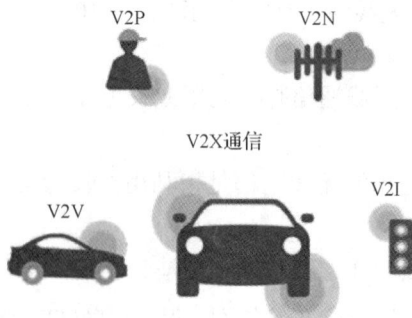

图 3-4　智能网联汽车 V2X 通信

1. V2V 通信

V2V 通信主要是指通过车载单元（OBU）进行车辆间的通信。OBU 可实时获取周围车辆的速度、位置、行车状态警告等信息，车辆之间也可以构成一个互动的平台，实时交换各种文字、图片、音频和视频等信息。V2V 通信主要应用于避免和减缓交通事故发生、车辆监督管理、生活娱乐等。同时，基于公共网络的 V2V 通信，还应用于车辆间的语音、视频通话等。

V2V 通信如图 3-5 所示。

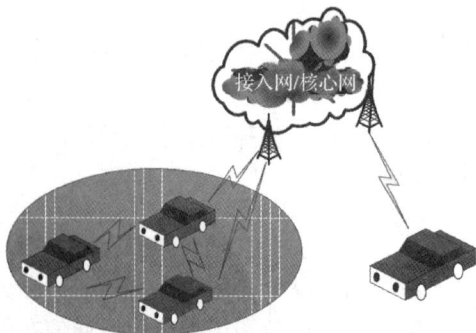

图 3-5　V2V 通信

V2V 通信将无线数字传输模块植入智能网联汽车中，无线数字传输模块可以向周边智能网联汽车提供本车状态信息和数字化信息等。智能网联汽车中的无线数字传输模块可同步接收来自其他智能网联汽车的数字化信息并在汽车内进行显示，同时将信息与车内的驾驶辅助系统相连，为智能网联汽车的安全行驶提供依据。根据接收到的由其他智能网联汽车发送的数字化信息，智能网联汽车可以知道周边智能网联汽车的状况，包括其位置、距离、相对速度及加速度等，并可在紧急制动情况下令后方的智能网联汽车同步减速，有效防止汽车追尾事故的发生。

V2V 通信的主要特点包括车与车的连接是间断性和随机的；车辆之间的通信可以进行多跳传输，能保证消息安全、正确地到达；车辆之间的多跳传输取决于路由的选择。

2．V2I 通信

V2I 通信是指车辆区域设备与道路区域设备（如交通信号灯、交通摄像头、RSU 等）进行通信，道路区域设备获取附近区域的车辆信息并发布实时的各种信息。V2I 通信主要应用于实时信息服务、车辆监控管理、不停车收费等。

V2I 通信如图 3-6 所示。

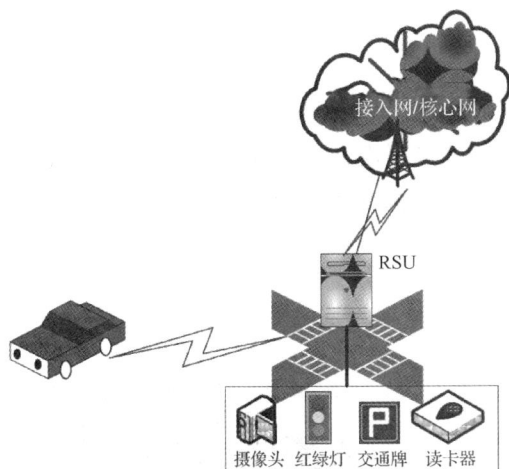

图 3-6　V2I 通信

V2I 通信将无线数字传输模块植入当前的道路交通基础设施中，无线数字传输模块可向途经的汽车发送数字化交通信号灯信息、指示信息、路况信息等，并接收智能网联汽车的信息查询及导航请求，然后将有关信息反馈给相关智能网联汽车。智能网联汽车可接收来自基础设施的数字化信息，并将信息在智能网联汽车内显示，同时将信息与车内的驾驶辅助系统相连接，作为汽车安全驾驶的控制信号。

V2I 通信的主要特点包括车辆可以通过 RSU 来接入互联网，RSU 可以对在其覆盖范围内的车辆节点进行信息广播，并准确地捕获其覆盖范围内的道路、交通信号灯以及车辆状况。V2I 通信具有一定的实时性和可靠性。

3．V2P 通信

V2P 通信是指行人使用用户区域的设备，如智能手机、计算机、手持设备等，与车辆区域的设备进行通信。V2P 通信主要应用于防止车与行人相撞、智能钥匙、信息服务、车辆信息管理等。

V2P 通信如图 3-7 所示。

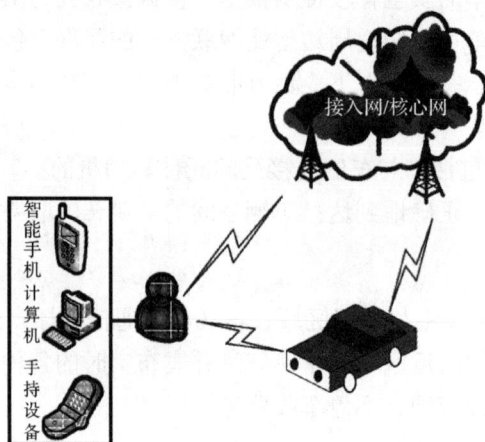

图 3-7　V2P 通信

4．V2N 通信

V2N 通信是指 OBU 通过接入网/核心网与远程的应用平台建立连接，应用平台与车辆之间进行数据交互，并对获取数据进行存储和处理，提供远程车辆交通、娱乐、商务服务和车辆管理等应用。V2N 通信主要应用于车辆导航、车辆远程监控、紧急救援、信息娱乐服务等。

V2N 通信如图 3-8 所示。

图 3-8　V2N 通信

适用于 V2X 通信的技术主要有 DSRC 和 LTE-V。

3.2.2　对 V2X 通信系统的要求

智能网联汽车 ADAS 对 V2X 通信系统的要求见表 3-1。

表 3-1　智能网联汽车 ADAS 对 V2X 通信系统的要求

分类	应用	通信类型	频率/Hz	最大时延/ms	定位精度/m	通信范围/m	适用通信技术
低时延、高频率	前车防撞预警	V2V	10	100	1.5	300	LTE-V/DSRC/5G
	盲区预警/变道辅助	V2V	10	100	1.5	150	
	紧急制动预警	V2V	10	100	1.5	150	
	逆向超车碰撞预警	V2V	10	100	1.5	300	
	闯红灯预警	V2I	10	100	1.5	150	
	交叉路口碰撞预警	V2V/V2I	10	100	5	150	
	左转辅助	V2V/V2I	10	100	5	150	
	高优先级车辆让行/紧急车辆信号优先权	V2V/V2I	10	100	5	300	
	弱势交通参与者预警	V2P/V2I	10	100	5	150	
	车辆失控预警	V2V	10	100	5	300	
	异常车辆提醒	V2V	10	100	5	150	
	道路危险状况提示	V2I	10	100	5	300	
高时延、低频率	基于信号灯的车速引导	V2I	2	200	1.5	150	4G/LTE-V/DSRC/5G
	限速预警	V2I	1	500	5	300	
	车内标牌	V2I	1	500	5	150	
	前方拥堵提醒	V2I	1	500	5	150	
	智能汽车近场支付	V2I	1	500	5	150	

3.2.3　V2X 通信的应用

下面以 V2I 为例，介绍 V2X 通信在智能网联汽车上的应用。

1. 基于 V2I 的道路异常状态预警

基于 V2I 的道路异常状态预警如图 3-9 所示。

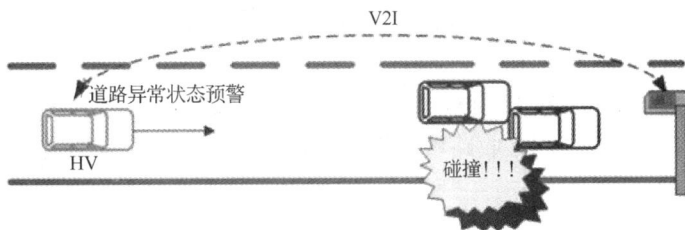

图 3-9　基于 V2I 的道路异常状态预警

场景介绍如下。

- 主车（HV）装有 V2X 车载终端。
- HV 行驶前方出现道路异常状态（如交通事故、交通管制等突发事件）。
- V2X 路侧终端获取道路异常状态信息。

- V2X 路侧终端通过 V2I 通信，将道路异常状态发送至周边车辆。
- HV 驾驶员自主调整行驶路线以避开异常路段。

2．基于 V2I 的道路湿滑预警

基于 V2I 的道路湿滑预警如图 3-10 所示。

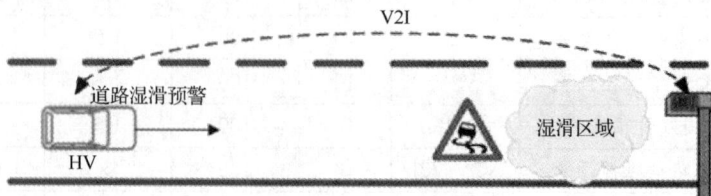

图 3-10　基于 V2I 的道路湿滑预警

场景介绍如下。

- HV 装有 V2X 车载终端，且行驶前方有湿滑（雨、雪等天气导致）区域。
- V2X 路侧终端获取湿滑区域位置信息。
- V2X 路侧终端通过 V2I 通信，将道路湿滑信息发送至周边车辆。
- HV 的 V2X 车载终端接收路侧终端信息，驾驶员自主调整速度通过湿滑区域，或调整行驶路线绕开湿滑区域。

3．基于 V2I 的道路施工预警

基于 V2I 的道路施工预警如图 3-11 所示。

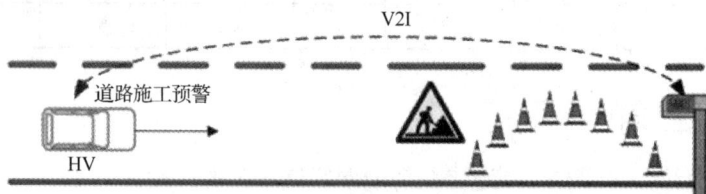

图 3-11　基于 V2I 的道路施工预警

场景介绍如下。

- HV 装有 V2X 车载终端，拟通过施工区域所在路段。
- V2X 路侧终端获取施工区域位置信息。
- V2X 路侧终端通过 V2I 通信，将道路施工信息发送至周边车辆。
- HV 的 V2X 车载终端接收路侧终端信息，驾驶员自主调整速度及行驶路线，绕开施工区域。

4．基于 V2I 的交通标志标牌信息显示

基于 V2I 的交通标志标牌信息显示如图 3-12 所示。

场景介绍如下。

- HV 装有 V2X 车载终端，且途经有交通标志标牌（如减速让行、反向弯路、注意落石等）的路段。
- V2X 路侧终端获取交通标志标牌内容及位置信息。

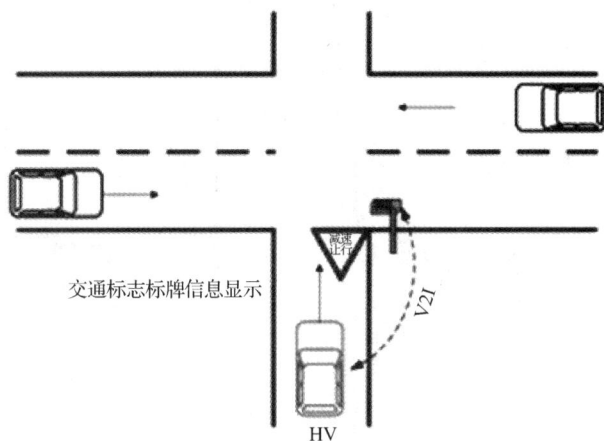

图 3-12 基于 V2I 的交通标志标牌信息显示

- V2X 路侧终端通过 V2I 通信，将交通标志标牌信息发送至周边车辆。
- HV 的 V2X 车载终端接收路侧终端信息，驾驶员自主调整速度通过交通标志标牌区域，或调整行驶路线。

5. 基于 V2I 的主动安全控制

基于 V2I 的主动安全控制如图 3-13 所示。

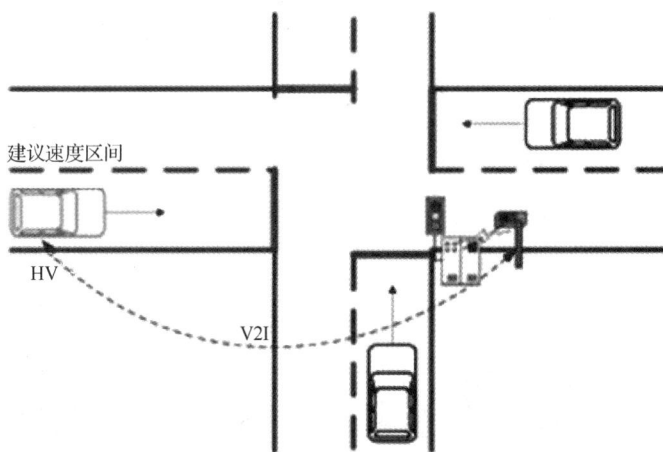

图 3-13 基于 V2I 的主动安全控制

场景介绍如下。

- HV 装有 V2X 车载终端，拟通过信号灯控制交叉口。
- V2X 路侧终端获取信号灯的颜色及配时信息。
- V2X 路侧终端通过 V2I 通信，将信号灯状态发送至周边车辆。
- HV 的 V2X 车载终端接收路侧终端信息，并根据自车位置及信号灯状态计算绿灯通行速度，为驾驶员提供建议速度区间。
- 驾驶员自主调整速度，通过信号灯控制交叉口。

6. 基于 V2I 的行人碰撞预警

基于 V2I 的行人碰撞预警如图 3-14 所示。

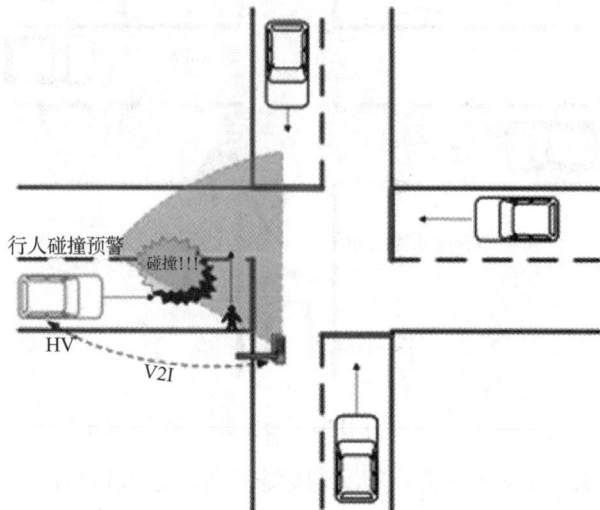

图 3-14　基于 V2I 的行人碰撞预警

场景介绍如下。

- HV 装有 V2X 车载终端。
- 路侧检测器感知特定区域内的行人位置及运行状态信息。
- V2X 路侧终端通过 V2I 通信，将路侧检测器感知到的行人信息发送至周边车辆。
- HV 的 V2X 车载终端接收路侧终端信息，并计算自车与周边行人的运行轨迹。
- HV 与行人存在碰撞风险时，V2X 车载终端向 HV 发出行人碰撞预警，驾驶员自主调整速度以避免碰撞。

7. 基于 V2I 的盲区碰撞预警

基于 V2I 的盲区碰撞预警如图 3-15 所示。

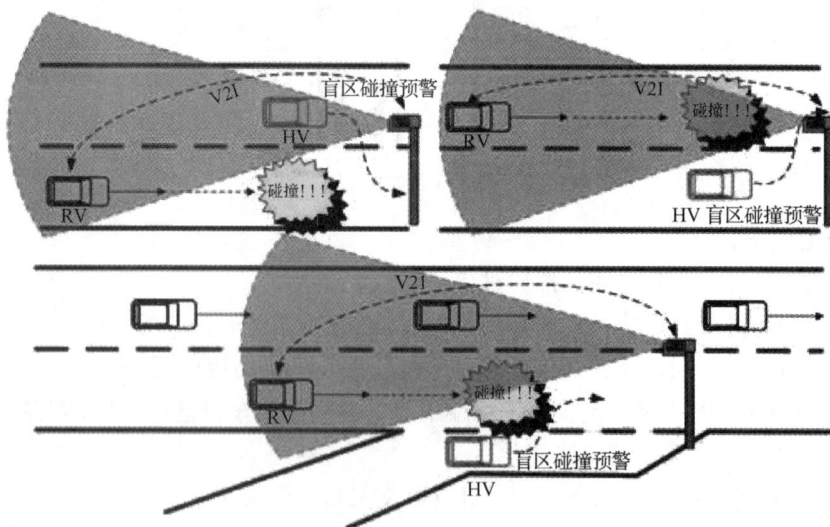

图 3-15　基于 V2I 的盲区碰撞预警

场景介绍如下。

- HV 装有 V2X 车载终端，远端车辆（RV）无 V2X 车载终端。
- HV 及 RV 位于不同车道或分别位于辅路、主路，且 RV 位于 HV 后侧。
- 路侧检测器感知特定区域内的车辆位置及运行状态信息。
- V2X 路侧终端通过 V2I 通信，将路侧检测器感知到的信息发送至周边车辆。
- HV 的 V2X 车载终端接收路侧终端信息，并计算自车与周边车辆的运行轨迹。
- HV 与 RV 存在碰撞风险时，V2X 车载终端向 HV 发出盲区碰撞预警，驾驶员自主调整速度以避免碰撞。

8. 基于 V2I 的交叉口碰撞预警

基于 V2I 的交叉口碰撞预警如图 3-16 所示。

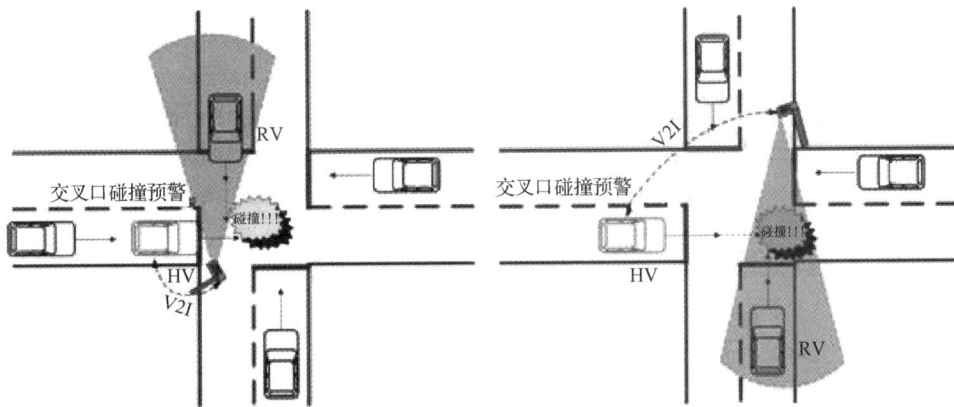

图 3-16　基于 V2I 的交叉口碰撞预警

场景介绍如下。

- HV 装有 V2X 车载终端，RV 无 V2X 车载终端。
- HV 及 RV 沿相互垂直方向通过无信号灯控制交叉口。
- 路侧检测器感知特定区域内的车辆位置及运行状态信息。
- V2X 路侧终端通过 V2I 通信，将路侧检测器感知到的信息发送至周边车辆。
- HV 的 V2X 车载终端接收路侧终端信息，并计算自车与周边车辆的运行轨迹。
- HV 与 RV 存在碰撞风险时，V2X 车载终端向 HV 发出交叉口碰撞预警，驾驶员自主调整速度以避免碰撞。

9. 基于 V2I 的变道碰撞预警

基于 V2I 的变道碰撞预警如图 3-17 所示。

场景介绍如下。

- HV 装有 V2X 车载终端，RV 无 V2X 车载终端。
- HV 及 RV 位于不同车道，且 HV 位于 RV 后侧。
- HV 拟变道至 RV 所在车道。
- 路侧检测器感知特定区域内的车辆位置及运行状态信息。
- V2X 路侧终端通过 V2I 通信，将路侧检测器感知到的信息发送至周边车辆。

- HV 的 V2X 车载终端接收路侧终端信息，并计算自车与周边车辆的运行轨迹。
- HV 与目标车道的 RV 存在碰撞风险时，V2X 车载终端向 HV 发出变道碰撞预警，驾驶员自主调整速度或变道以避免碰撞。

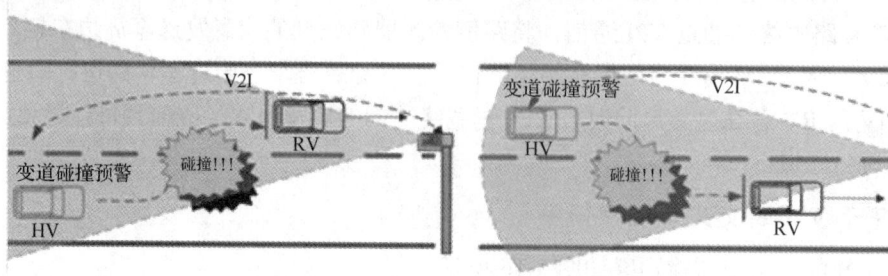

图 3-17　基于 V2I 的变道碰撞预警

3.3　蓝牙通信

3.3.1　蓝牙通信的定义

蓝牙（Bluetooth）是由世界著名的 5 家大公司——爱立信、诺基亚、东芝、IBM 和英特尔，于 1998 年 5 月联合宣布的一种短距离无线通信技术。

蓝牙是一种支持设备短距离通信的无线电技术，能在移动电话、掌上计算机、无线耳机、笔记本计算机等众多设备之间进行无线信息交互，如图 3-18 所示。利用蓝牙技术能够有效地简化移动通信终端设备之间的通信，也能够简化设备与互联网之间的通信，从而使数据传输变得更加迅速、高效，为无线通信拓宽道路。

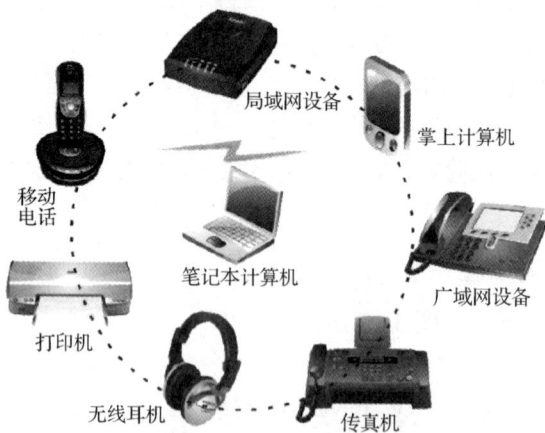

图 3-18　蓝牙通信

蓝牙采用分散式网络结构以及快跳频和短包技术，支持点对点及点对多点通信，工作在全球通用的 2.4GHz ISM 频段，采用时分双工传输方案实现全双工传输。

3.3.2 蓝牙通信的特点

蓝牙通信具有以下特点。

（1）全球范围适用。其工作在 2.4GHz 的 ISM 频段，全球大多数国家 ISM 频段的范围是 2.4～2.483 5GHz，使用该频段无须向各国的无线电资源管理部门申请许可证，可直接使用。

（2）通信距离为 10cm～10m，发射功率为 100mW 时可以达到 100m。

（3）可同时传输语音和数据。蓝牙采用电路交换和分组交换技术，支持异步数据信道、三路语音信道，以及异步数据与同步语音同时传输的信道。

（4）可以建立临时性对等连接。根据在网络中的角色，蓝牙设备可分为主设备和从设备。主设备是组网连接主动发起连接请求的蓝牙设备，几个蓝牙设备连接成一个皮网时，其中只有一个主设备，其余都是从设备。皮网是蓝牙最基本的一种网络形式，最简单的皮网是一个主设备和一个从设备组成的点对点的通信连接。

（5）抗干扰能力强。工作在 ISM 频段的无线电设备有很多种，为了很好地抵抗来自这些设备的干扰，蓝牙采用了跳频方式来扩展频谱。蓝牙设备在某个频点发送数据之后，再跳到另一频点发送，而频点的排列顺序是伪随机的，每秒频率改变 1 600 次，每个频率持续 625μs。

（6）蓝牙模块体积很小，便于集成。

（7）功耗低。蓝牙设备在通信连接状态下有 4 种工作模式：激活模式、呼吸模式、保持模式和休眠模式。激活模式是正常的工作状态模式，另外 3 种工作模式是为了节能所规定的低功耗模式。

（8）接口标准开放。蓝牙技术联盟为了推广蓝牙技术的应用，将蓝牙的技术标准全部公开，全世界范围内的任何单位和个人都可以进行蓝牙产品的开发，只要最终通过蓝牙技术联盟的蓝牙产品兼容性测试，就可以推向市场。

（9）成本低。随着市场需求的扩大，各个供应商纷纷推出自己的蓝牙芯片和模块，蓝牙产品价格已下降。

3.3.3 蓝牙通信的应用

蓝牙通信在智能网联汽车上的应用主要有车载蓝牙电话、车载蓝牙音响、车载蓝牙导航、蓝牙后视镜、汽车虚拟钥匙等。

1. 车载蓝牙电话

车载蓝牙电话是专为行车安全和舒适性而设计的，如图 3-19 所示。其功能主要是：自动辨识手机，不需要电缆或手机托架便可与手机联机；使用者不需要触碰手机（双手保持在转向盘上）便可控制手机，用语音指令控制接听或拨打电话。使用者可以通过车上的音响或蓝牙无线耳麦进行通话。若选择通过车上的音响进行通话，当有来电或拨打电话时，车上的音响会自动静音，通过音响的扬声器/麦克风进行语音传输。若选择蓝牙无线耳麦进行通话，只要耳麦处于开机状态，当有来电时使用者按下接听按钮就可以实现通话。

2. 车载蓝牙音响

车载蓝牙音响是以稳定的、高度通用的蓝牙无线技术为基础的无线有源音响，内设锂电池，可以随时充电，如图 3-20 所示。车载蓝牙音响的使用方式是将手机和音响进行蓝牙配对，方便、快捷。在开车的时候，车载蓝牙音响可以通过蓝牙连接手机，播放手机里的歌曲，还可以作为手机的音响接打电话；想户外听歌的时候，车载蓝牙音响可以插卡播放，充当一个便携式音响。

图 3-19　车载蓝牙电话

图 3-20　车载蓝牙音响

3. 车载蓝牙导航

车载蓝牙导航能为驾驶员提供定位导航，还能作为蓝牙耳机，实现免提接听，极大地方便驾驶员，也大大提高驾驶员行车途中接打电话的安全性；还可以传送图片和文件，充分满足驾驶员的各种需求，如图 3-21 所示。

图 3-21　车载蓝牙导航

4. 蓝牙后视镜

汽车蓝牙后视镜通过蓝牙与手机相连，手机来电时，蓝牙后视镜会显示来电号码，如图 3-22 所示。除此之外，该后视镜还集成了免提电话功能，可以通过汽车供电，同时也包含一个内置的电池进行供电。

图 3-22　蓝牙后视镜

5. 汽车虚拟钥匙

汽车虚拟钥匙能够通过蓝牙让汽车与智能手机/智能手表互连，实现汽车解锁及获取汽车信息等功能，如图 3-23 所示。

当驾驶员靠近汽车（几米范围内）时，手机 App 通过蓝牙与汽车连接，能够实现汽车解锁及获取汽车信息等功能。

当驾驶员远离汽车时，可以利用手机 App 通过蓝牙技术获取车辆信息，如胎压、预估续航里程、车辆位置、车辆保养剩余里程等，如图 3-24 所示。软件会提示汽车虚拟钥匙超出范围，此时手机 App 无法对汽车进行解锁。

图 3-23　汽车虚拟钥匙

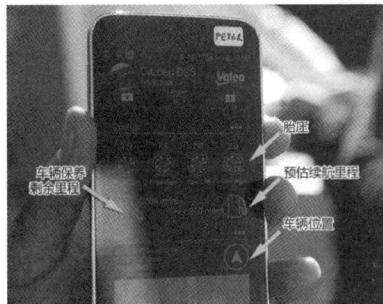

图 3-24　通过蓝牙技术获取车辆信息

手机 App 汽车虚拟钥匙共享功能可自动识别手机通讯录中安装了相同 App 的人。车主可以通过简单操作把汽车虚拟钥匙转交给相应的联系人；甚至可以选择虚拟钥匙的有效时间，让汽车虚拟钥匙在有效时间内才是有效的，过期的汽车虚拟钥匙将无法对汽车进行任何操作，如图 3-25 所示。

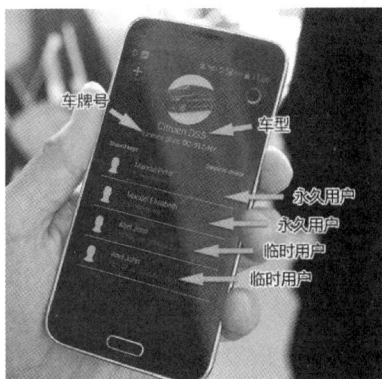

图 3-25　手机 App 汽车虚拟钥匙共享功能

汽车虚拟钥匙共享功能使借车过程极大地简化，只要双方手机中都安装了相同的手机 App 就能够实现汽车虚拟钥匙的移交，给用户带来了极大的便利。蓝牙这种短距离无线通信技术在一定程度上拉近了人与车的距离，只有携带汽车虚拟钥匙的人靠近车辆时才能对汽车进行解锁操作，一定程度上增强了该技术的安全性。

智能蓝牙技术将在车辆与可穿戴设备连接的实现过程中发挥了至关重要的作用，包括实现监测驾驶员疲劳驾驶、血液中酒精含量以及血糖水平等生物计量指标。智能手表、血压计、脉搏监测仪、酒精监测仪或血糖监测仪等将成为能与车辆连接的可穿戴设备。

随着蓝牙技术的不断发展，蓝牙通信在智能网联汽车上的应用会越来越多。

3.4 DSRC

3.4.1 DSRC 的定义与系统组成

1. DSRC 的定义

DSRC 是一种高效的短程无线通信技术，它可以实现在特定小区域内对高速运动下的移动目标进行识别和双向通信，例如 V2V、V2I 双向通信，实时传输图像、语音和数据信息，将车辆和道路有机连接。

DSRC 系统的参考架构如图 3-26 所示。V2V、V2I 通过 DSRC 系统进行信息交互。

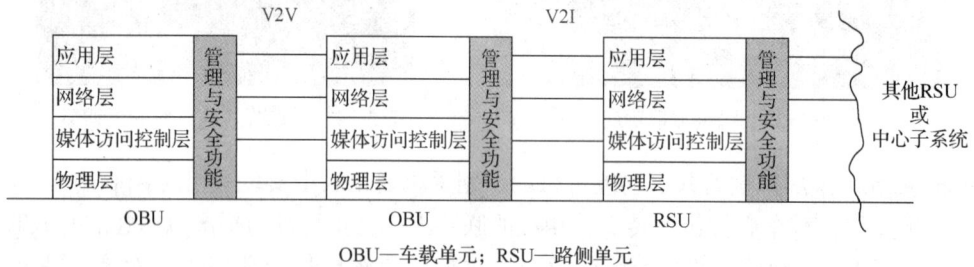

OBU—车载单元；RSU—路侧单元

图 3-26　DSRC 系统的参考架构

DSRC 系统包含物理层、媒体访问控制（MAC）层、网络层和应用层。

（1）物理层。物理层是建立、保持和释放 DSRC 网络数据传输通路的物理连接的层，位于协议栈的最底层。

（2）媒体访问控制层。媒体访问控制层是提供短程通信网络节点寻址及接入共享通信媒体的控制方式的层，位于物理层之上。

（3）网络层。网络层是实现网络拓扑控制、数据路由，以及设备的数据传送和应用的通信服务手段的层，位于媒体访问控制层之上。

（4）应用层。应用层是向用户提供各类应用及服务手段的层，位于网络层之上。

OBU 的媒体访问控制层和物理层负责处理 V2V、V2I 的专用短程无线通信连接的建立、维护和信息传输；应用层和网络层负责把各种服务和应用信息传递到路侧基础设施及 OBU 上，并通过车载子系统与用户进行交互；管理与安全功能覆盖 DSRC 整个框架。

2. DSRC 系统的组成

DSRC 系统主要由 OBU、RSU 以及 DSRC 标准 3 部分组成，如图 3-27 所示。RSU 通过光纤连入互联网。深色车代表 V2V/V2I 类安全业务，浅色车代表车载信息技术广域业务。V2V 的信息交换通过 RSU 和 OBU 之间通信实现，车载信息技术广域业务通过 IEEE 802.11p+RSU 回程的方式实现。可以看到，DSRC 系统中需要部署大量的 RSU 才能较好地满足业务需求，建设成本较高。

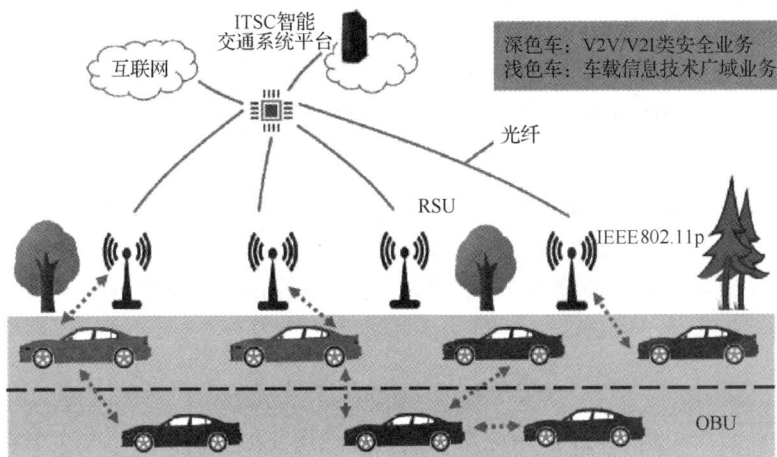

图 3-27　DSRC 系统的组成

3.4.2　DSRC 技术要求

1. 总体功能要求

DSRC 总体功能包含无线通信功能和网络通信功能。

无线通信功能有以下要求。

（1）V2I 通信的 RSU 最大覆盖半径大于 1km。

（2）V2V 通信单跳距离可达 300m。

（3）支持 OBU 的最大运动速度不小于 120km/h。

网络通信功能有以下要求。

（1）广播功能。

（2）多点广播功能。

（3）地域群播功能。

（4）消息优先级的功能管理。

（5）通道/连接管理功能。

（6）OBU 的移动性管理功能。

2. 媒体访问控制层要求

媒体访问控制层有以下要求。

（1）OBU 与 OBU 通信接口要求：为满足汽车辅助驾驶中紧急安全事件消息的传播，媒体访问控制层的通信时延应小于 40ms。

（2）媒体访问控制层支持的并发业务数应大于 3。

（3）RSU 支持的并发终端用户数应大于 128。

3. 网络层要求

网络层有以下要求。

（1）网络层可适配不同的物理层。

（2）支持终端的最大运动速度不小于 120km/h；在跨路侧设备覆盖区时，可保证业务连续性。

（3）紧急安全事件业务的端到端传输时延小于 50ms。

（4）可支持多种接入技术，网络层和应用层与接入技术具有相对独立性，可以通过多种接入技术为网络层提供服务。

（5）支持传输技术多样性，网络层与数据传输技术相对独立，网络层不受底层数据传输技术的影响。

（6）服务质量（QoS）保证，可为业务建立优先级，并具备 QoS 识别能力，以支持网络的 QoS 保证机制。

4. 应用层要求

应用层主要包括 V2V 通信应用、V2I 通信应用以及其他通用交通应用。应用层主要有以下要求。

（1）业务接口统一，制定标准格式。

（2）业务支撑管理。

（3）具备安全性。

3.4.3 DSRC 支持的业务

DSRC 支持的业务包括但不限于以下业务。

（1）汽车辅助驾驶。包括辅助驾驶和道路基础设施状态警告，其中辅助驾驶包括碰撞风险预警、错误驾驶方式的警示、信号违规警告、慢速车辆指示、摩托车接近指示、车辆远程服务、行人监测、协作式自动车队等；道路基础设施状态警告包括车辆事故警告、道路工程警告、交通条件警告、气象状态及预警、基础设施状态异常警告等。

（2）交通运输安全。包括紧急救援请求及响应、紧急事件通告、紧急车辆调度与优先通行、运输车辆及驾驶员的安全监控、超载超限管理、交通弱势群体保护等。

（3）交通管理。包括交通法规告知、交通执法、信号优先、交通灯最佳速度指引、停车场管理等。

（4）导航及交通信息服务。包括路线实时指引和导航，施工区、收费、停车场、换乘、交通事件信息，流量监控、建议行程、兴趣点通知，等等。

（5）电子收费。包括以电子化的交易方式向用户收取相关费用，如道路、桥梁和隧道通行费与停车费等。

（6）运输管理。包括运政稽查、特种运输监测、车队管理、场站区管理等。

（7）其他。包括车辆软件/数据配置和更新、车辆和 RSU 的数据校准、协作感知信息更新及发送等。

DSRC 技术在智能网联汽车上可实现 V2X 通信。DSRC 的有效通信距离为数百米，车辆通过 DSRC 以每秒 10 次的频率向路上其他车辆发送位置、速度、方向等信息；车辆接收到其他车辆所发出的信息后，在必要（例如马路转角有其他车辆驶出，或前方车辆紧急制动、变换车道）时车内装置会以闪烁信号、语音提醒或座椅和转向盘震动等方式提醒驾驶员注意。DSRC 技术用于 V2X 通信如图 3-28 所示。

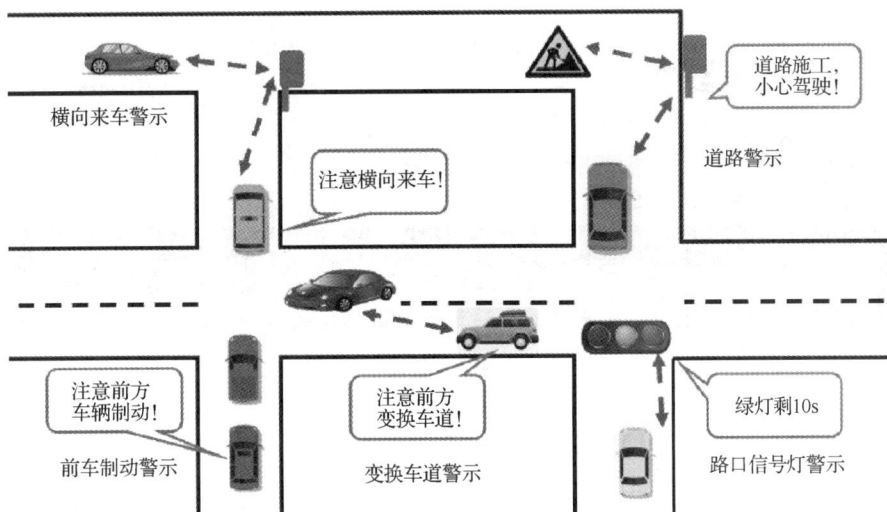

图 3-28　DSRC 技术用于 V2X 通信

3.5　LTE-V 通信

3.5.1　LTE-V 通信的定义

　　LTE-V 是我国具有自主知识产权的 V2X 技术，按照全球统一规定的体系架构及其通信协议和数据交互标准，在 V2V、V2I、V2P 之间组网，构建数据共享桥梁，助力实现智能化的动态信息服务、车辆安全驾驶、交通管控等。LTE-V 通信如图 3-29 所示。

图 3-29　LTE-V 通信

3.5.2　LTE-V 通信系统的组成

　　LTE-V 通信系统由用户终端（车辆）、RSU 和基站 3 部分组成，如图 3-30 所示。LTE-V 通信针对车辆应用定义了两种通信方式：蜂窝链路式（LTE-V-Cell）和短程直通链路式（LTE-V-Direct）。其中蜂窝链路式通过 Uu 接口承载传统的车联网车载信息技术业务，操作于传统的移动宽带授权频段；短程直通链路式通过 PC5 接口实现 V2V、V2I 直接通信，促进实现车辆安全行驶。

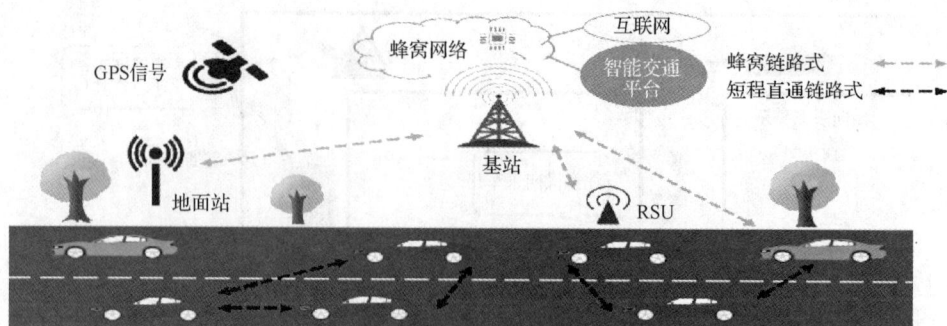

图 3-30　LTE-V 通信系统的组成

3.5.3　LTE-V 通信与 DSRC 的比较

V2X 技术包括 LTE-V 和 DSRC 两种，其中 LTE-V 是基于 LTE 的智能网联汽车协议，由 3GPP 主导制定规范，主要参与厂商包括华为、大唐、LG 等；DSRC 主要基于 IEEE 802.11p 与 IEEE 1609 系列标准，是专门用于 V2V 和 V2I 之间的通信标准，主要由美国、日本主导。

LTE-V 和 DSRC 均需要 RSU，但这两种技术的 RSU 承载的能力不尽相同。在这两种技术中，RSU 均会为车辆提供道路相关的信息，如红绿灯、限速等，在 V2I 模式下将这些信息发给车辆。不同点在于 V2V 模式下的信息交互：在 DSRC 技术下，V2V 的信息交互必须通过 RSU，因此对 RSU 个数的需求量很大；在短程直通链路式下，V2V 的信息交互基于广播方式，可采用终端直通模式，也可经由 RSU 来进行交互，因此需求的 RSU 数量很少。

LTE-V 与 DSRC 的比较见表 3-2。

表 3-2　LTE-V 与 DSRC 的比较

性能与特点	LTE-V	DSRC
支持车速/（km·h^{-1}）	500	200
带宽/MHz	可扩展至 100	75
传输速率	峰值速率上行 500Mbit/s，下行 1 Gbit/s	3～27，平均 12
通信距离	约为 DSRC 技术的 2 倍	几百米，容易被建筑遮挡，受 RSU 密度影响
IP 接入方式	通过蜂窝基站接入，基站集中调度；业务连续性好，调度效率高	部署 RSU 作为网关
低时延安全业务（前车防撞预警、盲区预警等）	LTE 直通技术解决	采用 IEEE 802.11p 标准
优势	采用蜂窝技术，可管控； 充分利用基础设施，V2I 实施有优势； 移动性好，安全性高； 可平滑演进至 5G； 电信产业（系统、芯片和运营商）支持	成熟度高，NXP 等芯片商和大量汽车厂商已经接近可提高商用产品； V2V 应用场景较为成熟

续表

性能与特点	LTE-V	DSRC
劣势	尚未成熟； 跨部门协调难度大	CSMA/CA 机制存在隐藏节点、数据竞争碰撞问题； 5.9GHz 频率穿透性、传输距离受限，且由于干扰原因，在我国商用可能受阻； 后续演进路线不明； V2I 场景技术实施难度大

3.6　移动通信

3.6.1　移动通信的定义与系统组成

1. 移动通信的定义

移动通信是指通信的双方至少有一方在运动中实现通信的方式，包括移动台与固定台之间、移动台与移动台之间、移动台与用户之间的通信。在移动通信中，常处于移动状态的电台称为移动台，常处于固定状态的电台称为固定台（基地台或基站）。

5G 网络是第五代移动通信网络。5G 网络是 4G 网络的延伸，是对现有无线接入（如 3G 网络、4G 网络和 Wi-Fi）技术的演进，以及一些新增的补充性无线接入技术集成后解决方案的总称。图 3-31 所示为 5G 移动通信传输速率比拟。

图 3-31　5G 移动通信传输速率比拟

5G 网络将融合多类现有或未来的无线接入传输技术和功能网络，包括传统蜂窝网络、大规模多天线网络、认知无线网络、无线局域网、无线传感器网络、小型基站、可见光通信和设备直连通信等，并通过统一的核心网络进行管控，以提供超高速率和超低时延的用户体验以及多场景的一致无缝服务。

2. 移动通信系统的组成

典型的移动通信系统通常由移动台（MS）、基站子系统（BSS）（基站 1、基站 2、基站 3）、移动交换中心（MSC）等组成，如图 3-32 所示。

（1）移动台。移动台是移动通信系统的用户设备，它包括收发信机、天线、电源等，可以是手持机（手机、对讲机）或车载台等。

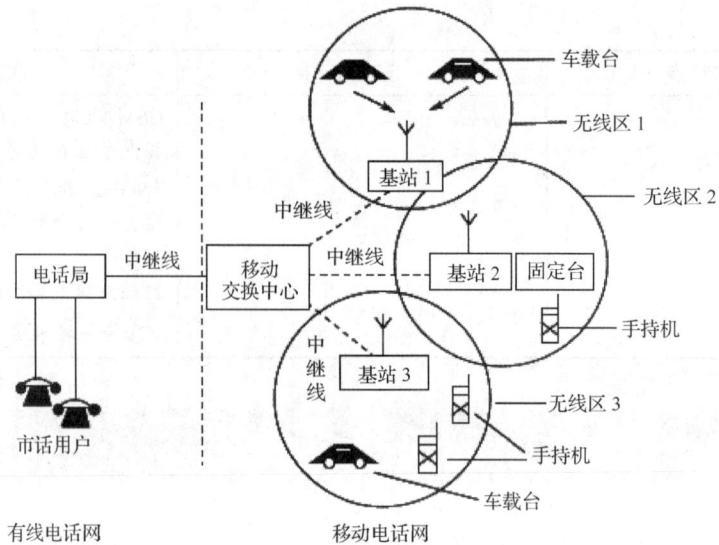

图 3-32　移动通信系统的组成

（2）基站子系统。基站子系统建在覆盖区域的中央或边缘，包括收发信机、天线公用设备、天线、馈线和电源等部分。基站一般具有较大的发射功率，并且天线架设较高，同时开通多个射频频道，形成一个可靠的通信覆盖区域，称为无线区。在这个区域内的所有移动用户之间的无线信号都由基站进行射频频道的实时分配和控制，以实现信号的转发。

（3）移动交换中心。移动交换中心主要由交换和控制设备组成，其作用除了交换无线电信号外，还对整个移动通信系统进行控制和管理，是协调呼叫路由的控制中心。移动交换中心还可以通过中继线与电话局连接，实现移动用户与市话用户的通信，从而构成有线、无线相结合的综合通信网。

3.6.2　移动通信的特点

智能网联汽车或无人驾驶汽车将使用 5G 移动通信。5G 移动通信具有以下特点。

（1）高速度。相对于 4G 网络，5G 网络要解决的第一个问题就是速度。网络速度提升，用户体验与感受才会有较大提高，网络才能在面对 VR/超高清业务时不受限制，对网络速度要求很高的业务才能被广泛推广和使用。对于 5G 网络的基站峰值要求不低于 20Gbit/s，这个速度是峰值速度，不是每一个用户的体验。随着新技术的使用，这个速度还有提升的空间。这个速度意味着用户可以每秒下载一部高清电影，也可以支持 VR 视频。这样的高速度给未来对速度有很高要求的业务提供了发展机会。

（2）泛在网。随着业务的发展，网络业务需要无所不包、广泛存在，只有这样才能支持更加丰富的业务，才能在复杂的场景中使用。泛在网有两个层面的含义：一是广泛覆盖，二是纵深覆盖。广泛覆盖是指社会生活的各个地方需要广覆盖，以前高山、峡谷就不一定需要网络覆盖，因为生活的人很少，但是如果能覆盖 5G 网络，可以大量部署传感器，进行环境、空气质量甚至地貌变化和地震的监测，这就非常有价值。5G 网络可以为更多这类应用提供网络。纵深覆盖是指社会生活中虽然已经有网络部署，但是需要进入更高品质的深度覆盖。5G 网络的到来，可把以前网络品质不好的卫生间、地下停车库等都用 5G 网络深度覆盖。一定程度上，泛在网比高速度还重要，只是建一个少数地方覆盖、速度很高的网络，并不能保证

5G 网络的服务与体验，泛在网才是 5G 网络体验的一个根本保证。

（3）低功耗。5G 网络要支持大规模物联网应用，就必须要对功耗有所要求。这些年，可穿戴产品有一定发展，但是遇到很多瓶颈，瓶颈之一是体验较差。以智能手表为例，需要每天充电，甚至不到一天就需要充电。所有物联网产品都需要通信与能源，虽然今天通信可以通过多种手段实现，但是能源的供应只能靠电池。通信过程若要消耗大量的能量，就很难让物联网产品被用户广泛接受。如果能把功耗降下来，让大部分物联网产品只需一周充一次电，甚至一个月充一次电，就能大大改善用户体验，促进物联网产品的快速普及。

（4）低时延。5G 网络的一个新场景是无人驾驶、工业自动化的高可靠连接。人与人之间进行信息交流，140ms 的时延是可以接受的，但是这个时延如果用于无人驾驶、工业自动化就无法接受。5G 网络对于时延的最低要求是 1ms，甚至更低，这就对网络提出了严格的要求。5G 网络是这些新领域应用的必然要求。无人驾驶汽车需要中央控制中心和汽车进行互联，车与车之间也应进行互联，在高速行动中，制动时需要瞬间把信息发送到车上以做出反应，100ms 左右，车就会冲出几十米，这就需要在极短的时延中把信息发送到车上，进行制动与车控反应。无人驾驶飞机更是如此。如数百架无人驾驶飞机编队飞行，极小的偏差就会导致碰撞和事故发生，这就需要在极短的时延中把信息传递给飞行中的无人驾驶飞机。工业自动化过程中，一个机械臂的操作如果要做到极精细化，保证工作的高品质与精准性，也需要极短的时延，以便及时地做出反应。这些特征，在传统的人与人通信，甚至人与机器通信时，要求都不那么高，因为人的反应是较慢的，也不需要机器具有那么高的效率与精细化程度。而无论是无人驾驶汽车、无人驾驶飞机还是工业自动化设备，都是高速运行的，还需要在高速中保证信息及时传递和及时反应，这就对时延提出了极高要求。要满足低时延的要求，需要在 5G 网络构建中找到各种办法来减小时延。

（5）万物互联。在传统通信中终端是非常有限的，固定电话是按人群来定义的，而手机是按个人应用来定义的。到了"5G 网络时代"，终端不是按人来定义的，因为一个人可能拥有数个终端，一个家庭可能拥有数个终端。通信业对 5G 网络的愿景是每平方千米可以支撑100 万个移动终端。未来接入网络中的终端，不仅有手机，还有更多千奇百怪的产品。可以说，生活中每一个产品都有可能接入 5G 网络。眼镜、手机、衣服、腰带、鞋子等都有可能接入 5G 网络，成为智能产品。家中的门窗、门锁、空气净化器、新风机、加湿器、空调、冰箱、洗衣机等都可智能化，使家庭成为智慧家庭。而社会生活中大量以前不可能联网的设备也会进行联网工作，变得更加智能。汽车、井盖、电线杆、垃圾桶等公共设施，以前管理起来非常难，也很难做到智能化，而 5G 网络可以让这些设施都成为智能设施。

（6）重构安全。安全问题应该成为 5G 网络的一个基本特点。传统的互联网要解决的是信息速度、无障碍地传输，自由、开放、共享是互联网的基本精神，但是在 5G 网络基础上需要建立的是智能互联网。智能互联网不仅要实现信息传输，还要建立一个社会和生活的新机制与新体系。安全是 5G 网络之后的智能互联网第一要素。假设 5G 网络建设起来却无法重新构建安全体系，那么会产生巨大的破坏力。如果无人驾驶系统很容易攻破，就会像电影上展现的那样：道路上的汽车被黑客控制；智能健康系统被攻破，大量用户的健康信息被泄露；智慧家庭被攻破，家中安全根本无法保障。这些情况都不应该出现，出了问题也不是修修补补可以解决的。在 5G 网络的构建中，应该在底层就解决安全问题。从网络建设之初，就应该加入安全机制，信息应该加密。网络并不应该是开放的，对于特殊的服务需要建立专门的安全机制。网络不是完全中立、公平的。举一个简单的例子，网络保证上，普通用户上网可能只有一套系统保证其网络畅通，用户可能会面临拥堵问题。但是智能交通体系需要多套系统保证其安全运行，以及其网络品质，在网络出现拥堵时，必须保证智能交通体系的网络畅通，而这个体系不是一般终端可以接入实现管理与控制的。

5G 网络时代将是一个万物互联的时代，5G 网络的愿景如图 3-33 所示。

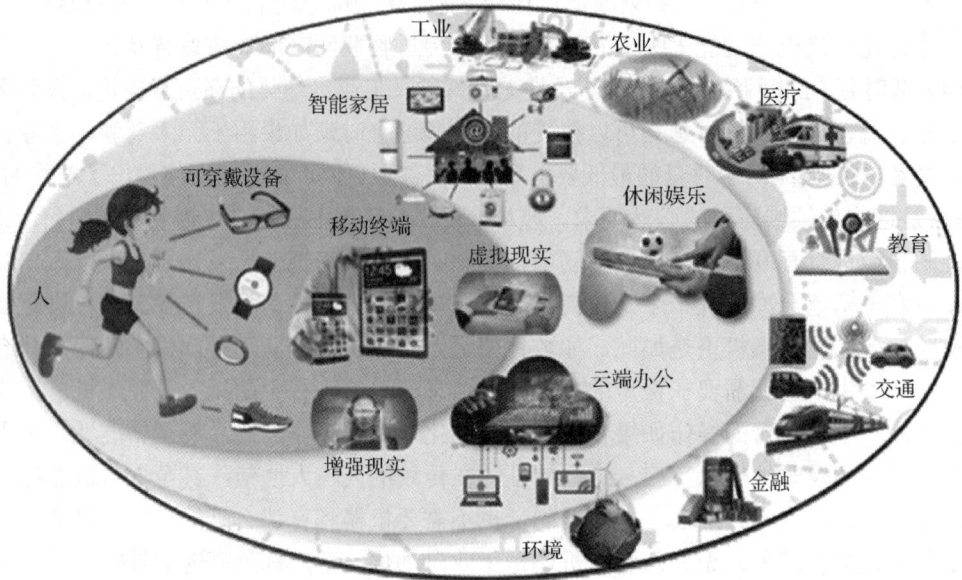

图 3-33　5G 网络的愿景

3.6.3　移动通信的应用

5G 移动通信技术不仅会带来更快的传输速率和更高的网络带宽，也会带来超高可靠性和低时延，并实现大规模机器间的相互通信。

无人驾驶汽车的大量应用将彻底改变城市交通管理的方式，城市将通过智能交通系统来实现高效率的车流调度，极大限度利用交通运力。这就需要建立庞大的网络连接，而 4G 网络无法满足无人驾驶汽车对海量数据的传输需求，5G 网络有望解决这个问题。5G 网络能够实现时延低于 1ms，峰值传输速率高达 10Gbit/s。超低时延和大数据文件的高速传输让 5G 网络能够实时地获取周围环境的信息，支持 V2X 的应用。例如，汽车可使用基于云端的人工智能和数据，并且与路上其他汽车和包括路灯在内的交通基础设施进行通信。因此，5G 移动通信技术将在无人驾驶汽车领域释放强大的潜力，必将推动无人驾驶汽车技术的快速发展。

图 3-34 所示为面向无人驾驶汽车的 5G 网络架构，主要包括接入网、传输网、核心网和应用层。

（1）接入网。接入网包括终端设备和接入设备。终端设备指车的传感器网络、路的传感器网络和人的传感器网络。车的传感器网络提供关于车的状况和车外环境状况等信息，可以用来增强安全性和作为安全驾驶的信息；路的传感器网络用于感知和传递路的状况信息；人的传感器网络用来感知交通"行人"周围环境的状况。接入设备主要负责对终端设备感知信息进行无线发送和接收、空口无线资源管理、接入网侧移动性管理和空口通信的安全管理等。

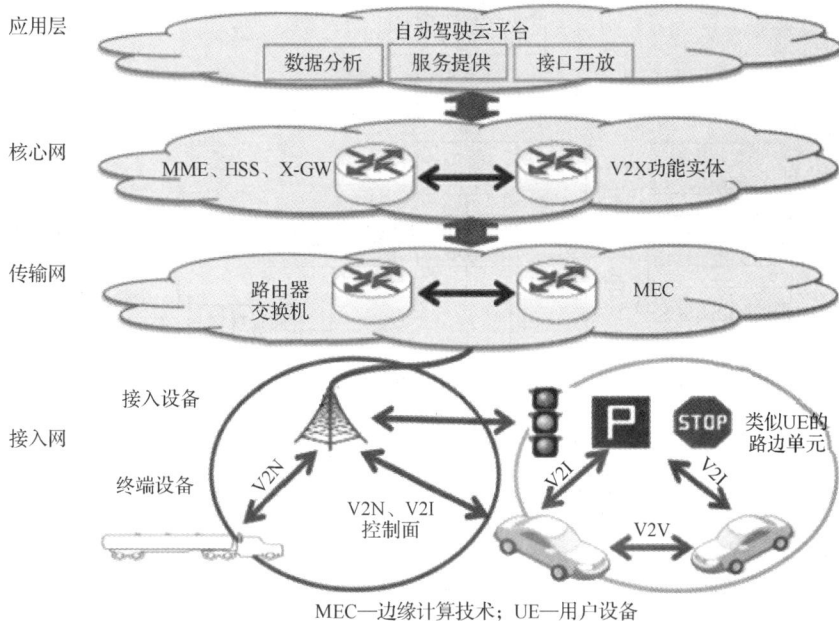

图 3-34 面向无人驾驶汽车的 5G 网络架构

（2）传输网。传输网为 V2V、V2I、V2N、V2P 等的信息传输提供传输通道，在功能和性能上保障实时性、可服务性。

（3）核心网。核心网是提供自动驾驶业务的网络，包括移动管理实体（MME）、归属用户服务器（HSS）和网关（X-GW），以及 V2X（代表 V2V 和 V2P 等）功能实体。

（4）应用层。自动驾驶云平台支持自动驾驶应用服务与大数据处理，用于分析和计算路况、大规模车辆路径规划、智能交通调度等，实现对车辆数据的存储分发、维护、信息融合和中央决策、下发决策结果，负责应用服务器功能、单播与多播模式的选择，以及业务分发功能等。

图 3-35 所示是国内测试的首辆 5G 无人驾驶电动巴士。这辆巴士最多可容纳 12 人，最大速度为 20km/h，采用纯电动行驶，能实现无人操作下的行人避让、车辆检测、加减速、紧急停车、障碍绕行、变道、自动按站停靠、转向灯开闭等功能。

无人驾驶电动巴士由汽车大脑、避障单元、交通监测单元、定位单元、路径规划单元、操作面板、远程通信单元、驱动反馈单元组成，如图 3-36 所示。

（1）汽车大脑。汽车大脑作为汽车无人驾驶系统的核心部件，与避障单元、交通监测单元、定位单元、路径规划单元、操作面板、远程通信单元、驱动反馈单元通过总线相连，进行数据通信。

图 3-35 5G 无人驾驶电动巴士

汽车大脑预先存储新能源汽车外形三维模型、新能源汽车配置参数等，根据交通线、交通标志、交警指挥手势等数据信息建立模型库。

（2）避障单元。避障单元通过前置超声波测距仪（超声波传感器）、前置远距离雷达（毫米波雷达）、前置短距离雷达、后置短距离雷达的数据，感知新能源汽车周围物体的数据，通过汽车大脑运算出物体的位置、速度。

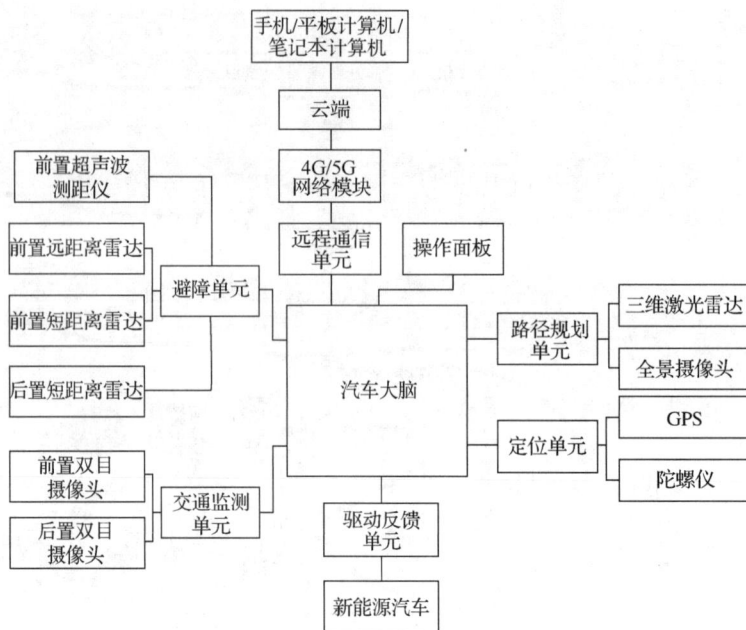

图 3-36　无人驾驶电动巴士组成

（3）交通监测单元。交通监测单元通过前置双目摄像头和后置双目摄像头识别新能源汽车前方和后方的交通线、交通标志、交警指挥手势以及非结构化路面状况，并实时传输至汽车大脑。

（4）定位单元。定位单元将 GPS 和陀螺仪的数据进行融合，确定新能源汽车在运行过程中的准确位置，实时将汽车坐标传递至汽车大脑，由汽车大脑计算出新能源汽车的运行方向、速度、加速度，评价新能源汽车运行状况。

（5）路径规划单元。路径规划单元采集全景摄像头和三维激光雷达数据，进行同时定位与地图构建，进一步修正定位单元的汽车坐标；同时根据避障单元和交通监测单元数据做出局部路径规划，将指令传至汽车大脑。

（6）操作面板。操作面板用于新能源汽车的各种操作设定和重要信息显示。

（7）远程通信单元。远程通信单元通过 4G/5G 网络模块与云端进行数据通信，将新能源汽车坐标以及交通监测单元的前置双目摄像头和后置双目摄像头采集的视频信息定期传输至云端，手机/平板计算机/笔记本计算机可访问云端，掌握新能源汽车安全状况。

（8）驱动反馈单元。驱动反馈单元根据汽车大脑的路径规划指令，控制新能源汽车进行前进、后退、加速、减速、左转、右转和制动操作，同时将前进、后退、加速、减速、左转、右转和制动的参数传输至汽车大脑。

【扩展阅读】

5G 与无人驾驶汽车

无人驾驶汽车离不开 5G。5G 对无人驾驶汽车的支撑体现在以下几个方面。

（1）5G可以实现高精度地图的实时传导、高速状态下反馈信息的及时送达等，为无人驾驶汽车提供低时延、高可靠、高流量的网络支持。5G能真正实现高精度地图的实时传输，实现厘米级导航，从而实现低时延的全局路径规划导航，为自动驾驶提供坚实的基础。

（2）5G可以大大缩短响应时间。响应时间对于无人驾驶汽车非常重要，0.1s的时间差就有可能造成不可逆转的损失。5G具有高带宽、低时延、大容量等数据传输特性，能够迅速将数据传输至云端，真正实现实时计算和处理，保障车辆及驾驶员的安全，并且可以帮助实现汽车内部的数字服务，提升乘客的体验。

（3）无人驾驶汽车可与智慧交通的智能基础设施通过5G进行连接。无人驾驶汽车的行车路线规划、时速、启停均可被智慧交通统一管理。车辆传感器会将行车过程中的路况信息及时与智慧交通进行同步，并且可以提高无人驾驶汽车之间和车路之间的相互通信效率，提升车辆避险和编队的能力。当有紧急或意外情况发生时，无人驾驶汽车能主动控制，同时向智慧交通进行实时汇报，以便等候进一步的处理指令。而智慧交通则会向其他相关无人驾驶汽车进行信息同步，并进一步地自动控制。5G高可靠、高带宽、低时延等诸多优势推动着无人驾驶汽车的车车协同、车路协同、车人协同等一系列应用共同发展。

车路协同是5G用于无人驾驶汽车的典型应用场景之一。车路协同主要涉及车载系统、路侧系统以及数据交互系统3个主要部分。车载系统主要负责对车辆自身状态信息的控制和对周围行车环境的感知，协助驾驶员完成车辆的安全驾驶，比如车车避撞、人车避撞、交叉口安全通行、变道辅助驾驶等；路侧系统与各个传感器之间进行通信，可以获得当前的道路情况，包括交叉口行人信息采集，突发事件快速识别与定位，密集人群信息采集，多通道交通流量监测，通道异物侵入信息的获取、处理、分析和发送；数据交互系统实现RSU与OBU之间的交互，以及各种行车安全、交通控制和信息服务应用的打通，最终确保整个车路协同系统快速、稳定运行。

图3-37所示为景区无人驾驶车辆，它运用5G、边缘计算、车路协同、无人驾驶等前瞻技术，将无人驾驶与5G应用进行有机结合。依据车路协同控制系统，无人驾驶车辆能够及时感知周围环境，做出正确的驾驶决策判断，保证车辆的自动、安全、稳定运行。同时借助5G高速、低时延网络，车辆运营监控系统可实时采集车内外高清视频和车辆运营的状态信息，以便工作人员远程即时监控车辆并采取相应措施。

图3-37　景区无人驾驶车辆

思考与讨论

1. 分析5G在无人驾驶汽车中的作用。

2. 举例说明5G与V2I配合在无人驾驶汽车中的应用。

【项目实训】

智能网联汽车无线通信系统的认知

通过智能网联汽车无线通信系统的认知项目实训，填写项目实训工单，增强学生对智能网联汽车无线通信系统的认知。

项目实训工单

实训参考题目	智能网联汽车无线通信系统的认知				
实训实际题目	由指导教师根据实际条件和分组情况给出实训实际题目，包括实训车型、具体实训项目、实训内容等。实训项目可以是智能网联汽车 V2X 通信、蓝牙通信、移动通信等，重点是 V2X 通信的认知。鉴于目前销售的车辆还没有 V2X 通信功能，所以可选择 V2X 通信实验台或在网上查找 V2X 案例。根据分组情况可以分配不同的实训内容				
学生姓名		班级		学号	
组长姓名		同组同学			
实训地点		学时		日期	
实训目标	（1）能够依据实训实际题目和要求，独立完成实训前的各种准备。 （2）能够识别实训车辆的无线通信系统。 （3）能够根据实训规范，结合车辆手册，制订实训计划。 （4）能够在网上查找智能网联汽车无线通信系统资料。 （5）能够结合车辆手册和所学知识，对实训车辆的无线通信系统进行分析、讲解				

一、接受实训任务

小王同学在某汽车 4S 店实习，即将实习结束，要进行综合考核，考核分为实训和理论两部分，其中实训占 70%，理论占 30%（理论部分可参照知识巩固内容）。实训考核是小王同学模仿销售人员，完成实训任务。

某汽车 4S 店接受了一位客户的预约，据客户反映，目前智能网联汽车非常火爆，欲购买一辆智能网联汽车，希望销售人员对其无线通信系统给予详细讲解。汽车 4S 店委派实习生小王等同学，提前做好准备，负责接待客户，给客户全面介绍智能网联汽车无线通信系统知识，并促成销售成功，同时做好各项记录

二、实训任务准备（以下内容由实训学生填写）

（1）实训设备选择：□实训车辆　　□实训专用实验台　　□网上车辆

（2）实训目标是否完全理解：□完全理解　　□不完全理解

（3）实训任务是否完全理解：□完全理解　　□不完全理解

（4）实训车辆拟实训项目：_____

（5）实训车辆资料是否完整：□完整　　□不完整（原因：_____）

（6）网上智能网联汽车无线通信系统资料准备情况：□准备　　□没准备（原因：_____）

（7）智能网联汽车的无线通信系统知识熟悉情况：□熟悉　　□不熟悉

（8）本次实训所需要的 PPT 准备情况：□准备　　□没准备（原因：_____）

（9）本次实训所需要的辅助设备准备情况：□齐全　　□不齐全（原因：_____）

（10）本次实训所需时长约为_____

（11）实训完是否需要检验：□需要　　□不需要

（12）其他准备：_____

_____

三、制订实训计划（以下内容由实训学生填写，指导教师审核）

（1）根据本次智能网联汽车无线通信系统的认知实训任务，完成物料的准备

完成本次实训需要的所有物料准备

序号	物料种类	物料名称范例	实际物料名称
1	实训设备	实训用智能网联汽车	
2	在网上查找的智能网联汽车资料	L1 级智能网联汽车	
		L2 级智能网联汽车	
		L3 级智能网联汽车	
		L4 级智能网联汽车	
3	相关资料	V2V 通信资料	
		V2I 通信资料	
		蓝牙通信资料	
		移动通信资料	
4	辅助设备	投影仪、笔记本计算机	

（2）根据智能网联汽车无线通信系统的认知实训任务，制订操作流程

智能网联汽车无线通信系统的认知操作流程

序号	操作流程范例	实际操作流程
1	接受实训任务	
2	实训任务准备	
3	实训物料准备	
4	在实训车辆上查找无线通信系统配置	
5	在网上查找 V2V 和 V2I 短距离通信系统配置	
6	制作讲授用的 PPT	
7	结合实训车辆和 PPT 讲解识别无线通信系统	
8	实训小组讨论	
9	实训质量检查	

（3）根据实训计划，完成小组成员任务分工

操作员（1人）		客户（1人）	
协作员（若干人）		记录员（1人）	

　　操作员负责智能网联汽车无线通信系统的认知具体实训内容的操作；客户负责智能网联汽车无线通信系统的认知具体实训内容结果的验收；协作员负责协助操作员完成智能网联汽车无线通信系统的认知具体实训内容的操作；记录员做好智能网联汽车无线通信系统的认知具体实训内容的记录。

（4）指导教师对制订的实训计划进行审核

审核意见：

　　　　　　　　年　　　月　　　日　　签字：

四、实训计划实施（实施内容由指导教师填写，实施结果由实训学生填写）

（1）参考范例

实施步骤	实施内容	实施结果
1	准备好实训车辆	实训车辆放置在合适位置
2	准备好实训车辆手册	车辆手册放在操作员手中
3	查找实训车辆的 V2V 通信	—
4	查找实训车辆的 V2I 通信	—
5	查找实训车辆的蓝牙通信	已找到
6	查找实训车辆的移动通信	已找到
7	分析实训车辆蓝牙通信的用途	已分析
8	分析实训车辆移动通信的用途	已分析
9	分析实训车辆无线通信系统的组成	已分析
10	分析实训车辆无线通信系统的应用	已分析
11	准备给客户讲解用的 PPT（智能网联汽车无线通信系统，举例说明 V2V 通信、V2I 通信、蓝牙通信、移动通信在智能网联汽车上的应用）	已准备
12	操作员给客户（小组其他成员）进行讲解	完成
13	实训完所有物品归位	完成

（2）实际案例

实施步骤	实施内容	实施结果
1		
2		
3		
4		
5		
6		
7		
8		
9		
10		
11		
12		
13		
14		
15		

续表

五、实训小组讨论（以下内容由实训学生填写）

讨论题 1：讨论实训车辆无线通信系统的组成。

讨论题 2：讨论实训车辆无线通信系统的功能。

讨论题 3：讨论目前我国汽车市场上智能网联汽车无线通信系统的概况。

讨论题 4：总结本次实训的优点和不足。

六、实训质量检查（以下内容由指导教师填写）

请实训指导教师检查本组实训结果，并针对实训过程中出现的问题提出建议

序号	评价标准	评价结果
1	实训任务是否完成	
2	实训操作是否规范	
3	实施记录是否完整	
4	实训结论是否正确	
5	实训小组讨论是否充分	
综合评价	□优　　□良　　□中　　□及格　　□不及格	
问题与建议	问题： 建议：	

实训成绩单

项目	评分标准	分值	得分
接受实训任务	明确任务内容，理解任务在实际工作中的重要性	5	
实训任务准备	实训任务准备完整	5	
	掌握智能网联汽车无线通信系统的基本知识	5	
	能够识别智能网联汽车无线通信系统	5	
制订实训计划	物料准备齐全	5	
	操作流程合理	5	
	人员分工明确	5	
实训计划实施	实训计划实施步骤合理、记录详细	10	
	实施过程规范，没有出现错误	10	
	能够对实训车辆无线通信系统进行正确讲解	15	
	能够对实训得出正确结论	10	
实训小组讨论	实训小组讨论是否热烈	5	
	实训总结是否客观	5	
实训质量检查	学生实训任务完成，实训过程规范，实训记录完整，结论正确	10	
实训考核成绩			

【归纳与提高】

本项目主要介绍了智能网联汽车无线通信的定义与分类，V2X 通信的定义、对 V2X 通信系统的要求、V2X 通信的应用，蓝牙通信的定义、特点与应用，DSRC 的定义与系统组成、DSRC 技术要求、DSRC 支持的业务，LTE-V 通信的定义、LTE-V 通信系统的组成、LTE-V 通信与 DSRC 的比较，移动通信的定义与系统组成、特点及应用等。通过对本项目的学习，学生可以较全面地掌握智能网联汽车无线通信系统的基本知识。通过项目实训和知识巩固，可以巩固学生所学习的知识，最终培养学生分析问题和解决问题的能力，以及识别与分析智能网联汽车无线通信系统的技能。

由于无线通信的特殊性——看不见摸不着，汽车产品说明中也不会详细介绍，因此学习起来比较抽象。特别是 V2X 通信、DSRC、LTE-V 通信还没有在量产车型中广泛应用，学生应借助网络找些实例或试验设备进行学习，效果会更好。

【知识巩固】

一、名词解释

1. 无线通信

2．V2X 通信

3．DSRC

4．LTE-V 通信

5．移动通信

二、填空题

1．无线通信系统一般由＿＿＿＿＿＿、＿＿＿＿＿＿和＿＿＿＿＿＿组成。

2．蓝牙通信在智联网联汽车上的应用主要有＿＿＿＿＿、＿＿＿＿＿、＿＿＿＿＿、＿＿＿＿＿、＿＿＿＿＿等。

3．根据传输方式的不同，无线通信可以分为＿＿＿＿＿＿、＿＿＿＿＿＿和＿＿＿＿＿＿等。

4．根据通信距离的不同，无线通信可以分为＿＿＿＿＿＿和＿＿＿＿＿＿。

5．典型的移动通信系统通常由＿＿＿＿＿、＿＿＿＿＿、＿＿＿＿＿等组成。

6．智能网联汽车 V2X 通信代表＿＿＿＿＿＿、＿＿＿＿＿＿、＿＿＿＿＿＿、＿＿＿＿＿＿。

7．DSRC 系统主要由＿＿＿＿＿＿、＿＿＿＿＿及＿＿＿＿＿＿3 部分组成。

8．LTE-V 通信系统主要由＿＿＿＿＿＿、＿＿＿＿＿和＿＿＿＿＿＿3 部分组成。

9．5G 移动通信具有＿＿＿＿＿、＿＿＿＿＿、＿＿＿＿＿、＿＿＿＿＿等特点。

10．面向无人驾驶汽车的 5G 网络架构主要包括＿＿＿＿＿、＿＿＿＿＿、＿＿＿＿＿和＿＿＿＿＿。

三、选择题

1．DSRC 要求 V2V 通信单跳距离可达（　　　）。
   A．100m 　　　 B．200m 　　　 C．300m 　　　 D．400m

2．不属于短距离无线通信技术的是（　　　）。
   A．ZigBee 　　　 B．Wi-Fi 　　　 C．5G 网络 　　　 D．UWB

3．不属于远距离无线通信技术的是（　　　）。
   A．移动通信 　　 B．微波通信 　　 C．卫星通信 　　 D．LTE-V 通信

4．盲区预警/变道辅助使用的通信类型是（　　　）。
   A．V2V 　　　 B．V2I 　　　 C．V2P 　　　 D．V2N

5．前方拥堵提醒使用的通信类型是（　　　）。
   A．V2V 　　　 B．V2I 　　　 C．V2P 　　　 D．V2N

6．蓝牙通信在智能网联汽车上的应用主要有（　　　）。
   A．车载蓝牙电话 B．车载蓝牙音响 C．V2V 通信 　 D．汽车虚拟钥匙

7．LTE-V 通信用于智能网联汽车支持（　　　）业务。
   A．V2V 　　　 B．V2I 　　　 C．V2P 　　　 D．V2N

8. DSRC 支持的业务包括（　　　）。

    A. 汽车辅助驾驶　B. 交通运输安全　　C. 交通管理　　　　D. 汽车虚拟钥匙

9. 智能网联汽车识别交通信号灯的方法可采用（　　　）。

    A. 视觉传感器　　B. 毫米波雷达　　C. DSRC　　　　　　D. LTE-V 通信

10. 智能网联汽车识别车辆的方法可采用（　　　）。

    A. 视觉传感器　　B. 毫米波雷达　　C. 激光雷达　　　　D. LTE-V 通信

四、判断题

1. 智能网联汽车无线通信系统，既包括短距离无线通信，如蓝牙技术、Wi-Fi 技术、LTE-V 技术，又包括远距离无线通信，如 4G、5G。（　　　）

2. V2V 通信主要是指通过 OBU 进行车辆间的通信。OBU 可实时获取周围车辆的速度、位置、行车状态警告等信息，车辆之间也可以构成一个互动的平台，实时交换各种文字、图片、音频和视频等信息。（　　　）

3. 智能网联汽车一定要有 DSRC 或 LTE-V 通信。（　　　）

4. V2I 通信的主要特点包括车辆可以通过 5G 来接入互联网，RSU 可以对在其覆盖范围内的车辆节点进行信息广播，RSU 可以准确地捕获其覆盖范围内的道路状况、交通信号灯及车辆状况。（　　　）

5. V2V 通信的主要特点包括车与车的连接是间断性和随机的；车辆之间的通信可以进行单跳传输，能保证消息安全、正确地到达；车辆之间的单跳传输取决于路由的选择。（　　　）

6. V2N 通信是指 OBU 通过 RSU 与远程的应用平台建立连接，应用平台与车辆之间进行数据交互，并对获取数据进行存储和处理，提供远程车辆交通、娱乐、商务服务和车辆管理等应用。（　　　）

7. V2P 通信是指行人使用用户区域的设备，如智能手机、计算机、手持设备等，与车辆区域的设备进行通信。V2P 通信主要应用于防止车与行人相撞、智能钥匙、信息服务、车辆信息管理等。（　　　）

8. 智能网联汽车 ADAS 对 V2X 通信系统的定位精度要求是米级。（　　　）

9. 智能网联汽车 ADAS 对 V2X 通信系统的最低时延要求是不超过 100ms。（　　　）

10. LTE-V 和 DSRC 均需要 OBU，但这两种技术的 OBU 承载的能力不尽相同。（　　　）

五、问答题

1. 什么是 V2V 通信？列举 5 个 V2V 通信的应用。

2. 什么是 V2I 通信？列举 5 个 V2I 通信的应用。

3. DSRC 主要支持哪些业务？

4. DSRC 和 LTE-V 通信有什么主要区别？

5. 为什么无人驾驶汽车必须采用 5G 移动通信？

项目 4
智能网联汽车网络系统

智能网联汽车以车载网络、车载自组织网络和车载移动互联网为基础，按照约定的通信协议和数据交换标准，在车与车、车与人、车与基础设施、车与云端之间进行无线通信及信息传输，实现车辆智能化控制和智能动态服务等。

【知识路径】

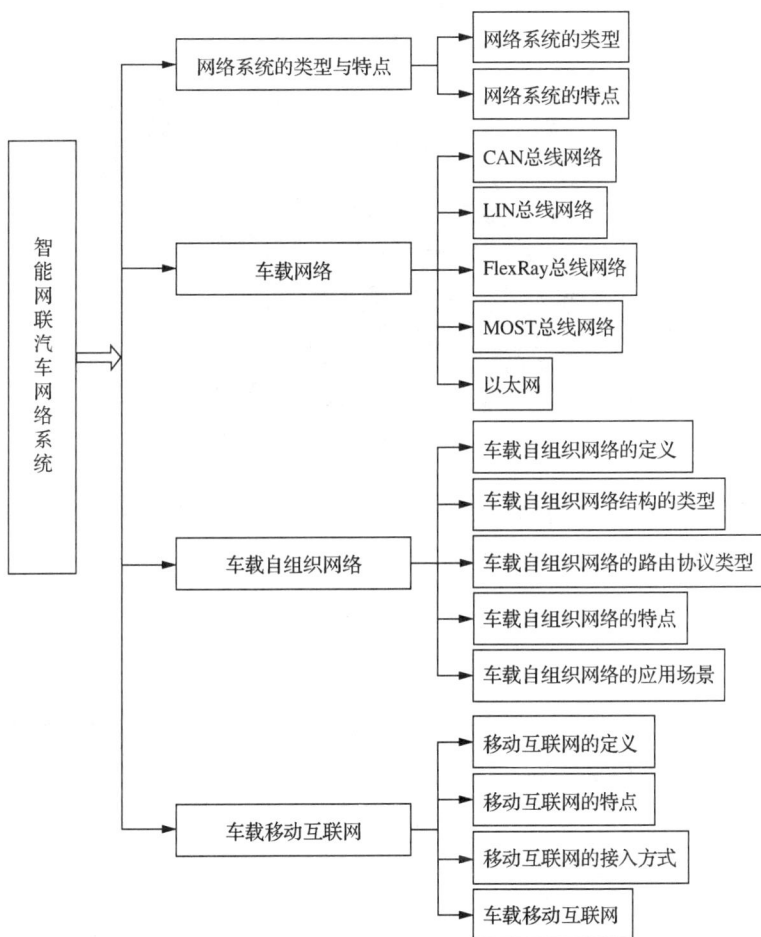

【学习目标】

知识目标

（1）掌握智能网联汽车网络系统的类型与特点。

（2）掌握车载网络、车载自组织网络、车载移动互联网的定义。

（3）了解车载网络、车载自组织网络、车载移动互联网在智能网联汽车中的应用等。

技能目标

（1）能够识别智能网联汽车网络系统。

（2）能够对智能网联汽车的车载网络、车载自组织网络、车载移动互联网进行判断。

素质目标

（1）培养敬业精神和服务意识。

（2）培养沟通、协调、合作的能力，逐步形成良好的心理素质。

【导入案例】

随着汽车电动化、智能化、网联化的发展，汽车上的传感器越来越多，达到成百上千个，而且汽车上的传感器和道路基础设施上的传感器要互联互通，这样智能网联汽车就会变成一个庞大的网络系统，如图 4-1 所示。

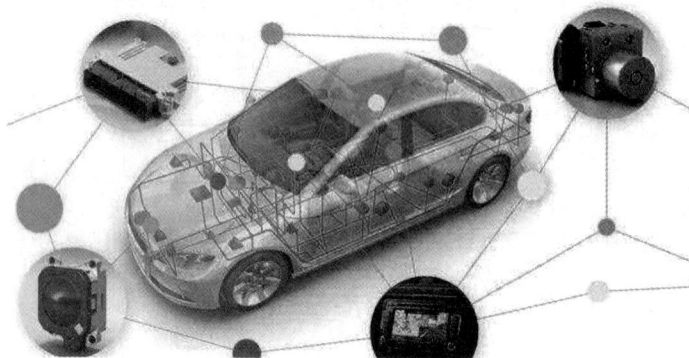

图 4-1　智能网联汽车网络系统

智能网联汽车由哪些网络构成？这些网络有什么特点？这些网络在智能网联汽车上有何应用？通过对本项目的学习，学生可以得到答案。

【知识探索】

4.1　网络系统的类型与特点

4.1.1　网络系统的类型

智能网联汽车主要包括 3 种网络，即以车内总线通信为基础的车内网络，也称为车载网络；以短距离无线通信为基础的车载自组织网络；以远距离通信为基础的车载移动互联网。因此，智能网联汽车的网络系统是由车载网络、车载自组织网络和车载移动互联网融合而成的，如图 4-2 所示。

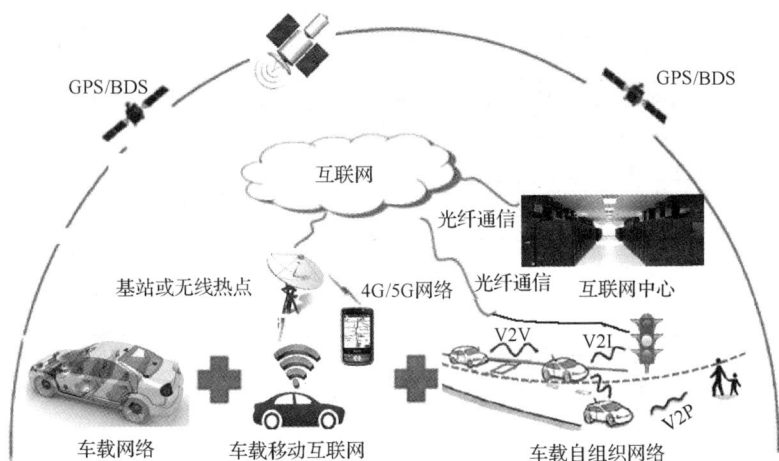

图 4-2　智能网联汽车网络系统构成

1. 车载网络

车载网络是基于 CAN、LIN、FlexRay、MOST、以太网等总线技术建立的标准化整车网络，实现车内各电器、电子单元间的状态信息和控制信号在车载网络上的传输，使车辆具有状态感知、故障诊断和智能控制等功能。

SAE 将车载网络划分为 5 种类型，分别为 A 类低速网络、B 类中速网络、C 类高速网络、D 类多媒体网络和 E 类安全网络。不同类型的车载网络需要通过网关进行信号的解析、交换，使不同的网络类型能够相互协调，保证车辆各系统正常运转。

（1）A 类低速网络。A 类低速网络传输速率一般小于 10kbit/s，有多种通信协议，该类网络的主流协议是 LIN。LIN 是用于连接智能传感器、执行器的低成本串行通信网络。LIN 采用通用硬件接口，配以相应的驱动程序，成本低廉，配置灵活，应用范围较广，主要用于电动门窗、电动座椅、车内照明系统和车外照明系统等。

（2）B 类中速网络。B 类中速网络传输速率为 10～125kbit/s，对实时性要求不太高，主要面向独立模块之间数据共享的中速网络。该类网络的主流协议是低速 CAN，主要用于故障诊断、空调、仪表显示等。

（3）C 类高速网络。C 类高速网络传输速率为 125～1000kbit/s，对实时性要求高，主要面向高速、实时闭环控制的多路传输网。该类网络的主流协议是高速 CAN、FlexRay 等，主要用于牵引力控制、发动机控制、ABS 控制、ASR 控制、ESP 控制、悬架控制等。

（4）D 类多媒体网络。D 类多媒体网络传输速率为 250kbit/s～100Mbit/s，该类网络的协议主要有 MOST、以太网、蓝牙、ZigBee 等，主要用于传输效率要求较高的多媒体系统、导航系统等。

（5）E 类安全网络。E 类安全网络传输速率为 10Mbit/s，主要面向汽车安全系统的网络。车载网络结构如图 4-3 所示。

2. 车载自组织网络

车载自组织网络是基于短距离无线通信技术自主构建的 V2V、V2I、V2P 之间的无线通信网络，实现 V2V、V2I、V2P 之间的信息传输，使车辆具有行驶环境感知、危险辨识、智能控制等功能，并能够实现 V2V、V2I 之间的协同控制，如图 4-4 所示。

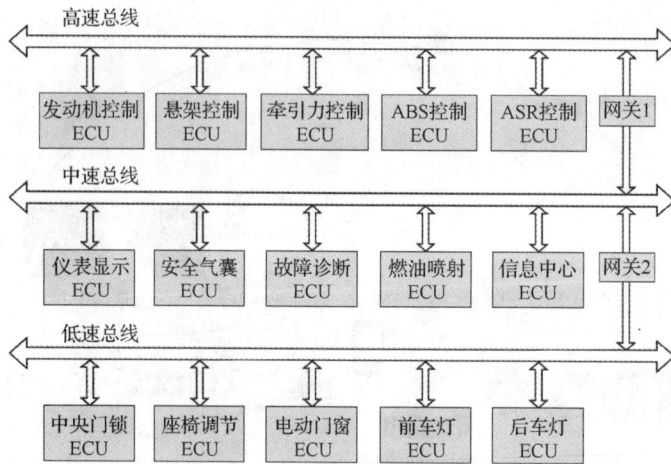

图 4-3　车载网络结构

图 4-4　车载自组织网络 1

3. 车载移动互联网

车载移动互联网是基于远距离通信技术构建的车辆与互联网之间连接的网络，实现车辆信息与各种服务信息在车载移动互联网上的传输，使智能网联汽车用户能够体验商务办公、信息娱乐服务等，如图 4-5 所示。

图 4-5　车载移动互联网

4.1.2　网络系统的特点

智能网联汽车网络系统具有以下特点。

（1）复杂化。智能网联汽车电控系统的网络体系结构复杂，它包含多达数百个 ECU 通信节点，ECU 被划分到十几个不同的网络子系统中，由 ECU 产生的需要进行通信的信号多达数千个。

（2）异构性。为满足各个网络子系统在网络带宽、实时性、可靠性和安全性方面的不同需求，CAN、LIN、FlexRay、MOST、以太网、自组织网络、移动互联网等多种网络技术都将在智能网联汽车上得到应用。因此，不同网络子系统中所采用的网络技术之间存在很大程度的异构性。这种异构性体现为网络类型的不同，而且同种类型的网络在带宽和传输速率方面也存在异构性，如高速 CAN 和低速 CAN。网关用来实现不同网络子系统之间的互联和异构网络的集成，所以在网关内需要对协议进行转换。

（3）网关互连的层次化架构。智能网联汽车电控系统和 ADAS 的网络体系结构一样具有层次化特点，它同时包括同一网络子系统内不同 ECU 之间的通信和两个或多个网络子系统所包含的 ECU 之间的跨网关通信等多种情况。如防碰撞系统功能的实现依赖于安全子系统、底盘控制子系统、车身子系统等，以及 V2V、V2I、V2P 之间的交互和协同控制。

（4）通信节点组成和拓扑结构是变化的。智能网联汽车需要实现 V2V、V2I、V2P 之间的通信，所以它的网络体系结构中包含的通信节点和体系结构的拓扑结构是变化的。

4.2　车载网络

车载网络的应用提高了信息传输的速度，增强了汽车控制系统的稳定性和可靠性，特别是智能网联汽车和无人驾驶汽车，对车载网络提出了更高的要求。目前，车载网络类型主要有 CAN、LIN、FlexRay、MOST、以太网等，它们在汽车上的应用如图 4-6 所示（MOST、以太网在图中没有体现）。随着智能网联汽车的发展，以太网的应用已引起广泛重视。

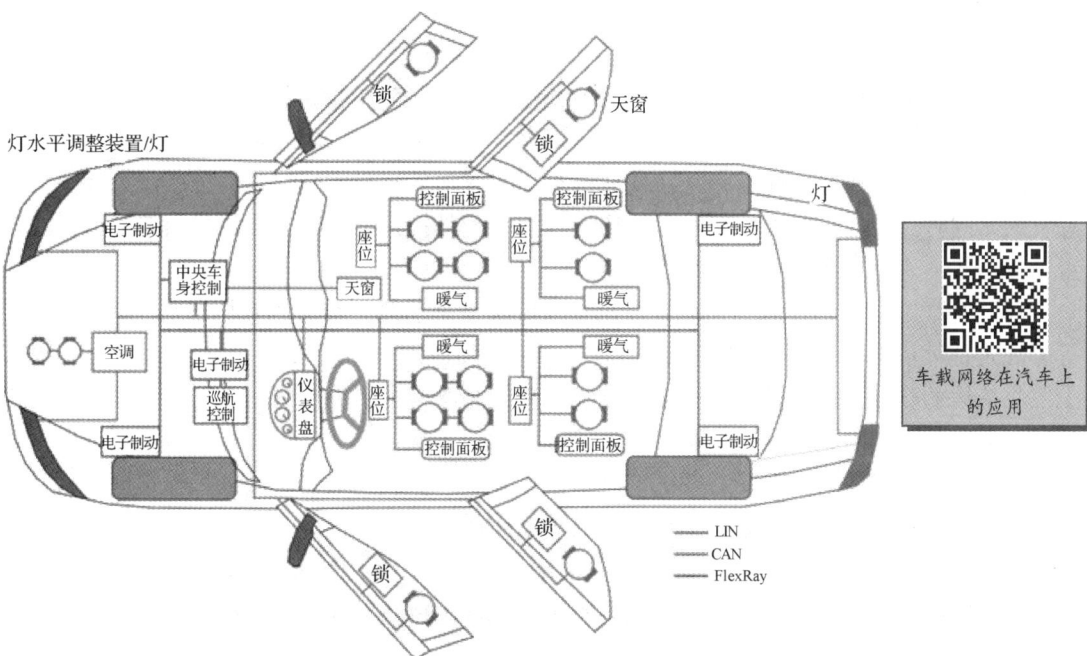

图 4-6　车载网络在汽车上的应用

4.2.1 CAN 总线网络

1. CAN 总线的定义

CAN 总线是德国博世公司在 1985 年为了解决汽车上众多测试仪器与控制单元之间的数据传输而开发的一种支持分布式控制的串行数据通信总线。目前，CAN 总线已经是国际上应用最广泛的网络总线之一，它的数据信息传输速率最大为 1Mbit/s，属于中速网络，通信距离（无须中继器）最远可达 10km。

2. CAN 总线网络的特点

CAN 总线采用双绞线作为传输介质，媒体访问方式为位仲裁，是一种多主总线。CAN 总线为事件触发的实时通信网络，其总线仲裁方式采用基于优先级的带冲突检测的载波监听多路访问（CSMA/CD）法。CAN 总线网络具有以下特点。

（1）多主控制。多主控制是指在总线空闲时，所有的单元都可开始发送消息；最先访问总线的单元可获得发送权（CSMA/CA 方式）；多个单元同时开始发送时，发送高优先级标识符（ID）消息的单元可获得发送权。

（2）消息的发送。在 CAN 协议中，所有的消息都以固定的格式发送。总线空闲时，所有与总线相连的单元都可以开始发送新消息。两个以上的单元同时开始发送消息时，根据 ID 决定优先级（ID 并不是表示发送的目的地址，而是表示访问总线的消息的优先级），对各消息 ID 的每个位进行逐个仲裁比较。仲裁获胜（被判定为优先级最高）的单元可继续发送消息，仲裁失败的单元则立刻停止发送消息而进行接收消息工作。

（3）系统的柔软性。与总线相连的单元没有类似于"地址"的信息。因此在总线上增加单元时，连接总线的其他单元的软硬件及应用层都不需要改变。

（4）高速度和远距离。当通信距离小于 40m 时，CAN 总线的传输速率可以达到 1Mbit/s。当其通信距离达到 10km 时，其传输速率约为 5kbit/s。

（5）远程数据请求。可通过发送"遥控帧"请求其他单元发送数据。

（6）错误检测功能、错误通知功能、错误恢复功能。错误检测功能是指所有的单元都可以检测错误；错误通知功能是指正在发送消息的单元一旦检测出错误，会强制结束当前的消息发送，同时立即通知其他所有单元；错误恢复功能是指强制结束发送消息的单元会反复地重新发送此消息，直到成功发送为止。

（7）故障封闭。CAN 总线可以判断出错误的类型是总线上暂时的数据错误（如外部噪声等）还是持续的数据错误（如单元内部故障、驱动器故障、断线等）。根据此功能，当总线上发生持续的数据错误时，可将引起此故障的单元从总线上隔离出去。

（8）连接。CAN 总线可以同时连接多个单元，可连接的单元数理论上是没有限制的。但实际上，可连接的单元数会受总线上的时间延迟及电气负载的限制。降低传输速率，可连接的单元数增加；提高传输速率，则可连接的单元数减少。

总之，CAN 总线具有实时性强、可靠性高、传输速率快、结构简单、互操作性好、总线协议具有完善的错误处理机制、灵活性高和价格低廉等特点，在车载网络上已经得到广泛的应用。

3. CAN 总线在汽车上的应用

汽车 CAN 总线有两条：一条是用于驱动系统的高速 CAN 总线，传输速率达到 500kbit/s；另一条是用于车身系统的低速 CAN 总线，传输速率为 100kbit/s。高速 CAN 总线主要连接发动机、自动变速器、ABS/ASR 等对通信实时性有较高要求的系统；低速 CAN 总线主要连接灯光、电动车窗等，多为低速电动机和开关量器件，对实时性要求低。不同速度的 CAN 之间通过网关连接。对汽车 CAN 总线上的信号进行采集时，需要确定所采集的信号处于哪个 CAN 网络中，以便设置合适的 CAN 通道波特率。

图 4-7 所示为 CAN 总线在汽车上的应用。

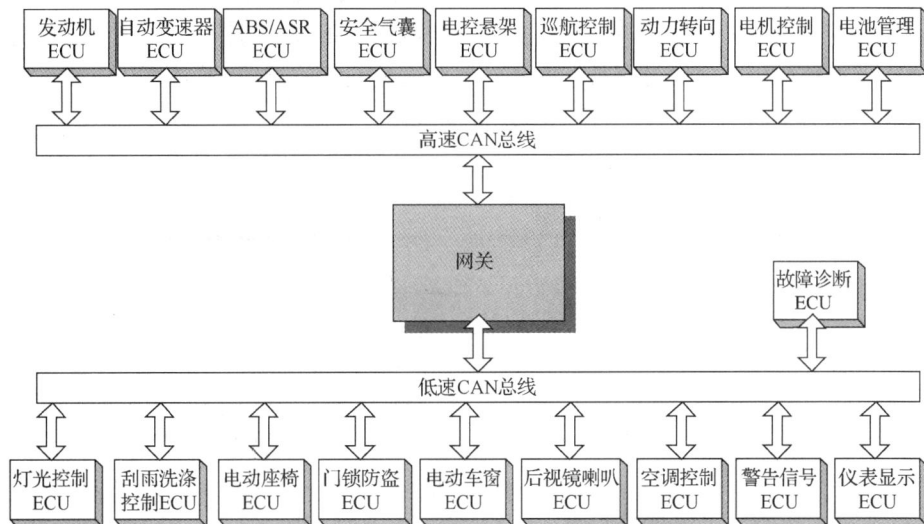

图 4-7　CAN 总线在汽车上的应用

4.2.2　LIN 总线网络

1. LIN 总线的定义

LIN 总线也被称为局域网子系统，是专门为汽车开发的一种低成本串行通信网络，用于实现汽车中的分布式电子系统控制。LIN 总线的数据传输速率为 20kbit/s，属于低速网络，媒体访问采用单主节点、多从节点的方式，是一种辅助总线，用于辅助 CAN 总线工作。在不需要 CAN 总线的带宽和多功能的场合，使用 LIN 总线可大大降低成本。

2. LIN 总线网络的特点

LIN 总线网络具有以下特点。

（1）LIN 总线的通信基于 SCI 数据格式，媒体访问采用单主节点、多从节点的方式，数据优先级由主节点决定，灵活性好。

（2）一条 LIN 总线最多可以连接 16 个节点，共有 64 个 ID。

（3）LIN 总线采用低成本的单线连接，传输速率最高可达 20kbit/s。

（4）不需要进行仲裁，同时在从节点中无须石英或陶瓷振荡器，只采用片内振荡器就可以实现自同步，从而降低了硬件成本。

（5）几乎所有的 MCU 均具备 LIN 总线所需硬件，且实现费用较低。

（6）网络通信具有可预期性，信号传播时间可预先计算。

（7）通过主机节点可将 LIN 总线与上层网络（CAN）相连接，实现 LIN 总线的子总线辅助通信功能，从而优化网络结构，提高网络效率和可靠性。

（8）总线通信距离最大不超过 40m。

3. LIN 总线在汽车上的应用

由于一个 LIN 总线通常由一个主节点、一个或多个从节点组成，所以 LIN 总线为主从式控制结构。各个 LIN 总线主节点是车身低速 CAN 总线上的节点，通过低速 CAN 总线连接成为车身低速 CAN 总线网络，并起到 CAN/LIN 网关的作用。引入带 CAN/LIN 网关的混合网络有效地降低了主干网的总线负载率。LIN 总线主要应用于车窗、门锁、开关面板、后视镜等。LIN 总线将模拟信号用数字信号代替，实现对汽车低速网络的需求，结构简单、维修方便。

图 4-8 所示为 LIN 总线在车门控制模块中的应用。

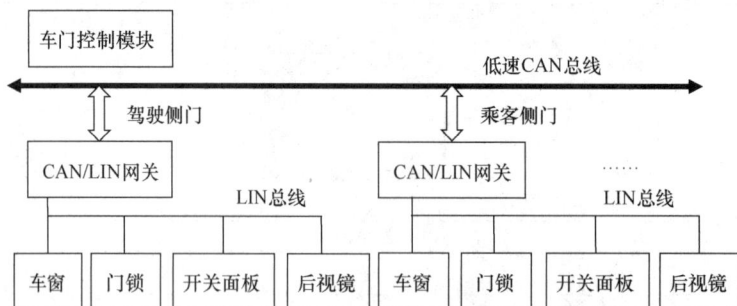

图 4-8　LIN 总线在车门控制模块中的应用

4.2.3　FlexRay 总线网络

1. FlexRay 总线的定义

FlexRay 总线是一种用于汽车的高速可确定性的、具备故障容错的总线。汽车中的控制器、传感器和执行器之间的数据交换主要是通过 CAN 总线网络进行的。然而新的线控技术系统设计思想的出现，导致车辆系统对信息传送速度尤其是故障容错与时间确定性的需求不断增加。FlexRay 通过在确定的时间槽中传送信息，以及在两个通道上的故障容错和冗余信息的传送，可以满足这些新增加的需求。

2. FlexRay 总线网络的特点

FlexRay 总线网络具有以下特点。

（1）数据传输速率高。FlexRay 总线网络最大传输速率可达到 10Mbit/s，双通道总数据传输速率可达到 20Mbit/s。因此，应用在车载网络上，FlexRay 总线网络的网络带宽可以是 CAN 总线网络的 20 倍。

（2）可靠性好。FlexRay 总线网络能够提供很多 CAN 总线网络所不具有的可靠性特点，尤其是 FlexRay 总线网络具备的冗余通信能力。具有冗余通信能力的 FlexRay 总线网络使用两个相互独立的信道，每个信道都由一组双线导线组成。一个信道失灵时，该信道应传输的信息可在另一条没有发生故障的信道上传输。此外，总线监护器的存在进一步提高了通信的可靠性。

（3）确定性。FlexRay 总线网络是一种时间触发式总线系统，它也可以通过事件触发方式进行部分数据传输。在时间控制区域内，时隙分配确定的信息。一个时隙指一个规定的时间段，该时间段对特定信息开放。对时间要求不高的其他信息则在事件控制区域内传输。确定性数据传输用于确保时间触发区域内的每条信息都能实现实时传输，即每条信息都能在规定时间内进行传输。

（4）灵活性。灵活性是 FlexRay 总线网络的突出特点，反映在以下方面：支持多种方式的网络拓扑结构，包括主动星型拓扑结构、混合型拓扑结构、总线型拓扑结构、网状拓扑结构等；信息长度可配置，可根据实际控制应用需求，为其设定相应的数据载荷长度；双通道拓扑既可用于增加带宽，也可用于传输冗余的信息；周期内静态、动态信息传输部分的时间都可随具体应用而改变。

为了满足不同的通信需求，FlexRay 总线网络在每个通信周期内都提供静态和动态通信段。静态通信段可以提供有界延迟，而动态通信段则有助于满足在系统运行时间内出现的不同带宽需求。FlexRay 总线网络帧的固定长度静态通信段用固定时间触发的方法来传输信息，而动态通信段则使用灵活时间触发的方法来传输信息。

3. FlexRay 总线在汽车上的应用

FlexRay 总线具有速度快、效率高、容错性强等特点，可用于汽车动力和底盘系统的数据传输。

（1）替代 CAN 总线。在数据传输速率要求超过 CAN 总线的应用会采用两条或多条 CAN 总线来实现，FlexRay 总线将是替代这种多总线解决方案的理想技术。

（2）用作"数据主干网"。FlexRay 总线具有很高的数据传输速率，且支持多种拓扑结构，非常适用于车辆主干网络，用于连接多个独立网络。

（3）用于分布式测控系统。分布式测控系统用户要求确切知道消息到达时间，且消息周期偏差非常小，这使得 FlexRay 总线成为首选技术，如动力系统、底盘系统的一体化控制。

（4）用于高安全性要求的系统。FlexRay 总线本身不能确保系统安全，但它具备大量功能以支持面向安全的系统设计。

图 4-9 所示是奥迪 A8 中的 FlexRay 总线拓扑结构。奥迪 A8 使用 FlexRay 总线可以实现驾驶动态控制、车距控制、自适应巡航控制和图像处理等功能。

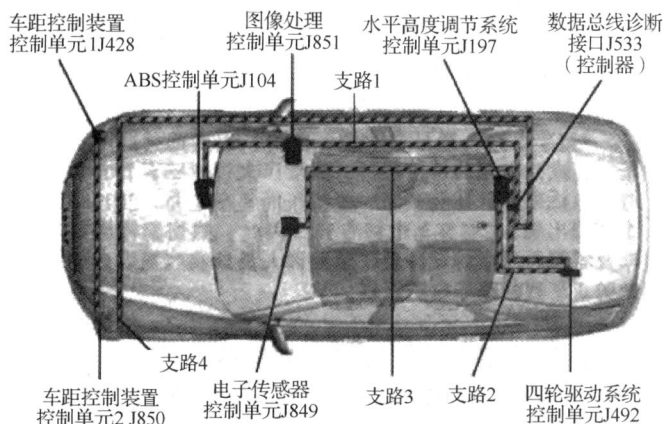

图 4-9　奥迪 A8 中的 FlexRay 总线拓扑结构

奥迪 A8 的 FlexRay 总线拓扑结构可以分为点对点连接的主动星形拓扑结构（支路 3）和总线型拓扑结构（支路 1、2 和 4）。数据总线诊断接口 J533 用作控制器，上面有 4 个支路接口。其他总线用户围绕着数据总线诊断接口 J533 分布在若干支路上。每条支路上最多连接 2 个控制单元，其中主动星形连接器以及支路上的末端控制单元始终接低电阻（内电阻较低），而中间控制单元则始终接高电阻（内电阻较高）。

冷态启动和同步控制单元包括数据总线诊断接口 J533、ABS 控制单元 J104、电子传感器控制单元 J849。非冷态启动控制单元包括车距控制装置控制单元 1J428、车距控制装置控制单元 2 J850、图像处理控制单元 J851、四轮驱动系统控制单元 J492、水平高度调节系统控制单元 J197。

4.2.4　MOST 总线网络

1.　MOST 总线的定义

MOST 总线是使用光纤或双绞线作为传输介质的环形网络，可以同时传输音/视频流数据、异步数据和控制数据，支持高达 150Mbit/s 的传输速率。

MOST 总线标准已经发展到第 3 代。MOST25 是第 1 代总线标准，最高可支持 24.6Mbit/s 的传输速率，以塑料光纤作为传输介质；第 2 代总线标准 MOST50 的传输速率是 MOST25 的两倍，除了采用塑料光纤作为传输介质，还可采用非屏蔽双绞线作为传输介质；第 3 代总线标准 MOST150，不仅最高可支持 147.5Mbit/s 的传输速率，还解决了与以太网的连接等问题，MOST150 将成为 MOST 总线技术发展的趋势。

2.　MOST 总线网络的特点

MOST 总线网络具有以下特点。

（1）在保证低成本的条件下，最高可以达到 147.5Mbit/s 的数据传输速率。

（2）无论是否有主控计算机都可以工作。

（3）支持声音和压缩图像的实时处理。

（4）支持数据的同步和异步传输。

（5）发送/接收器嵌有虚拟网络管理系统。

（6）支持多种网络连接方式，提供 MOST 设备标准，方便、简洁地应用系统界面。

（7）通过采用 MOST 总线，不仅可以减轻连接各部件线束的质量、降低噪声，而且可以减轻系统开发技术人员的负担，最终在用户处实现各种设备的集中控制。

（8）光纤网络不会受到电磁辐射干扰与搭铁环的影响。

3.　MOST 总线在汽车上的应用

MOST 总线可以实现实时传输声音和视频，满足高端汽车娱乐装置的需求，主要用于车载电视、车载电话、车载 CD、车载互联网、DVD 导航等系统的控制，也可以用在车载摄像头等行车系统中。

MOST 总线在别克通用车型上的应用如图 4-10 所示。

4 种常用总线网络传输速率与成本的比较如图 4-11 所示。

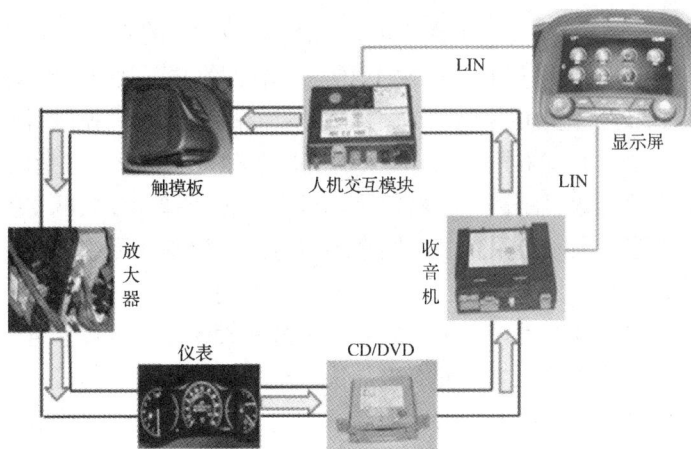

图 4-10 MOST 总线在别克通用车型上的应用

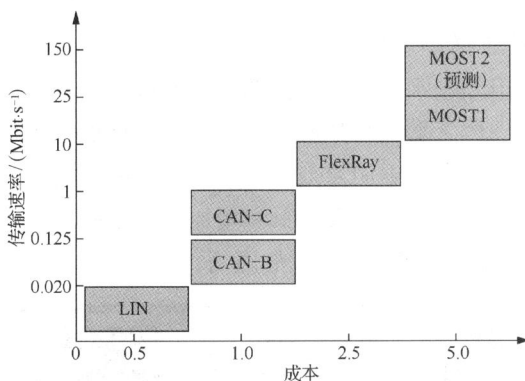

图 4-11 4 种常用总线网络传输速率与成本的比较

4.2.5 以太网

1. 以太网的定义

以太网（Ethernet）是由美国施乐（Xerox）公司创建，并由施乐、英特尔和数字设备（DEC）公司联合开发的基带局域网规范，是当今现有局域网采用的通用通信协议标准。以太网包括标准以太网（10Mbit/s）、快速以太网（100Mbit/s）、千兆以太网（1 000Mbit/s）和万兆以太网（10Gbit/s）。

2. 以太网的特点

以太网具有以下特点。

（1）数据传输速率高。现在以太网的最大传输速率能达到 10Gbit/s，并且还在提高，比任何一种现场总线都快。

（2）应用广泛。基于 TCP/IP 的以太网是一种标准的开放式网络，不同厂商的设备很容易互联。这种特性非常适用于解决不同厂商设备的兼容和互操作问题。以太网是目前应用最广泛的局域网技术之一，遵循国际标准规范 IEEE 802.3，受到广泛的技术支持。几乎所有的编程语言都支持以太网的应用开发，如 Java、C++、Visual Basic 等。

（3）容易与信息网络集成，有利于资源共享。由于具有相同的通信协议，以太网能实现与互联网的无缝连接，方便车辆网络与地面网络的通信。车辆网络与互联网的接入极大地解除了为获取车辆信息而带来的地理位置上的束缚。这一性能是目前其他任何一种现场总线都无法比拟的。

（4）支持多种传输介质和拓扑结构。以太网支持多种传输介质，包括同轴电缆、双绞线、光缆等，使用户可根据带宽、距离、价格等因素进行多种选择。以太网支持总线型和星形等拓扑结构，可扩展性强，同时可采用多种冗余连接方式，以提高网络的性能。

（5）软硬件资源丰富。由于以太网已应用多年，人们对以太网的设计、应用等方面有很多的经验，对其技术也十分熟悉。大量的软硬件资源和设计经验可以显著降低系统的开发成本，从而显著降低系统的整体成本，并大大加快系统的开发和推广速度。

（6）可持续发展潜力大。由于以太网的广泛应用，它的发展一直受到广泛的重视和得到大量的技术投入。车载网络采用以太网，可以避免其发展游离计算机网络技术的发展主流，从而使车载网络与信息网络技术互相促进、共同发展。

3. 以太网在汽车上的应用

以太网在汽车上的应用才刚刚开始，它优越的性能就得到了汽车业界的重视，有望成为重要的车载网络。随着先进传感器、高分辨率显示器、车载摄像头、ADAS 及其数据传输和控件的加入，汽车电子产品正变得更加复杂。采用标准的以太网协议将这些设备连接起来，可以帮助简化布线，节约成本，减少线束质量和增加行驶里程。

图 4-12 所示为以太网在智能网联汽车上的应用。

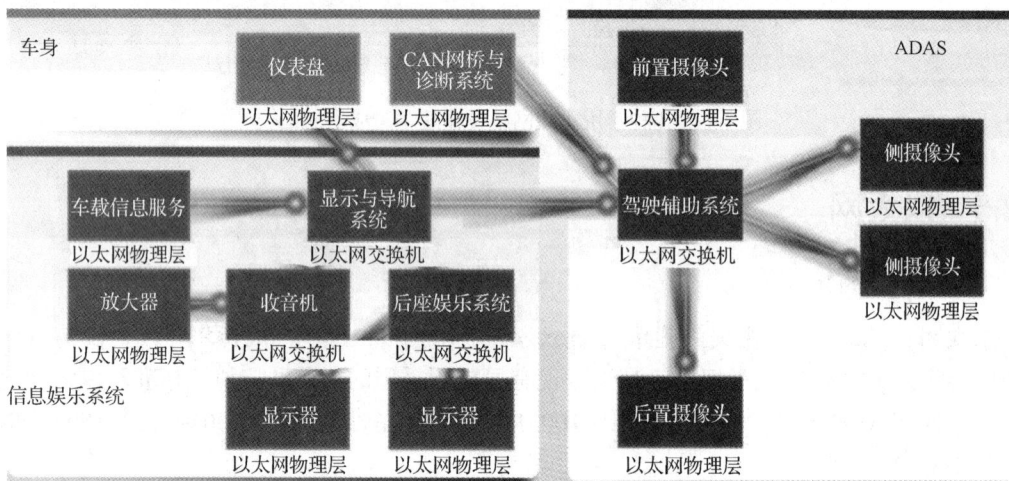

图 4-12　以太网在智能网联汽车上的应用

4.3　车载自组织网络

无线自组织网络是一种不同于传统无线通信网络的技术，它是由一组具有无线通信能力的移动终端节点组成的、具有任意和临时性网络拓扑的动态自组织网络系统。其中每个终端节点既可作为主机使用，也可作为路由器使用。作为主机，终端节点具有运行各种面向用户的应用程序的能力；作为路由器，终端节点可以运行相应的路由协议，根据路由策略和路由表完成数据的分组转发和路由维护工作。

4.3.1　车载自组织网络的定义

车载自组织网络是一种自组织、结构开放的车辆间通信网络，能够提供 V2V 通信、V2I 通信以及 V2P 通信，通过结合 GPS 及无线通信技术，如无线局域网、蜂窝网络等，可为处于高速移动状态的车辆提供高速率的数据接入服务，并支持车辆之间的信息交互，已成为保障车辆行驶安全，提供高速数据通信、智能交通管理及车载娱乐的有效技术，如图 4-13 所示。车载自组织网络是智能交通系统未来发展的通信基础，也是智能网联汽车安全行驶的保障。

图 4-13　车载自组织网络 2

4.3.2　车载自组织网络结构的类型

车载自组织网络结构主要分为 3 种，即 V2V 通信、V2I 通信、V2P 通信，如图 4-14 所示。V2V 通信通过 GPS/BDS 辅助建立无线多跳连接，从而能够进行暂时的数据通信，提供行车信息、行车安全等服务；V2I 通信能够通过接入互联网获得更丰富的信息与服务；V2P 通信的研究刚刚起步，目前主要通过智能手机中的特种芯片提供行人和交通状况，以后会有更多通信方式。

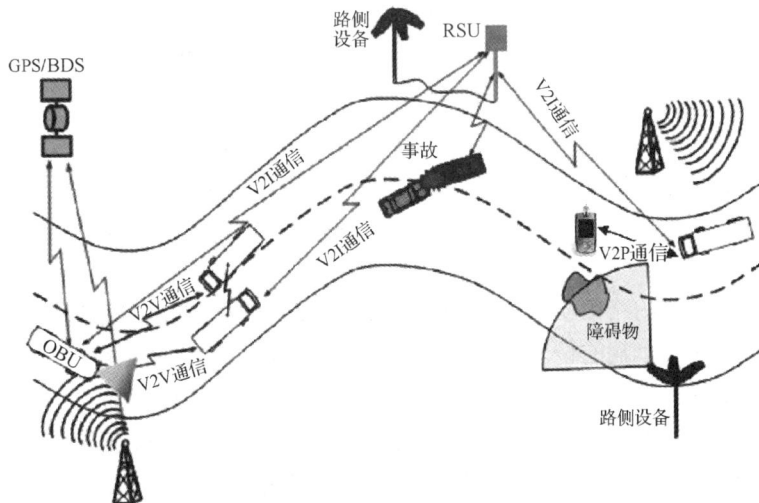

图 4-14　车载自组织网络结构

根据车辆间通信是否需要借助 RSU，可以将车载自组织网络的通信模式分为车间自组织型、无线局域网/蜂窝网络型和混合型。

（1）车间自组织型。在这种通信模式下，车辆之间形成自组织网络，不需借助 RSU。这种通信模式也称为 V2V 通信模式，是传统移动自组织网络的通信模式。

（2）无线局域网/蜂窝网络型。在这种通信模式下，车辆间不能直接通信，必须通过接入 RSU 才能互相通信。这种通信模式也称为 V2I 通信模式。相比车间自组织型，其 RSU 建设成本较高。

（3）混合型。混合型是前两种通信模式的混合模式，车辆可以根据实际情况选择不同的通信模式。

4.3.3 车载自组织网络的路由协议类型

路由协议是一种指定数据包转送方式的网上协议。

车载自组织网络路由协议有很多种，图 4-15 所示是一种车载自组织网络路由协议。

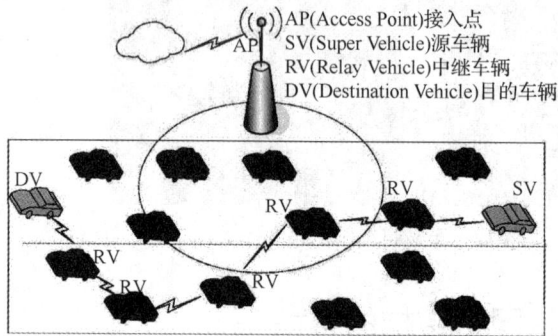

图 4-15 一种车载自组织网络路由协议

车载自组织网络路由协议根据接收数据包的节点数量可分为单播路由、广播路由和多播路由。

（1）单播路由。单播路由是指数据包源节点向网络中的一个节点转发数据。

（2）广播路由。广播路由是指数据包源节点向网络中的所有其他节点转发数据。

（3）多播路由。多播路由是指数据包源节点向网络中的多个节点转发数据。

车载自组织网络路由协议还可以分为基于拓扑结构的路由协议、基于地理位置的路由协议、基于移动预测的路由协议、基于 RSU 的路由协议和基于概率的路由协议等。

（1）基于拓扑结构的路由协议。初期的车载自组织网络基本上采用基于拓扑结构的路由协议，网络中的节点通过周期性广播路由信息得到其他节点的位置信息，从而选择下一跳进行数据包转发。

（2）基于地理位置的路由协议。基于地理位置的路由协议通过位置服务方式实时、准确地获取自身车辆和目的车辆的位置信息，同时通过路由广播的方式获得广播范围内邻居节点的位置信息，根据分组转发策略择优选择下一跳进行数据包转发。

（3）基于移动预测的路由协议。由于节点的移动性，通过节点速度、加速度、距离和时间等参数，预测通信链路的生命周期，即可预测该路由路径的有效期。

（4）基于 RSU 的路由协议。借助于道路的 RSU，可以解决车辆在稀疏情况下导致节点链路中断的问题。RSU 为路边可靠的固定节点，具有高带宽、低误码率和低时延传输特点，并作为主干链路，当车辆出现链路中断时，RSU 将采用存储转发策略来发送数据包。

（5）基于概率的路由协议。用概率描述车辆在某一段时间内该链路还未断开或存在的可能性。在该路由协议中，需要建立相关的模型，并且这些模型的建立是基于某些网络特性的，这样才能统计相关变量的分布信息。

4.3.4　车载自组织网络的特点

车载自组织网络的特点主要包括节点速度、运动模式、节点密度、节点异构性和可预测的运动性等。

1. 节点速度

在移动的车载自组织网络中，十分重要的特征就是节点速度。车辆和道路两侧的 RSU 都可能成为节点。节点的可能速度为 0～200km/h。对于静态的 RSU 或车辆处于堵车路段时，其车速为 0。在高速公路上，车辆的最高速度可能会达到 200km/h 左右。这两种极端情况给车载自组织网络中的通信系统带来了特殊的挑战。当节点速度非常高时，由于几百米的通信半径相对较小，会造成共同的无线通信窗口非常短暂。例如，如果两辆车以 90km/h 的速度朝相反的方向行驶，假定理论上无线通信范围为 300m，通信就只能持续 12s。不过，同向行驶的车辆，如果相对速度较小或中等，则这些同向行驶车辆间的拓扑变化相对较少。如果同向行驶车辆的相对速度很大，那么收发机就要考虑诸如多普勒效应等物理现象。链路层难以预测连接的中断，容易导致频繁的链路故障。对于路由或多跳信息传播，车辆间短暂的相遇以及一般的车辆运动会导致拓扑高度不稳定，使得基于拓扑结构的路由协议在实际中毫无用处。节点速度很大时对应用程序的影响也很大，比如由于速度太快，导致即时环境变化太快，使得对环境感知的应用也变得困难。在另外一个极端情况下，即节点几乎不移动，网络拓扑相对稳定。然而，车辆的缓慢移动意味着车辆密度很大，这会导致高干扰、介质接入等诸多问题。

2. 运动模式

车辆是在预定义的道路上行驶的，一般情况下有两个行驶方向（前向和侧向）。只有在十字路口时，车辆的行驶方向才具有不确定性。道路可分为高密度城市道路、高速公路和乡村道路 3 种类型。

（1）高密度城市道路。在城市中，道路密度相对较高，有大街也有小巷，许多十字路口将道路分割成段，道路两边的建筑物也会影响到无线通信。在高密度城市道路上，车辆的运动速度较慢。

（2）高速公路。高速公路一般是多车道的，路段很长，并且存在出口和匝道。在高速公路上，车辆的运动速度较快，行驶方向能够较长时间保持不变。

（3）乡村道路。乡村道路通常很长，十字路口比城市环境要少得多。在这种环境下，由于路面车辆过少，一般很难形成联通的网络。乡村道路的方向变化频率明显高于高速公路的。

这些道路类型及车辆在该道路上的行驶特点带来了很多挑战，尤其是路由问题。高密度城市道路下，交通流无序，与此相反，高速公路上的车流却形成了另外一个极端，几乎整个运动都处于一维情况。

3. 节点密度

节点密度是节点速度和运动模式之外的车载自组织网络节点移动性的第三个关键特点。在共同的无线通信范围内，可能存在 0 到几十甚至上百辆的汽车。假设在某四车道的高速公路上遇到交通堵塞，并且每 20m 存在一辆装备汽车，通信半径假定为 300m，则在理论上其通信范围内有 120 辆汽车。当节点密度非常小时，几乎不可能完成瞬时消息转发。在这种情况下，需要更复杂的消息传播机制，可以先存储消息，并在车辆相遇时转发消息。这样可能导致一些消息被同一车辆重复多次。当节点密度很大时，情况则不同，消息只可能被选定的节点重复，否则会导致重载信道。

节点密度与时间也相关。在白天，高速公路和高密度城市道路中节点密度较高，足以实现瞬时消息转发，有足够的时间使路由处理分段网络。但在夜间，无论哪种类型的道路，车辆都很少。

4. 节点异构性

在车载自组织网络中，节点有许多种类。首先是车辆和 RSU 的区别。车辆可以进一步分为城市公交、私家车、出租车、救护车、道路建设和维修车辆等，并不是每辆车都要安装所有的应用。例如，救护车需要安装能够在其行驶路线上发出警告的应用。对于 RSU 也类似，基于自身的能力，RSU 可以简单地向网络发送数据，或拥有自组织网络的完整功能。此外，RSU 可以提供对背景网络的访问，如向交通管理中心报告道路状况。RSU 与车辆不同，其性能较强。对于各种应用，RSU 不像车辆那样拥有相同的传感器，也不处理传递给驾驶员的消息，或对车辆采取措施。RSU 是静态的，与个人或公司无关，不需要太多的信息保护。

5. 可预测的运动性

尽管车辆的运行规律比较复杂，但车辆的运动趋势在一定程度上仍然是可以预测的。在高速公路下，根据车辆所处的车道、实时的道路状况以及车辆自身的速度和方向，就可以推测车辆在随后短时间内的运动趋势。在高密度城市道路中，不同类型的车辆具有不同的运动趋势。公交车的行驶速度缓慢且具有间隔性静止状态，因此根据公交车的速度大小和道路特点就可以推测出其短时间内的运动趋势。

4.3.5 车载自组织网络的应用场景

车载自组织网络的应用场景主要包括碰撞预警、避免交通拥堵、紧急制动警告、并线警告和交叉路口违规警告等。

1. 碰撞预警

如图 4-16 所示，车辆 0 与车辆 4 相撞，车辆 0 因此发送碰撞预警信息。车辆 1 能够通过直接连接，接收到碰撞预警信息，从而及时地制动，避免碰撞。但是，如果没有间接连接，就不能多跳转发信息，若车辆 2、车辆 3 与它们前方车辆的距离小于安全车距，则车辆 2 和车辆 3 不可避免地要发生碰撞。如果有间接连接，车辆 2 和车辆 3 也能接收到碰撞预警信息，则可以避免碰撞。

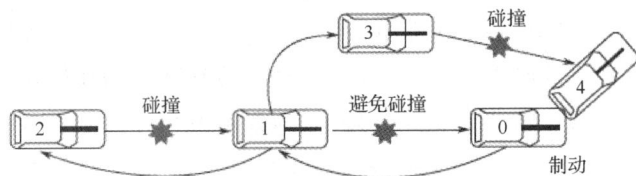

图 4-16　碰撞预警应用场景

2．避免交通拥堵

如图 4-17 所示，车辆 1 接收到了车辆 0 发送节点发送出的交通拥堵消息，然后车辆 1 存储该消息，直到车辆 2～车辆 5 能够与车辆 1 通信时，车辆 1 将消息转发给车辆 2～车辆 5，这样车辆 2～车辆 5 也同样知道了前方交通拥堵的情况，这些车辆可以选择辅助道路行驶，从而避免交通拥堵，节省时间。

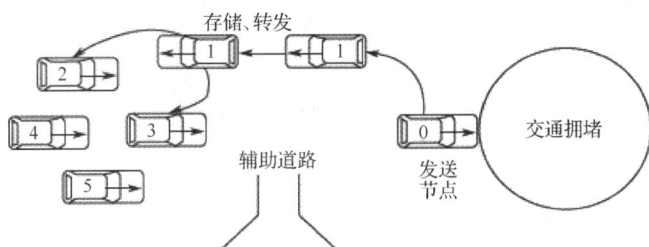

图 4-17　避免交通拥堵应用场景

3．紧急制动警告

如图 4-18 所示，当前方车辆紧急制动时，紧急制动警告（EBW）系统将会提醒驾驶员。当制动车辆被其他车辆遮挡而不能被本车辆觉察时，紧急制动警告系统将会起到关键作用。通过紧急制动警告系统开启车辆的后制动灯，紧急制动警告系统利用车载自组织网络系统的非视距特点来防止追尾事故发生。

图 4-18　紧急制动警告应用场景

4．并线警告

如图 4-19 所示，当车辆变道可能存在危险时，并线警告（LCW）系统将提醒有意变道的驾驶员。并线警告系统使用 V2V 通信和周边车辆的路径预测，利用链路的通信范围来预测驾驶员完成变道可能产生的碰撞。路径预测用于确定 3～5s 内驾驶员要到达的车道是否被占用。如果该车道已被占用，则并线警告系统将会提醒驾驶员存在潜在的危险。

图 4-19　并线警告应用场景

5. 交叉路口违规警告

如图 4-20 所示，当驾驶员即将闯红灯时，交叉路口违规警告（IVW）系统会对其发出警告。交叉路口违规警告系统使用 V2I 通信方式，主车辆进行预测，其通信链路的主要优势是能获取动态信息，如红绿灯阶段和红绿灯时间。部署了交通信号灯控制器的 RSU 会广播交通信号灯信息，包括位置、红绿灯阶段、红绿灯时间、交叉路口几何形状等。靠近交叉路口的车辆将车辆的预期路径与交通信号灯信息进行比较，以确定是否会发生交通信号违规。如果车辆将要发生违规行为，则交叉路口违规警告系统将提醒驾驶员，同时车辆也会发送消息至周围车辆，以表明警告已经发出。

交叉路口违规警告
应用场景（彩图）

图 4-20　交叉路口违规警告应用场景

随着车载自组织网络技术的发展，其应用范围越来越广泛，主要涉及安全、驾驶、公共服务、商用、娱乐等领域。

4.4　车载移动互联网

4.4.1　移动互联网的定义

移动互联网是以移动网络作为接入网络的互联网及服务，包括移动终端、移动网络和应用服务 3 个要素。移动互联网包含两方面的含义：一方面，移动互联网是移动通信网络与互联网的融合，用户以移动终端接入无线移动通信网络、无线城域网、无线局域网等方式访问互联网；另一方面，移动互联网还产生了大量新型的应用，这些应用与终端的可移动、可定位和可随身携带等特性相结合，为用户提供个性化的、位置相关的服务。

图 4-21 所示为移动互联网结构。

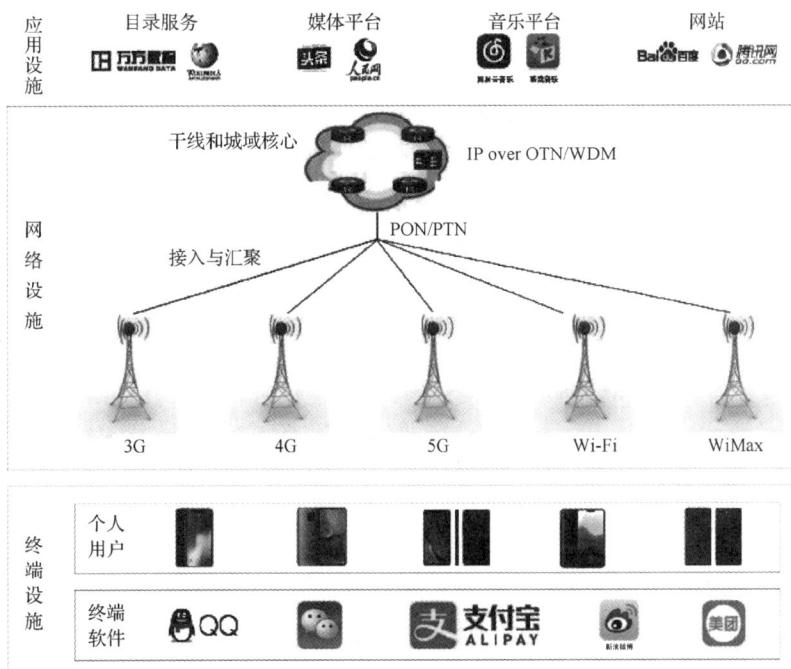

图 4-21　移动互联网结构

4.4.2　移动互联网的特点

移动互联网具有以下特点。

（1）终端移动性。移动互联网业务使得用户可以在移动状态下接入和使用互联网服务，移动终端便于用户随身携带和随时使用。

（2）业务及时性。用户使用移动互联网能够随时随地获取自身或其他终端的信息，及时获取所需的服务和数据。

（3）服务便利性。由于移动终端的限制，移动互联网服务要求操作简便、响应时间短。

（4）终端/网络/业务的强关联性。实现移动互联网服务需要同时具备移动终端、接入网络和运营商提供的业务3项基本条件。

（5）网络和终端的局限性。移动互联网业务在便携的同时，也受到了来自网络能力和终端能力的限制。在网络能力方面，受无线网络传输环境、技术能力等因素限制；在终端能力方面，受终端大小、处理能力、电池容量等因素限制。

4.4.3 移动互联网的接入方式

移动互联网的接入方式主要有卫星通信网络、无线城域网（WMAN）、无线局域网（WLAN）、无线个域网（WPAN）和蜂窝网络（4G/5G网络）等。

1. 卫星通信网络

卫星通信网络如图4-22所示。它的优点是通信区域大、距离远、频段宽、容量大；可靠性高、质量好、噪声小、可移动性强、不容易受自然灾害影响。它的缺点是存在传输时延大、回声大、费用高等问题。

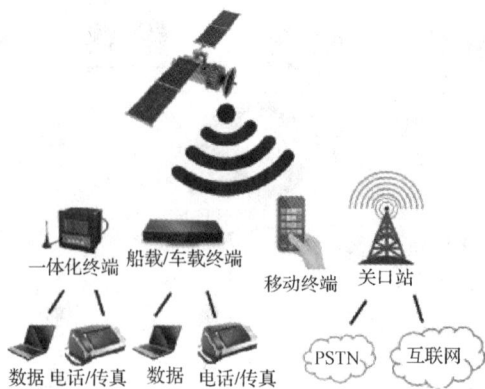

图4-22 卫星通信网络

2. 无线城域网

无线城域网如图4-23所示，它以微波等无线传输为介质，提供同城数据高速传输、多媒体通信业务和互联网接入服务等。它具有传输距离远、覆盖面积大、接入速度快、高效、灵活、经济、QoS机制较为完备等优点；缺点是暂不支持用户在移动过程中实现无缝切换，性能与4G的主流标准存在差距。

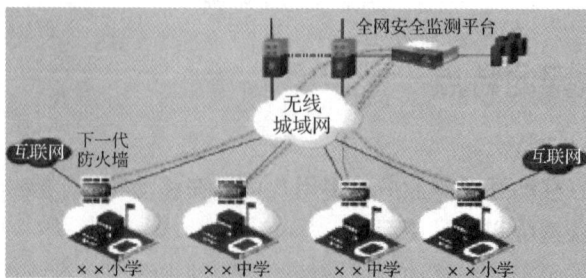

图4-23 无线城域网

3. 无线局域网

无线局域网如图 4-24 所示，它是指以无线或无线与有线相结合的方式构成的局域网，如 Wi-Fi。无线局域网具有布网便捷、可操作性强、网络易于扩展等优点；缺点是性能、速率和安全性等存在不足。

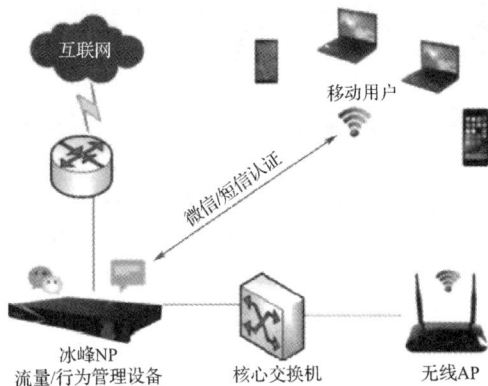

图 4-24　无线局域网

4. 无线个域网

无线个域网如图 4-25 所示，它是采用红外、蓝牙等技术构成的覆盖范围更小的局域网。目前，无线个域网采用的技术有蓝牙、ZigBee、UWB、60GHz、IrDA、RFID、NFC 等，具有低功耗、低成本、体积小等优点，缺点主要是覆盖范围小。

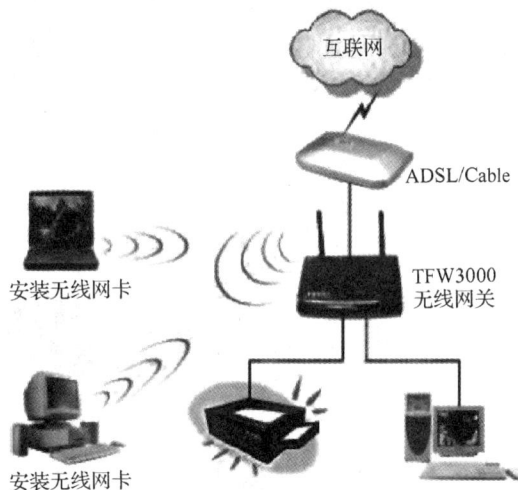

图 4-25　无线个域网

5. 蜂窝网络

蜂窝网络也称为移动网络，如图 4-26 所示。蜂窝移动通信系统由移动站、基站子系统、网络子系统等组成，采用蜂窝网络（4G/5G 网络）作为无线组网方式，通过无线信道将移动终端和网络设备进行连接。其中宏蜂窝、微蜂窝是蜂窝移动通信系统应用较多的蜂窝技术。蜂窝网络主要缺点是成本高、带宽低。

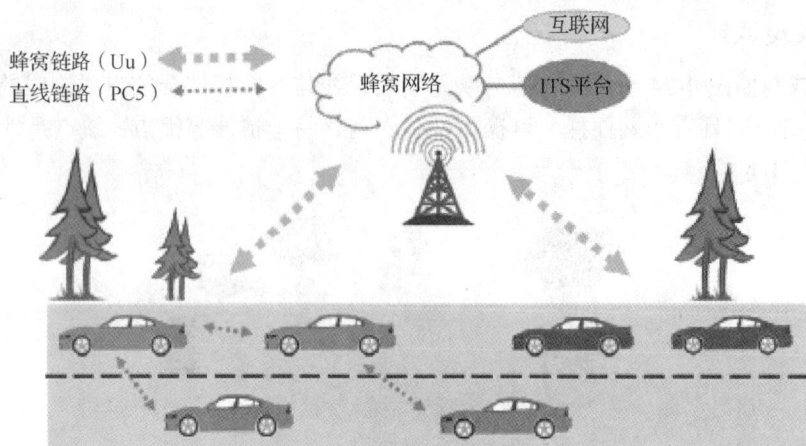

图 4-26 蜂窝网络

网络技术的发展为用户提供了多种不同的无线接入方式，包括以太网、通用分组无线业务（GPRS）网络、4G/5G 网络、Wi-Fi 以及无线个域网等。异构网络的多接口接入，需要消除多种网络接入方式带来的潜在冲突，屏蔽多接口带来的操作复杂性。

4.4.4 车载移动互联网

1. 车载移动互联网的组成

车载移动互联网是以车辆为移动终端，通过远距离无线通信技术构建的车辆与互联网之间的网络，实现车辆与服务信息在车载移动互联网上的传输。

车载移动互联网的组成如图 4-27 所示，它先通过短距离无线通信技术在车内建立无线个域网或无线局域网，再通过 4G/5G 网络与互联网连接。业务提供平台通过车载移动互联网为驾乘人提供各种服务。

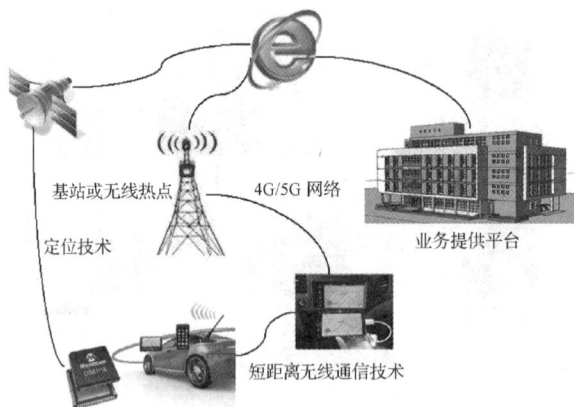

图 4-27 车载移动互联网的组成

2. 车载移动互联网的应用

车载移动互联网的典型应用就是车联网。

车联网是指利用物联网、无线通信、卫星定位、云计算、语音识别等技术建立的一个全面覆盖市民、车辆、交通基础设施、交通管理者、交通服务商等的快速通信网络，可实现智能信号控制、实时交通诱导、交通秩序管理、交通信息服务等一系列交通管理与服务应用，最终达到交通安全、行车高效、驾驶舒适、节能环保等目标，如图 4-28 所示。

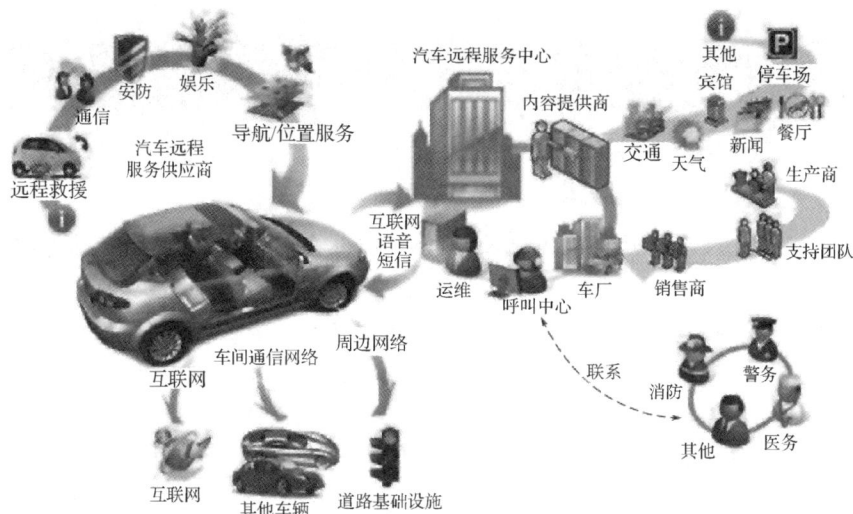

图 4-28　车联网

车联网主要面向道路交通，为交通管理者提供决策支持，为车辆与车辆、车辆与道路提供协同控制，为交通参与者提供信息服务，更多表现在汽车基于现实中的场景应用，主要涉及安全类、驾驶类、娱乐类和服务类的应用，如图 4-29 所示。

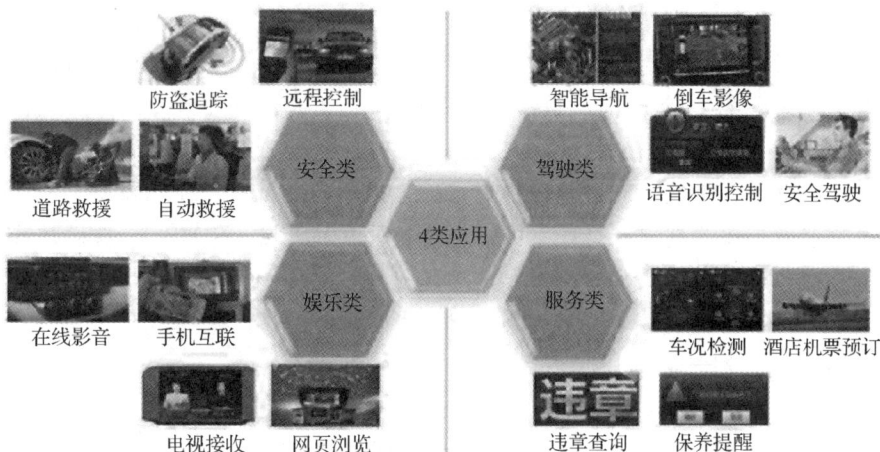

图 4-29　车联网的应用

智能网联汽车是智能汽车与车联网交集的产品。智能网联汽车是车联网的重要组成部分，智能网联汽车的技术进步和产业发展有利于支撑车联网的发展。车联网是智能网联汽车的重要载体，只有充分利用互联技术才能保障智能网联汽车真正拥有充分的智能和互联。智能网联汽车的聚焦点是车辆，发展方向是自动驾驶，发展重点是提高汽车行驶安全性；车联网的聚焦点是建立比较大的交通体系，发展重点是给交通参与者提供信息服务，终极目标是智能交通系统。

智能网联汽车通过车载移动互联网，可以实现导航及位置服务、实时交通信息服务、网络信息服务、汽车使用服务、汽车出行服务、商务办公服务等。汽车与互联网互联，赋予了汽车连接真实世界的能力。

【扩展阅读】

汽车远程升级技术 OTA

随着 ADAS 的发展和自动驾驶的引入，汽车变得越来越智能。这些智能汽车被软件控制，装有大量的软件，当软件出现问题或者需要更新软件时，如果按照传统的解决方式，将是一项很繁重的任务。以某车上市后出现的刹车逻辑问题为例，按照传统的解决方法，所有车辆应先被召回，然后派人更新软件。这样，一方面影响用户体验和满意度，另一方面又要耗费大量的人力、物力来修复问题。为了解决传统方式的痛点，使得软件更新更迅速，一种远程升级软件的技术 OTA 被引入汽车行业。OTA 是指通过移动通信网络（4G/5G 或 Wi-Fi）对汽车的零部件终端上固件、数据及应用进行远程管理的技术。简单来说，OTA 技术实现分 3 步：首先将更新软件上传到 OTA 中心，然后 OTA 中心无线传输更新软件到车辆端，最后车辆端自动更新软件。

上述刹车逻辑问题的解决方式就变成了将待更新软件无线传输到车辆并自动完成更新，完美地解决了传统方式的痛点。显然由此可以看出 OTA 技术的优势：能有效提升用户体验与满意度；能大范围、大批量升级系统并提高升级成功率；能快速修复车辆故障；能有效降低售后维护成本。

随着汽车行业进入软件定义汽车的时代，对售后汽车售卖各种各样功能的新商业模式兴起，要求汽车必须具备 OTA 功能。OTA 分为两类。一类是固件在线升级（FOTA），是指在不改变车辆原有配件的前提下，通过写入新的固件程序，使拥有联网功能的设备升级，包括车辆的发动机、电机、变速器、底盘等控制系统，比如特斯拉曾通过 FOTA 新增自动驾驶功能、增加电池容量和改善刹车距离等。另一类是软件在线升级（SOTA），在操作系统的基础上对应用程序进行升级，是指那些离用户更近的应用程序，如 UI 和车载地图、人机交互界面等功能。

思考与讨论

1. OTA 技术对智能网联汽车有什么作用？
2. 分析 L2 级和 L4 级两种智能网联汽车的车载移动互联网的应用。

【项目实训】

智能网联汽车网络系统的认知

通过智能网联汽车网络系统的认知项目实训，填写项目实训工单，增强学生对智能网联汽车网络系统的认知。

项目实训工单

实训参考题目	智能网联汽车网络系统的认知		
实训实际题目	由指导教师根据实际条件和分组情况给出实训实际题目，包括实训车型、具体实训项目、实训内容等。实训项目可以是智能网联汽车车载网络、车载自组织网络、车载移动互联网等，重点是车载网络的认知。由于网络系统在实训车辆上很难看到，最好用专用网络系统实验台进行实训。根据分组情况可以分配不同的实训内容		
学生姓名	班级		学号
组长姓名	同组同学		
实训地点	学时		日期
实训目标	（1）能够依据实训实际题目和要求，独立完成实训前的各种准备。 （2）能够识别实训车辆的网络系统。 （3）能够根据实训规范，结合车辆手册，制订实训计划。 （4）能够在网上查找智能网联汽车网络系统资料。 （5）能够结合车辆手册和所学知识，对实训车辆的网络系统进行分析、讲解		

一、接受实训任务

　　小王同学在某汽车 4S 店实习，即将实习结束，要进行综合考核，考核分为实训和理论两部分，其中实训占 70%，理论占 30%（理论部分可参照知识巩固内容）。实训考核是小王同学模仿销售人员，完成实训任务。

　　某汽车 4S 店接受了一位客户的预约，据客户反映，目前智能网联汽车非常火爆，欲购买一辆智能网联汽车，希望销售人员对其网络系统给予详细讲解。汽车 4S 店委派实习生小王等同学，提前做好准备，负责接待，给客户全面介绍智能网联汽车网络系统知识，并促成销售成功，同时做好各项记录

二、实训任务准备（以下内容由实训学生填写）

（1）实训设备选择：□实训车辆　　□实训专用实验台　　□网上车辆

（2）实训目标是否完全理解：□完全理解　　□不完全理解

（3）实训任务是否完全理解：□完全理解　　□不完全理解

（4）实训车辆拟实训项目：＿＿＿＿＿＿＿＿＿＿＿＿＿＿＿＿

（5）实训车辆资料是否完整：□完整　　□不完整（原因：＿＿＿＿＿＿＿＿）

（6）网上智能网联汽车网络系统资料准备情况：□准备　　□没准备（原因：＿＿＿＿＿＿＿＿）

（7）智能网联汽车的网络系统知识熟悉情况：□熟悉　　□不熟悉

（8）本次实训所需要的 PPT 准备情况：□准备　　□没准备（原因：＿＿＿＿＿＿＿＿）

（9）本次实训所需要的辅助设备准备情况：□齐全　　□不齐全（原因：＿＿＿＿＿＿＿＿）

（10）本次实训所需时长约为＿＿＿＿＿＿＿＿＿＿＿＿＿

（11）实训完是否需要检验：□需要　　□不需要

（12）其他准备：＿＿

三、制订实训计划（以下内容由实训学生填写，指导教师审核）

（1）根据本次智能网联汽车网络系统的认知实训任务，完成物料的准备

完成本次实训需要的所有物料准备

序号	物料种类	物料名称范例	实际物料名称
1	实训设备	实训用智能网联汽车	
2	在网上查找的智能网联汽车资料	L1 级智能网联汽车	
		L2 级智能网联汽车	
		L3 级智能网联汽车	
		L4 级智能网联汽车	
3	相关资料	CAN 总线网络资料	
		LIN 总线网络资料	
		FlexRay 总线网络资料	
		MOST 总线网络资料	
		以太网资料	
4	辅助设备	投影仪、笔记本计算机	

（2）根据智能网联汽车网络系统的认知实训任务，制订操作流程

智能网联汽车网络系统的认知操作流程

序号	操作流程范例	实际操作流程
1	接受实训任务	
2	实训任务准备	
3	实训物料准备	
4	在实训车辆上查找车载网络系统配置	
5	在网上查找智能网联汽车网络系统配置	
6	制作讲授用的 PPT	
7	结合实训车辆和 PPT 讲解识别网络系统	
8	实训小组讨论	
9	实训质量检查	

（3）根据实训计划，完成小组成员任务分工

操作员（1 人）		客户（1 人）	
协作员（若干人）		记录员（1 人）	

　　操作员负责智能网联汽车网络系统的认知具体实训内容的操作；客户负责智能网联汽车网络系统的认知具体实训内容结果的验收；协作员负责协助操作员完成智能网联汽车网络系统的认知具体实训内容的操作；记录员做好智能网联汽车网络系统的认知具体实训内容的记录。

（4）指导教师对制订的实训计划进行审核

审核意见：

　　　　　　　　　　　　　年　　　月　　　日　　签字：

续表

四、实训计划实施（实施内容由指导教师填写。实施结果由实训学生填写）

（1）参考范例

实施步骤	实施内容	实施结果
1	准备好实训车辆	实训车辆放置在合适位置
2	准备好实训车辆手册	车辆手册放在操作员手中
3	查找实训车辆的车载网络	已找到
4	查找实训车辆的车载自组织网络	无
5	查找实训车辆的车载移动互联网	已找到
6	分析实训车辆发动机的传输网络	已分析
7	分析实训车辆仪表的传输网络	已分析
8	分析实训车辆门锁的传输网络	已分析
9	分析实训车辆网络系统的组成	已分析
10	分析实训车辆网络系统的应用	已分析
11	准备给客户讲解用的PPT（智能网联汽车网络系统，举例说明车载网络、车载自组织网络、车载移动互联网在智能网联汽车上的应用）	已准备
12	操作员给客户（小组其他成员）进行讲解	完成
13	实训完所有物品归位	完成

（2）实际案例

实施步骤	实施内容	实施结果
1		
2		
3		
4		
5		
6		
7		
8		
9		
10		
11		
12		
13		
14		
15		

五、实训小组讨论（以下内容由实训学生填写）

讨论题1：讨论实训车辆网络系统的组成。

讨论题2：讨论实训车辆网络系统的功能与特点。

讨论题3：讨论目前我国汽车市场上智能网联汽车网络系统的概况。

讨论题4：总结本次实训的优点和不足。

六、实训质量检查（以下内容由指导教师填写）

请实训指导教师检查本组实训结果，并针对实训过程中出现的问题提出建议

序号	评价标准	评价结果
1	实训任务是否完成	
2	实训操作是否规范	
3	实施记录是否完整	
4	实训结论是否正确	
5	实训小组讨论是否充分	
综合评价	□优　　□良　　□中　　□及格　　□不及格	
问题与建议	问题： 建议：	

续表

实训成绩单

项目	评分标准	分值	得分
接受实训任务	明确任务内容，理解任务在实际工作中的重要性	5	
实训任务准备	实训任务准备完整	5	
	掌握智能网联汽车网络系统的基本知识	5	
	能够识别智能网联汽车网络系统	5	
制订实训计划	物料准备齐全	5	
	操作流程合理	5	
	人员分工明确	5	
实训计划实施	实训计划实施步骤合理、记录详细	10	
	实施过程规范，没有出现错误	10	
	能够对实训车辆网络系统进行正确讲解	15	
	能够对实训得出正确结论	10	
实训小组讨论	实训小组讨论热烈	5	
	实训总结客观	5	
实训质量检查	学生实训任务完成，实训过程规范，实训记录完整，结论正确	10	
实训考核成绩			

【归纳与提高】

本项目主要介绍了智能网联汽车网络系统的类型与特点，车载网络的 CAN 总线网络、LIN 总线网络、FlexRay 总线网络、MOST 总线网络、以太网，车载自组织网络的定义、类型、路由协议类型、特点与应用场景，移动互联网的定义、特点、接入方式以及车载移动互联网等。通过对本项目的学习，学生可以较全面地掌握智能网联汽车网络系统的基本知识。通过项目实训和知识巩固，可以巩固学生所学习的知识，最终培养学生分析问题和解决问题的能力，以及识别与分析智能网联汽车网络系统的技能。

在 V2V 和 V2I 没有大量应用之前，学生更应该关注车载移动互联网，即车联网的应用。另外，网络与通信密不可分，应统筹考虑和分析。

【知识巩固】

一、名词解释

1. 车载网络

2．车载自组织网络

3．车载移动互联网

4．路由协议

5．蜂窝网络

二、填空题

1．智能网联汽车的网络系统是由_____、_____和_____融合而成的。

2．SAE 将车载网络划分为 5 种类型，分别为_____网络、_____网络、_____网络、_____网络和_____网络。

3．汽车 CAN 总线有两条：一条用于驱动系统的_____，传输速率达到_____；另一条用于车身系统的_____，传输速率为_____。

4．车载自组织网络路由协议根据接收数据包的节点数量可分为_____、_____和_____。

5．移动互联网的接入方式主要有_____、_____、_____、_____和_____等。

6．车载网络类型主要有_____、_____、_____、_____、_____。

7．车载自组织网络特点主要包括_____、_____、_____、_____、_____等。

8．车载自组织网络的应用场景主要包括_____、_____、_____、_____等。

9．车载移动互联网是以_____，通过_____构建的车辆与互联网之间的网络，实现车辆与服务信息在车载移动互联网上的传输。

10．车载自组织网络是基于短距离无线通信技术自主构建的_____、_____、_____之间的无线通信网络。

三、选择题

1．适合低速 CAN 总线连接的是（　　）。

    A．发动机

    B．自动变速器

    C．主动悬架控制

    D．电动车窗

2．适合高速 CAN 总线连接的是（　　）。

    A．发动机

    B．自动变速器

    C．主动悬架控制

    D．电动车窗

3．不适合 LIN 总线连接的是（　　）。

    A．自动门窗

    B．自动空调系统

    C．电动座椅

    D．电动助力转向系统

4．适合 FlexRay 总线连接的是（　　　）。

  A．车灯   B．喇叭

  C．自适应巡航控制系统   D．电动后视镜

5．适合 MOST 总线连接的是（　　　）。

  A．发动机   B．收音机

  C．车道保持辅助系统   D．电动座椅

6．适合以太网连接的是（　　　）。

  A．激光雷达   B．自动车门

  C．自动紧急制动系统   D．自动空调系统

7．不属于车载自组织网络通信的是（　　　）。

  A．V2V 通信   B．V2I 通信   C．V2P 通信   D．V2N 通信

8．属于车载移动互联网的是（　　　）。

  A．GPS   B．V2V   C．4G 网络   D．MOST

9．属于车载网络的是（　　　）。

  A．CAN   B．V2I   C．5G 网络   D．MOST

10．智能网联汽车网络系统具有（　　　）特点。

  A．复杂化   B．异构性   C．高速化   D．低时延

四、判断题

1．所有智能网联汽车的网络系统都是由车载网络、车载自组织网络和车载移动互联网融合而成的。（　　　）

2．所有智能网联汽车的车载网络都是基于 CAN、LIN、FlexRay、MOST、以太网等总线技术建立的标准化整车网络，实现车内各电器、电子单元间的状态信息和控制信号在车载网络上的传输，使车辆具有状态感知、故障诊断和智能控制等功能。（　　　）

3．目前市场上销售的智能网联汽车网络系统主要是车载网络，车载网络以 CAN 总线为主。（　　　）

4．无人驾驶汽车网络系统必须由车载网络、车载自组织网络和车载移动互联网融合而成。（　　　）

5．以太网在智能网联汽车上应用才刚刚开始，它优越的性能就得到了汽车业界的重视，有望成为智能网联汽车重要的车载网络。（　　　）

6．车载自组织网络结构主要分为 4 种，即 V2V 通信、V2I 通信、V2P 通信、V2N 通信。（　　　）

7．在移动的车载自组织网络中，十分重要的特征就是节点速度。车辆和道路两侧的 RSU 都可能成为节点。节点的可能速度为 0～200km/h。（　　　）

8．车载移动互联网的典型应用就是车联网，车联网主要涉及安全类、驾驶类、娱乐类和服务类的应用。（　　　）

9．车载自组织网络主要涉及安全类、驾驶类、娱乐类和服务类的应用。（　　　）

10．车载网络主要实现车内各电器、电子单元间的状态信息和控制信号在车载网络上的传输，使车辆具有状态感知、故障诊断和智能控制等功能。（　　　）

五、问答题

1．智能网联汽车网络系统具有哪些特点？

2．举例说明5种车载网络在智能网联汽车上的应用。

3．车载自组织网络的路由协议主要有哪些？

4．举例说明车载自组织网络在智能网联汽车上的应用。

5．举例说明车载移动互联网在智能网络汽车上的应用。

项目 5
智能网联汽车导航定位系统

智能网联汽车要实现无人驾驶，必须进行高精度定位，高精度定位已经成为智能网联汽车实现无人驾驶的关键支持基础技术。

【知识路径】

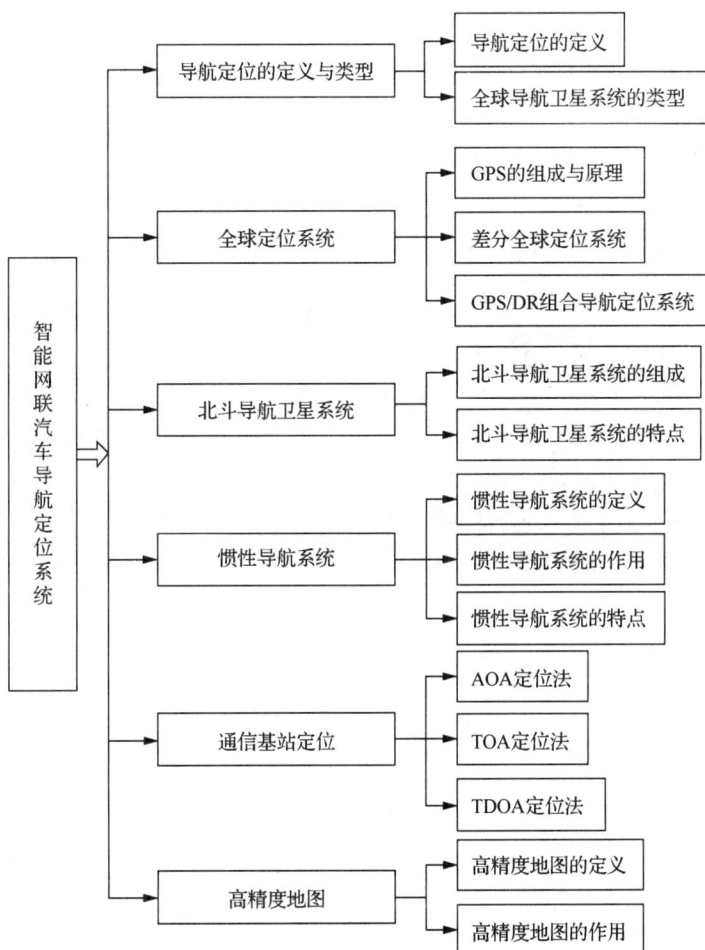

【学习目标】

知识目标

（1）掌握智能网联汽车导航定位的定义与全球导航卫星系统的类型。

（2）掌握全球定位系统、北斗导航卫星系统、惯性导航系统、通信基站定位、高精度地图的定义。

（3）了解全球定位系统、北斗导航卫星系统、惯性导航系统、通信基站定位、高精度地图在智能网联汽车中的应用等。

技能目标

（1）能够识别智能网联汽车导航定位系统。

（2）能够对智能网联汽车的全球定位系统、北斗导航卫星系统、惯性导航系统、通信基站定位、高精度地图进行判断。

素质目标

（1）培养敬业精神和服务意识。

（2）培养沟通、协调、合作的能力，逐步形成良好的心理素质。

【导入案例】

图 5-1 所示为无人驾驶汽车，车内的人员可以聊天、办公、购物、开会等，不需要监管汽车。这是未来人们的生活，无人驾驶汽车不仅仅是交通工具，更是人们生活、办公的场所，无人驾驶汽车将改变未来人类的生活方式。

图 5-1　无人驾驶汽车

智能网联汽车和无人驾驶汽车在行驶过程中是如何定位的？高精度地图有哪些作用？通过对本项目的学习，学生可以得到答案。

【知识探索】

5.1　导航定位的定义与类型

5.1.1　导航定位的定义

智能网联汽车或无人驾驶汽车的导航定位通过全球定位系统、北斗导航卫星系统、惯性导航系统、激光雷达等，获取车辆的位置和航向信息。

按照定位方式，导航定位可分为绝对定位、相对定位和组合定位。

（1）绝对定位。绝对定位指通过全球定位系统或北斗导航卫星系统实现，采用双天线，通过卫星获得车辆在地球上的绝对位置和航向信息。

（2）相对定位。相对定位指根据车辆的初始位姿，通过惯性导航系统获得车辆的加速度和角速度信息，将车辆的加速度和角速度对时间进行积分，得到相对初始位姿的当前位姿信息。

（3）组合定位。组合定位将绝对定位和相对定位进行结合，以弥补单一定位方式的不足。

智能网联汽车通过定位系统准确感知自身在全局环境中的位置，并与环境有机结合起来，再通过导航系统准确感知汽车所要行驶的方向和路径等信息，如图 5-2 所示。在实际应用中，通过信息融合技术实现定位与导航技术的组合，从而使环境信息与车辆信息融合成为一个整体。

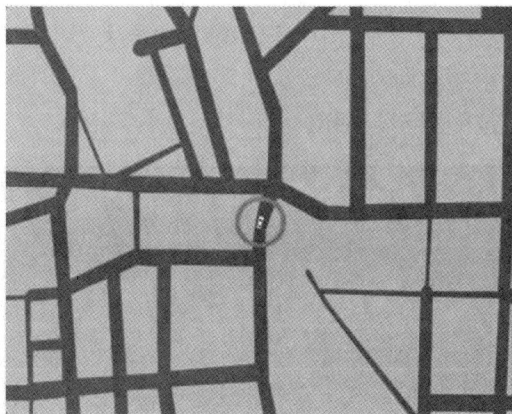

图 5-2　智能网联汽车的导航定位

现在大多数智能网联汽车处于 L1 级和 L2 级，仅需要实现普通的 ADAS 功能便已足够，这一阶段对于卫星定位的精度只需要导航级精度即可。

当智能网联汽车步入 L3 级甚至以上时，就要求在高速公路、停车场泊车等特殊场景中实现全自动驾驶，这需要高精度定位技术实现厘米级的定位，才能真正做到在高速公路上变道超车、上下匝道以及定点泊车等。

目前，智能网联汽车的定位技术主要有全球定位系统定位、差分全球定位系统定位、北斗导航卫星系统定位、惯性导航系统定位以及激光雷达定位等。

（1）全球定位系统定位。基于全球定位系统的定位方法是一种绝对位姿估计方法。该方法通过全球定位系统来进行车辆定位。基于全球定位系统的定位方法优点在于可全天候连续定位，且适用于全局定位；缺点在于受环境影响较大，高楼、树木、隧道等都会屏蔽全球定位系统信号，而且全球定位系统定位精度低，更新周期长，远不能满足自动驾驶的需求。

（2）差分全球定位系统定位。为了解决全球定位系统的问题，可以通过差分定位的方法来解决定位问题。其基本原理就是车辆在行驶过程中用全球定位系统作为基准，在全球定位系统更新的时候，通过差分辅助，完成车辆厘米级的精确定位。

差分全球定位系统定位如图 5-3 所示。

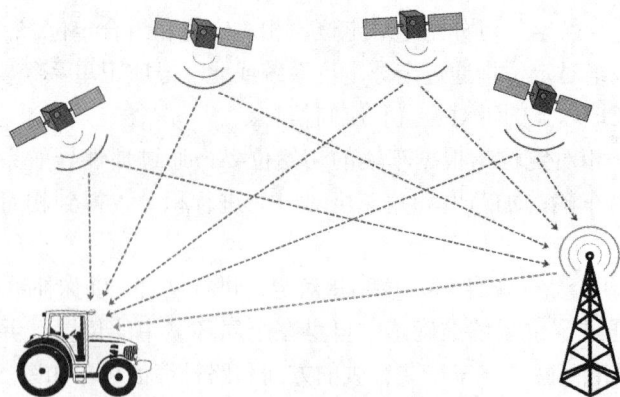

图 5-3　差分全球定位系统定位

（3）北斗导航卫星系统定位。北斗导航卫星系统目前在汽车领域还没有大面积推广应用，但在国家制定的智能网联汽车发展规划中，已明确提出要大力推广北斗导航卫星系统在智能网联汽车和无人驾驶汽车中的应用。

北斗导航卫星系统定位如图 5-4 所示。

图 5-4　北斗导航卫星系统定位

（4）惯性导航系统定位。惯性导航系统由陀螺仪、加速度传感器及软件构成，通过测量运动载体的角速度和加速度数据，并利用这些数据对时间进行积分运算，得到运动载体的速度、位置和姿态。

汽车在驶入深山隧道时，汽车上安装的惯性导航系统的定位导航作用会非常显著，如图 5-5 所示。

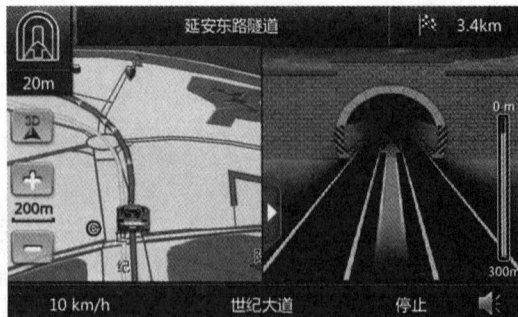

图 5-5　惯性导航系统定位

（5）激光雷达定位。通过激光雷达的地图信息进行匹配的方法也是一种绝对位姿估计方法。该方法通过事先建立的地图信息，在无人驾驶过程中，不断将检测到的数据特征与地图信息进行对比、匹配，从而得到车辆在地图中的绝对位姿。这种方法的优点在于无累积误差，不需要对道路进行改造；缺点在于包含地图生成和地图匹配两个步骤，地图生成需要提前采集、制作，在室外场景中，绘制地图的数据量巨大，而且给地图匹配中的实时性带来很大挑战。

激光雷达定位如图 5-6 所示。

图 5-6　激光雷达定位

高精度定位是无人驾驶汽车的关键技术。所谓高精度是指定位精度要达到厘米级，究竟哪种方案是最佳的，还有待验证。期待未来有更好的高精度定位方法。

5.1.2　全球导航卫星系统的类型

全球导航卫星系统（GNSS）包括美国的全球定位系统、俄罗斯的格洛纳斯（GLONASS）导航卫星系统、中国的北斗导航卫星系统以及欧洲空间局的伽利略导航卫星系统，如图 5-7 所示。

| 美国的全球定位系统 | 俄罗斯的格洛纳斯导航卫星系统 | 中国的北斗导航卫星系统 | 欧洲空间局的伽利略导航卫星系统 |

图 5-7　四大全球导航卫星系统

（1）美国的全球定位系统。其由 24 颗以上卫星组成，精度约为 10m，军民两用。

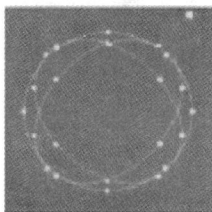

（2）俄罗斯的格洛纳斯导航卫星系统。其由 24 颗以上卫星组成，精度为 10m 左右，军民两用。

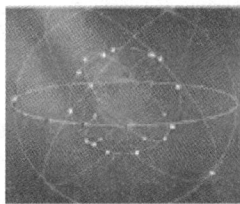

（3）中国的北斗导航卫星系统。其由 5 颗静止轨道卫星和 30 颗非静止轨道卫星组成，"北斗一号"精度在 10m 之内，而"北斗二号"可以精确到厘米级。

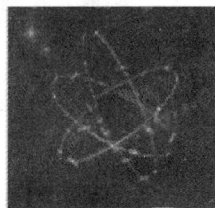

（4）欧洲空间局的伽利略导航卫星系统。其由 30 颗以上卫星组成，定位误差不超过 1m，主要为民用。

四大全球导航卫星系统参数比较见表 5-1。

表 5-1　四大全球导航卫星系统参数比较

全球导航卫星系统	卫星数量/颗	轨道高度/km	位置精度/m	授时精度/ns	速度精度/（m·s⁻¹）
全球定位系统	大于 24	20 200	6	20	0.1
格洛纳斯导航卫星系统	大于 24	19 100	12	25	0.1
北斗导航卫星系统	大于 30	21 500	10	50	0.2
伽利略导航卫星系统	大于 30	24 126	1	20	0.1

5.2　全球定位系统

全球定位系统（GPS）是由美国国防部建设的基于卫星的无线电导航定位系统。它能连续为世界各地的陆海空用户提供精确的位置、速度和时间信息，最大优势是覆盖全球，全天候工作，可以为高动态、高精度平台服务，目前得到普遍应用。

5.2.1　GPS 的组成与原理

1. GPS 的组成

GPS 由卫星、控制站和接收器组成，如图 5-8 所示。

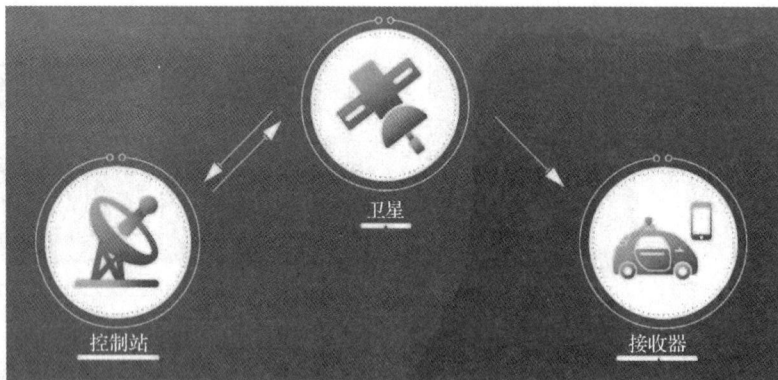

图 5-8　GPS 的组成

（1）卫星。在任何特定时间，大约有 30 颗卫星在太空运行，它们各自距离地球表面约 20 000km。

（2）控制站。控制站分散在世界各地，用于监视和控制卫星，其主要目的是让系统保持运行，并验证 GPS 广播信号的精确度。

（3）接收器。接收器存在于手机、计算机、汽车、船舶以及许多其他设备中，如果周围没有高楼等障碍物并且天气良好，接收器应每次至少检测到 4 颗卫星。

2．GPS 的工作原理

卫星不断地传送轨道信息和卫星上的原子钟产生的精确时间信息。GPS 接收器上有一个专门用于接收无线电信号的接收器，同时也有自己的时钟。当 GPS 接收器收到一颗卫星传来的信号时，GPS 接收器可以测定该卫星离用户的空间距离，用户就位于以观测卫星为球心、观测距离为半径的球面与地球表面相交的圆弧的某一点；当 GPS 接收器观测到第二颗卫星的信号时，以第二颗卫星为球心、第二个观测距离为半径的球面也与地球表面相交为一个圆弧，上述两个圆弧在地球表面有两个交会点，因此不能确定出用户所在的唯一位置；当 GPS 接收器观测到第三颗卫星的信号时，以第三颗卫星为球心、第三个观测距离为半径的球面也与地球表面相交为一个圆弧，上述 3 个圆弧在地球表面相交于一点，该点即用户所在的唯一位置。如果没有时钟误差，GPS 接收器只需利用观测到的 3 颗卫星的观测距离值，就可以确定出用户所在的唯一位置。但由于 GPS 接收器的时钟有误差，使测得的距离有误差，因此定位时要求 GPS 接收器至少观测到 4 颗卫星的观测距离值才能同时确定出用户所在的唯一位置及 GPS 接收器时钟差。当 GPS 接收器观测到 4 颗以上卫星的信号时，就可以得到更为精确和可靠的位置、速度和时间信息。

图 5-9 所示为 4 颗卫星定位原理。

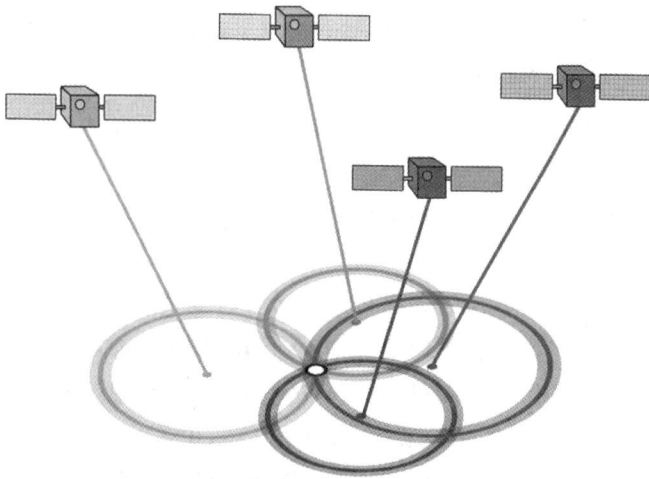

图 5-9　4 颗卫星定位原理

3．GPS 的特点

GPS 具有以下特点。

（1）能够全球全天候定位。因为 GPS 的卫星数目较多，且分布均匀，保证了在地球上任何地方、任何时间至少可以同时观测到 4 颗卫星，确保实现全球全天候连续的导航定位服务。

（2）覆盖范围广。能够覆盖全球 98%的范围，可满足位于全球各地或近地空间的军事用户连续、精确地确定三维位置、三维运动状态和时间的需求。

（3）定位精度高。GPS 相对定位精度在 50km 以内可达 6～10m，100～500km 可达 7～10m，1 000km 可达 9～10m。

（4）观测时间短。20km 以内的相对静态定位仅需 15～20min；快速相对静态定位测量时，当每个流动站与基准站相距 15km 以内时，每个流动站观测时间只需 1～2min；采取实时动态定位模式时，每个流动站观测时间仅需几秒。

（5）可提供全球统一的三维地心坐标，可同时精确测定测站平面位置和大地高程。

（6）测站之间无须通视，只要求测站上空开阔。这既可大大减少测量工作所需的经费和时间，也使选点工作更灵活，可省去经典测量中的传算点、过渡点等的测量工作。

GPS 作为十分常用的一种定位传感器，如果用于智能网联汽车的定位，存在以下不足。

（1）GPS 开放的民用精度通常为 10m 左右，不能满足 L4 级和 L5 级智能网联汽车定位的要求。

（2）GPS 更新频率较低，通常只有 10Hz，当车辆高速行驶时，不能提供实时的准确位置信息。

（3）受建筑物、树木的遮挡时，如在天桥、隧道、地下车库等场景下，GPS 定位精度严重降低，甚至无法提供定位信息。

为解决 GPS 定位存在的问题，在实际应用中，常采用以下方案提高定位精度。

（1）采用差分全球定位系统，利用基站的准确定位信息校正 GPS 的误差，其精度可提高到厘米级。

（2）结合惯性测量单元、里程计及航迹推算定位等技术，提高定位更新频率和精度。即使在 GPS 信号受建筑物遮挡时，仍能在短时间内提供相对准确的定位信息。

（3）在地下车库等无法接收到 GPS 信号的场景下，利用视觉 SLAM、激光 SLAM 等定位手段，提供相对准确的定位信息。

4. 车载 GPS 的功能

车载 GPS 具有以下功能。

（1）车辆定位功能。GPS 通过接收卫星信号，能够准确定位车辆所在的位置，误差保持在 10m 以内。

（2）车辆跟踪功能。利用 GPS 和电子地图可以实时显示出车辆的实际位置，并可任意放大、缩小、还原、换图；可以随目标移动，使目标始终保持在屏幕上；还可实现多窗口、多车辆、多屏幕同时跟踪。利用该功能可对重要车辆和货物进行跟踪运输。

（3）提供出行路线规划。提供出行路线规划是车载 GPS 的一项重要的辅助功能，它包括自动路线规划和人工路线设计。自动路线规划，即由驾驶员确定起点和目的地，由计算机软件按要求自动设计最佳行驶路线，包括最快的路线、最简单的路线、通过高速公路路段次数最少的路线的计算。人工路线设计，即由驾驶员根据目的地设计起点、终点和途经点等，自动建立路线库。路线规划完毕后，显示器能够在电子地图上显示设计路线，并同时显示汽车运行路径和运行方法。

（4）信息查询功能。GPS 为用户提供主要物标，如旅游景点、宾馆、医院等，用户能够使电子地图显示其位置。同时，监测中心可以利用监控台对区域内的任意目标所在位置进行查询，车辆信息将以数字形式在控制中心的电子地图上显示出来。

（5）话务指挥功能。指挥中心可以监测区域内车辆运行状况，对被监控车辆进行合理调度。指挥中心也可随时与被跟踪目标通话，实行管理。

（6）紧急援助功能。通过 GPS 定位和监控管理系统可以对遇到危险或发生事故的车辆进行紧急援助。监控台的电子地图能显示求助信息和报警目标，规划最优援助方案，并以报警声提醒值班人员进行应急处理。

5.2.2　差分全球定位系统

卫星距离测量存在着卫星钟与传播延迟导致的误差等问题。为了提高 GPS 定位精度，可以采用差分全球定位系统（DGPS）进行车辆的定位。DGPS 在 GPS 的基础上利用差分技术使用户能够从 GPS 获得更高的精度。DGPS 由基准站、用户和移动站组成，如图 5-10 所示。

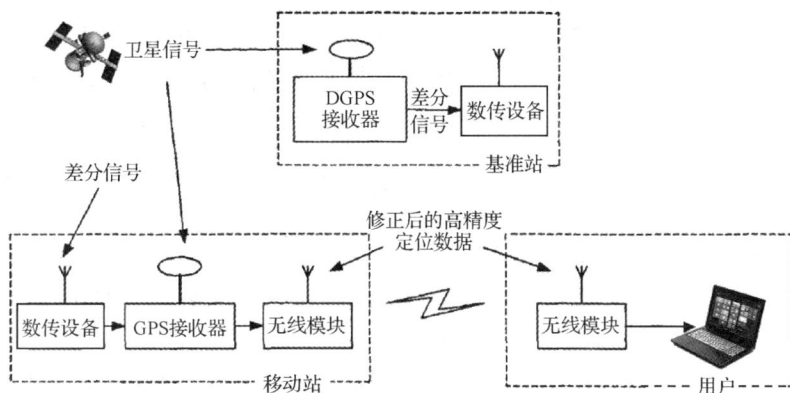

图 5-10　DGPS 的组成

DGPS 实际上是把一台 DGPS 接收器放在位置已精确测定的点上，组成基准站。基准站 DGPS 接收器通过接收卫星信号，将测得的位置与该固定位置的真实位置的差值作为公共误差校正量，通过无线数据传输设备（简称"数传设备"）将该校正量传送给移动站的 GPS 接收器。移动站的 GPS 接收器用该校正量对本地位置进行校正，最后得到厘米级的定位精度。附近的用户接收修正后的高精度定位数据，从而大大提高其定位精度。

根据基准站发送信息的方式可将 DGPS 差分方式分为 3 类，即位置差分、伪距差分和载波相位差分。这 3 类差分方式的工作原理是相同的，都是由基准站发送改正数，由移动站接收并对其测量结果进行改正，以获得精确的定位结果。所不同的是，三者发送改正数的具体内容不一样，差分定位精度也不同。

1. 位置差分

位置差分是非常简单的差分方式，适用于所有 DGPS 接收器。位置差分要求基准站和移动站观测同一组卫星。安装在基准站上的 DGPS 接收器观测 4 颗卫星后便可进行三维定位，解算出基准站的观测坐标。由于存在着卫星轨道误差、时钟误差、大气影响、多径效应以及其他误差等，解算出的观测坐标与基准站的已知坐标是不一样的，存在误差。将已知坐标与观测坐标之差作为位置改正数，通过基准站的数传设备发送出去，由移动站接收，并且对其解算的移动站坐标进行改正。最后得到的改正后的移动坐标已消去了基准站和移动站的共同误差，例如卫星轨道误差、大气影响等，提高了定位精度。位置差分适用于用户与基准站间距离在 100km 以内的情况。

2. 伪距差分

伪距差分是目前用途极广的一种技术，几乎所有的商用 DGPS 接收器均采用这种技术。

利用基准站已知坐标和卫星星历可计算出基准站与卫星之间的计算距离，将计算距离与观测距离之差作为改正数，发送给移动站，移动站利用此改正数来改正测量的伪距。最后，用户利用改正后的伪距来解算出本身的位置，就可消去公共误差，提高定位精度。

与位置差分相似，伪距差分能将两个测站的公共误差抵消，但随着用户到基准站距离的增加，又出现了系统误差，这种误差用任何差分方式都是不能消除的。用户和基准站之间的距离对精度有决定性影响。

3. 载波相位差分

载波相位差分（RTK）技术是建立在实时处理两个测站的载波相位基础上的，它能够实时地提供测站在指定坐标系中的三维定位结果，并达到厘米级精度。在载波相位差分作业模式下，基准站采集卫星数据，并通过数据链将其观测值和站点坐标信息一起传送给移动站，而移动站通过对所采集到的卫星数据和接收到的数据链进行实时载波相位差分处理（历时不足 1s），得出厘米级的定位结果。

与伪距差分原理相同，由基准站通过数传设备实时将其载波观测量及坐标信息一同传送给移动站。移动站接收卫星的载波相位与来自基准站的载波相位，并组成相位差分观测值进行实时处理，能实时给出厘米级的定位结果。

实现载波相位差分的方法有修正法和差分法。前者与伪距差分相同，基准站将载波相位修正量发送给移动站，以改正其载波相位，然后求解坐标；后者将基准站采集的载波相位发送给移动站，进行求差解算坐标。前者为准载波相位差分技术，后者为真正的载波相位差分技术。

5.2.3 GPS/DR 组合导航定位系统

DR 是一种常用的自主式车辆定位技术。相对于 GPS，它不用发射/接收信号，不受电磁波影响，机动且灵活，只要车辆能到达的地方都能定位。但是由于这种定位方法的误差会随时间推移而发散，所以只能在短时间内获得较高的精度，不宜长时间单独使用。

DR 利用载体上某一时刻的位置，根据航向和速度信息，推算得到当前时刻的位置，即根据实测的汽车行驶距离和航向计算其位置和行驶轨迹。它一般不受外界环境影响，但由于其本身误差是随时间积累的，所以单独工作时不能长时间保持高精度。

DR 的主要原理是利用 DR 传感器测量位移矢量，从而推算车辆的位置。DR 原理如图 5-11 所示。其中，$(x_i, y_i)(i = 0, 1, 2, \cdots)$ 是车辆在 t_i 时刻的初始位置，航向角 θ_i 和行驶距离 s_i 分别是车辆从 t_i 时刻到 t_{i+1} 时刻的绝对航向角和位移矢量长度。

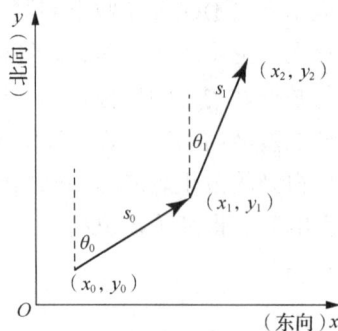

图 5-11 DR 原理

由图 5-12 可推得

$$x_k = x_0 + \sum_{i=0}^{k-1} s_i \sin \theta_i \tag{5-1}$$

$$y_k = y_0 + \sum_{i=0}^{k-1} s_i \cos \theta_i \tag{5-2}$$

式中，$x_k, y_k(k = 1, 2, \cdots)$ 是车辆在 t_k 时刻的位置。

由此可见，DR 必须通过其他手段提供车辆初始位置和初始航向角，位移和航向角的变化量要实时采样，而且采样频率要足够高，这样就可以近似认为采样周期内车辆加速度为零。DR 的误差随距离和时间积累，不能长期单独使用，可以借助于 GPS 对其定位误差进行补偿。

GPS/DR 组合导航定位系统由 GPS、电子罗盘、里程计和导航计算机等组成，如图 5-12 所示。

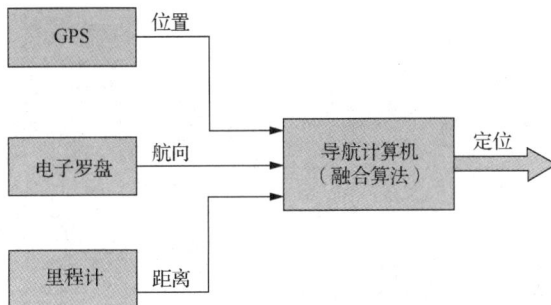

图 5-12　GPS/DR 组合导航定位系统的组成

GPS 独立给出车辆所在位置的绝对经度、纬度和海拔；电子罗盘作为航向传感器测量车辆的航向；里程计测量车辆单位时间内行驶的距离；导航计算机采集各传感器数据，并做航迹推算、GPS 坐标变换及相关数据预处理，由融合算法定位出车辆的动态位置。GPS/DR 组合导航定位系统是一种相对低成本的导航系统，在这个系统上进行 GPS/DR 数据融合，可以实现较高精度的导航定位。

实现 GPS/DR 组合导航定位的关键在于如何将两者的数据融合，以达到最优的定位效果。目前，关于 GPS/DR 组合导航定位的数据融合方法很多，最常见也是使用最广泛的方法之一就是卡尔曼滤波。将卡尔曼滤波应用于 GPS/DR 组合导航定位系统当中，就是将 GPS 和 DR 的定位信息综合用于定位求解，通过卡尔曼滤波来补偿修正 DR 系统的状态，同时卡尔曼滤波之后的输出又能够为 DR 系统提供较为准确的初始位置和航向角，从而能够获得比单独使用任意一种定位系统都更高的定位精度和稳定性，其结构如图 5-13 所示。

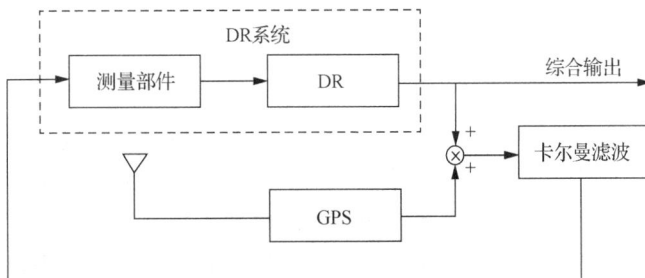

图 5-13　基于卡尔曼滤波的 GPS/DR 组合导航定位系统的结构

5.3　北斗导航卫星系统

北斗导航卫星系统（BDS）是由中国自行研制的区域性有源三维卫星定位与通信系统，是继美国的 GPS、俄罗斯的 GLONASS 之后第三个成熟的导航卫星系统。北斗导航卫星系统致力于向全球用户提供高质量的定位、导航和授时服务，其建设与发展则遵循开放性、自主性、兼容性、渐进性这 4 项原则。

5.3.1　北斗导航卫星系统的组成

北斗导航卫星系统由空间段、地面段和用户段 3 部分组成，如图 5-14 所示。

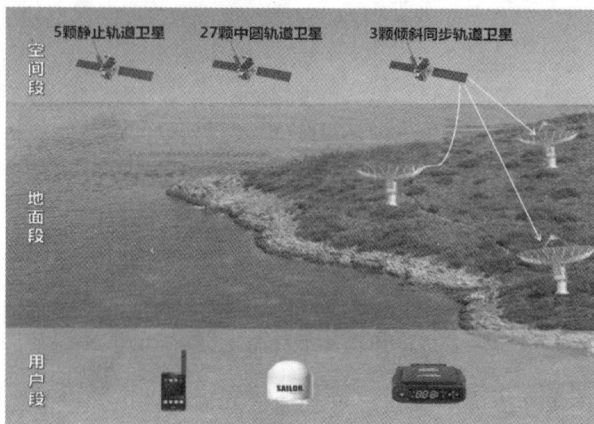

图 5-14　北斗导航卫星系统的组成

（1）空间段。北斗导航卫星系统空间段由静止轨道卫星、倾斜同步轨道卫星和中圆轨道卫星 3 种轨道卫星组成混合导航星座。

（2）地面段。北斗导航卫星系统地面段包括主控站、时间同步/注入站和监测站等若干地面站。

（3）用户段。北斗导航卫星系统用户段包括北斗兼容其他导航卫星系统的芯片、模块、天线等基础产品，以及终端产品、应用系统与应用服务等。

北斗导航卫星系统与 GPS 具有以下区别。

（1）北斗导航卫星系统是一个有源系统，用户在定位过程中必须发射信号，具备通信能力，这是它与 GPS 最大的不同。北斗导航卫星系统具有低速通信功能，可以在中心站与任意一个用户机之间或任意两个用户机之间一次发送包含 36 个汉字字符的信息，经过授权的用户一次可以发送包含 120 个汉字字符的信息，这个功能是 GPS 所不具备的。

（2）北斗导航卫星系统每次定位作业都由用户机发出请求，经过中心站解算出坐标，然后发给用户机。这种工作方式使得北斗导航卫星系统存在用户容量限制，凡是未经授权的用户都无法利用北斗导航卫星系统进行定位作业，因而具备极好的保密性。

（3）北斗导航卫星系统一次定位需要测距信号经中心站—卫星—用户机往返两次，因此费时比较长，从用户机发出定位请求到收到定位数据大约需要 1s，因此它不适合飞机、导弹等高速运动的物体，而更适合船舰、车辆、人员等低速运动目标的定位。

（4）北斗导航卫星系统采用中国 2000 国家大地坐标系，而 GPS 采用 WGS 84 地心坐标系。

5.3.2　北斗导航卫星系统的特点

北斗导航卫星系统具有以下特点。

（1）北斗导航卫星系统同时具备定位与通信功能，不需要其他通信系统支持；而 GPS 只具备定位功能。

（2）覆盖范围广，没有通信盲区。

（3）特别适合集团用户大范围监控管理和数据采集用户的数据传输应用。

（4）融合北斗卫星导航系统和卫星增强系统两大资源，因此也可利用 GPS，使应用更加丰富。

（5）作为自主系统，安全、可靠、稳定，保密性强，适合关键部门应用。

5.4　惯性导航系统

5.4.1　惯性导航系统的定义

惯性导航系统（INS）是一种利用惯性传感器测量载体的角速度信息，并结合给定的初始条件实时推算速度、位置、姿态等参数的自主式导航系统。具体来说，惯性导航系统属于一种推算导航方式，即从一已知点的位置根据连续测得的运动载体航向角和速度推算出其下一点的位置，因而可连续测出运动体的当前位置。

惯性导航系统一般采用加速度传感器和陀螺仪来测量载体参数，其原理如图 5-15 所示。

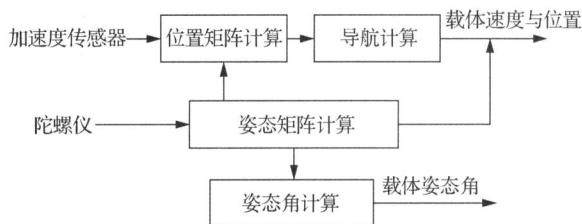

图 5-15　惯性导航系统的原理

为什么要采用陀螺仪？下面举例说明。

假设一辆车正以恒定速度直线行驶，已知汽车的初始位置（S_0）、速度（v）及行驶时长（t），则可以算出汽车的当前位置（S），如图 5-16 所示。再进一步，可以使用加速度、初始速度和初始位置计算汽车在任何时间点的速度和位置。而在这个计算过程中，需要解决一个问题：如何测量加速度。

为了测量加速度，需要使用加速度传感器，它可以精确测量加速度。但加速度传感器本身不足以计算车辆的位置和速度。加速度传感器根据车辆的坐标系记录测量结果，而后这些测量值被转换成世界坐标系数据，为了实现这种转换需要借助陀螺仪。三轴陀螺仪的 3 个外部平衡环一直在旋转，但三轴陀螺仪中的旋转轴始终固定在世界坐标系中，车辆通过测量旋转轴和 3 个外部平衡环的相对位置来计算其在坐标系中的位置，如图 5-17 所示。

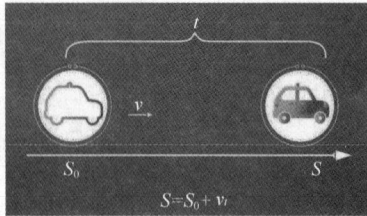

图 5-16　汽车位置计算

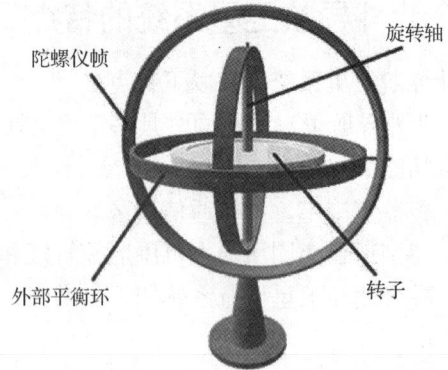

图 5-17　三轴陀螺仪的工作原理

加速度传感器和陀螺仪结合就是惯性测量单元（IMU），一个用于测量汽车速度，一个用于测量汽车方向。IMU 的一个重要特征在于它以高频率更新，其频率可达到 1 000Hz，所以 IMU 可以提供接近实时的位置信息。

惯性导航系统可以看成 IMU 与软件的结合。图 5-18 所示为 IMU 产品，通过内置的微处理器，能够以最高 200Hz 的频率输出实时的高精度三维位置、速度、姿态信息。

IMU 的原理可以用一个形象的故事来描述。

当人们晚上回到家，发现家里停电时，眼睛在黑暗中什么都看不见的情况下，只能根据已有的经验，极为谨慎地走小碎步，并不断用手摸周围的东西（比如冰箱），用以确定自己所在的位置。

IMU 的原理和人在黑暗中走小碎步很相似。在黑暗中，由于自己对步长的估计和实际走的距离存在误差，走的步数越来越多时，自己估计的位置与实际的位置相差会越来越远，如图 5-19 所示。

图 5-18　IMU 产品

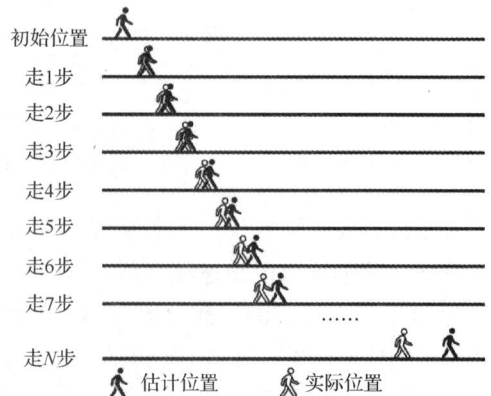

图 5-19　人在黑暗中走小碎步

走 1 步时，估计位置（黑色小人所在位置）与实际位置（白色小人所在位置）还比较接近；但随着步数增多，估计位置与实际位置的差别越来越大。

图 5-20 中的小人只朝一个方向移动，是一维的。根据此方法推广到三维，就是 IMU 的原理。

基于 GPS 或 BDS 和惯性传感器的融合是无人驾驶汽车一种重要的定位技术。

结合上述人在黑暗中走小碎步的过程，GPS 的作用就类似于摸到东西之后对自己的位置进行的修正，IMU 的作用就类似于走小碎步，不断地对自己的位置进行推算。

不断地修正和不断地推算，就能保证自己的定位相对稳定，如图 5-20 所示。

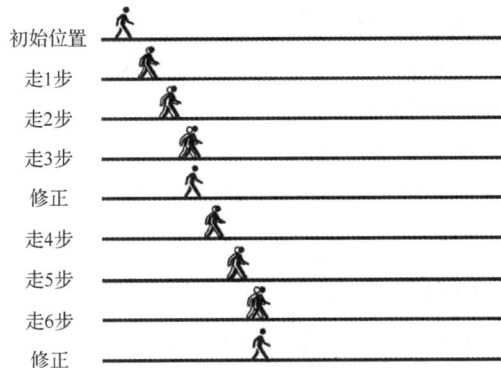

图 5-20　人在黑暗中走小碎步并修正

在无人驾驶系统中，GPS 的更新频率一般为 10Hz，IMU 的更新频率一般为 100Hz。GPS 与 IMU 共同工作时，可以给出频率为 100Hz 的定位输出。GPS 与 IMU 数据融合的原理如图 5-21 所示。

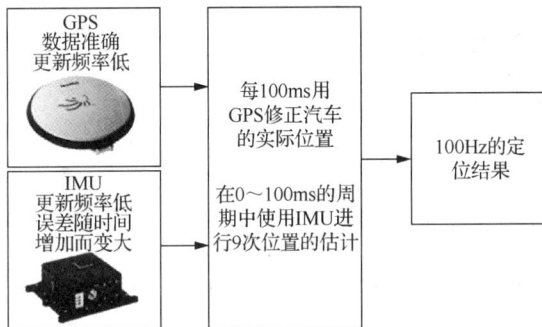

图 5-21　GPS 与 IMU 数据融合的原理

控制器上的软件对信息的处理流程在时间维度上如图 5-22 所示。在 0～100ms 的周期中使用 IMU 进行 9 次位置的估计，待新的 GPS 定位数据进来时，则进行修正，以此实现高频率（100Hz）的定位结果输出。GPS 与 IMU 相辅相成，实现了无人驾驶汽车的稳定定位。

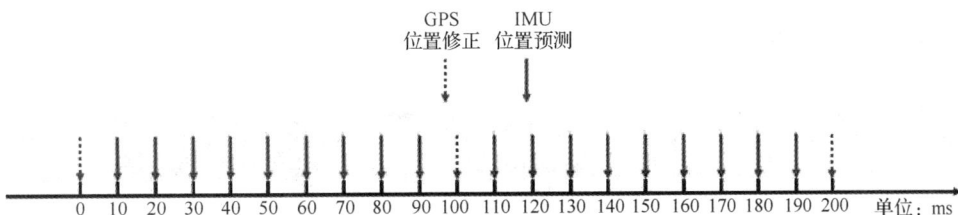

图 5-22　GPS 位置修正和 IMU 位置预测

有了 100Hz 的稳定定位，无人驾驶汽车在处理路径跟随问题时，就能如图 5-23 所示一样，保持极高频率的定位和控制。每走一小步，便重新进行转向盘转角的计算，进而控制无人驾驶汽车沿着既定的轨道行驶。

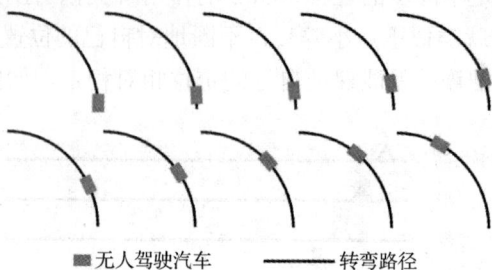

■无人驾驶汽车 ———— 转弯路径

图 5-23　无人驾驶汽车处理路径跟随问题

5.4.2　惯性导航系统的作用

惯性导航系统主要有两个作用。一个作用是在 GPS 信号丢失或很弱的情况下，暂时填补 GPS 留下的空缺，用积分法取得最接近真实定位的三维高精度定位。即便是 BDS+GPS+GLONASS，卫星导航信号还是有很多无法覆盖的地方，所以无人驾驶汽车必须配备惯性导航系统。

另一个作用是配合激光雷达。GPS+IMU 为激光雷达的空间位置和脉冲发射姿态提供高精度定位，建立激光雷达点云的三维坐标系。

5.4.3　惯性导航系统的特点

惯性导航系统主要具有以下优点。

（1）由于它是不依赖于任何外部信息，也不向外部辐射能量的自主式导航系统，故隐蔽性好，也不受外界电磁干扰。

（2）可全天候在全球任何地点工作。

（3）能提供位置、速度、航向角和姿态角数据，所产生的导航信息连续性好而且噪声低。

（4）数据更新率高，短期精度和稳定性好。

惯性导航系统主要具有以下缺点。

（1）由于导航信息经过积分而产生，定位误差随时间增加而增大，长期精度差。

（2）每次使用之前需要花费较长的初始对准时间。

（3）设备的价格较昂贵。

（4）不能给出时间信息。

5.5　通信基站定位

基站作为移动通信网络不可缺少的网元，是移动终端与移动网络之间交互的重要组成部分。随着移动通信网络的迅速发展，更多的移动终端接入移动通信网络中，越来越多的基站被建立起来，几乎遍布世界的每一个角落，为终端用户提供通信服务。所以移动通信网络中基本的定位技术就是基于基站的定位技术。

常用的通信基站定位方法包括到达角度（AOA）定位法、到达时间（TOA）定位法、到达时间差（TDOA）定位法等。

5.5.1　AOA 定位法

AOA 定位法也称方位测量定位法，即由两个或多个基站接收移动台的角度信息，然后计算移动台的位置，其原理如图 5-24 所示。

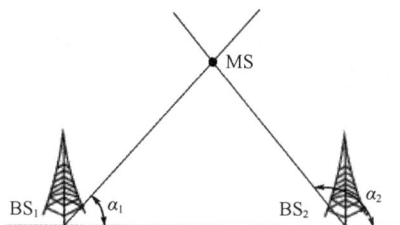

图 5-24　AOA 定位法原理

假设有两个基站 BS_1 和 BS_2，α_1 和 α_2 分别是移动台 MS 到达两个基站 BS_1 和 BS_2 的角度，则

$$\tan\alpha_i = \frac{x - x_i}{y - y_i} \qquad (5\text{-}3)$$

求解式（5-3），可估算出移动台的坐标 (x, y)，(x_i, y_i) 为基站的坐标。

5.5.2　TOA 定位法

TOA 是基于时间的定位法，也称为圆周定位法，其原理如图 5-25 所示。它通过测量两点间电波传播时间来计算移动台的位置。如果能够获取 3 个以上基站到移动台的传播时间，那么移动台在以 (x_i, y_i) 为圆心、$c \times t_i$ 为半径的圆上，这样就能得出移动台的位置。

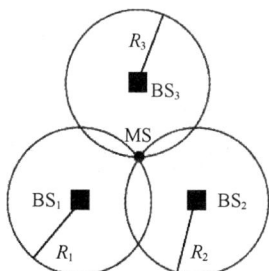

图 5-25　TOA 定位法原理

BS_1、BS_2、BS_3 是 3 个基站，R_i 表示基站 i 与移动台 MS 之间的直线距离，则移动台应

该位于半径为 R_i、圆心在基站 i 所在位置的圆周上。记移动台的坐标为(x_0, y_0)，基站的坐标为(x_i, y_i)，则两者之间关系满足

$$\left(x_i - x_0\right)^2 + \left(y_i - y_0\right)^2 = R_i^2 \tag{5-4}$$

在实际无线电定位中，已知电磁波在空中的传播速度为 c，如果能够测得电磁波从移动台到达基站 i 的时间为 t_i，则可以求出基站与目标移动台的距离 $R_i = c \times t_i$，取 $i=1,2,3$，联立式（5-4）构成 3 个方程组，可以求得移动台的坐标(x_0, y_0)。

5.5.3 TDOA 定位法

TDOA 定位法也称为双曲线定位法，其原理如图 5-26 所示。它利用移动台到达不同基站的时间不同，获取到达各个基站的时间差，建立方程组，求解移动台位置。这种定位法要求各个基站时间必须同步。移动台位于以两个基站为交点的双曲线上，通过建立两个以上双曲线方程，求解双曲线交点即可得到移动台的二维坐标。

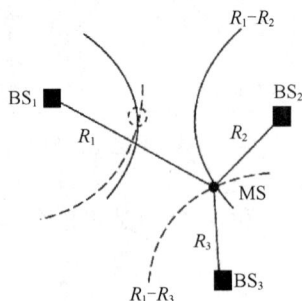

图 5-26　TDOA 定位法原理

基站与移动台之间的距离差，通过测量信号从两个基站同时出发到达移动台的时间差 t_{12} 和 t_{13} 来确定，即 $R_{12} = R_1 - R_2 = c \times t_{12}$，$R_{13} = R_1 - R_3 = c \times t_{13}$。移动台坐标（ x_0, y_0 ）和基站坐标(x_i, y_i)($i=1,2,3$)之间的关系为

$$\left(\sqrt{\left(x_0 - x_2\right)^2 + \left(y_0 - y_2\right)^2} - \sqrt{\left(x_0 - x_1\right)^2 + \left(y_0 - y_1\right)^2}\right)^2 = R_{12}^2 \tag{5-5}$$

$$\left(\sqrt{\left(x_0 - x_3\right)^2 + \left(y_0 - y_3\right)^2} - \sqrt{\left(x_0 - x_1\right)^2 + \left(y_0 - y_1\right)^2}\right)^2 = R_{13}^2 \tag{5-6}$$

求解式（5-5）和式（5-6）能获得移动台坐标，然后根据先验信息，消除位置的模糊性，求得移动台的真实位置。TDOA 定位法是目前各种蜂窝网络中主要采用的定位方法。

5.6　高精度地图

5.6.1　高精度地图的定义

高精度地图是指高精度、精细化定义的地图，其精度需要达到厘米级才能够区分各个车道，如图 5-27 所示。

图 5-27 高精度地图

高精度地图包含的道路交通信息很丰富，可分为基础信息层、道路信息层、周围环境信息层和其他信息层，各层包含的信息见表 5-2。

表 5-2 高精度地图各层包含的信息

分层	各层包含的信息
基础信息层	道坡度、倾斜角、航向角； 车道个数、方向、宽度； 车道位置、类型
道路信息层	车道可通行高度； 红绿灯、人行道； 限速等标志牌，隔离带等
周围环境信息层	周围建筑物
其他信息层	天气； 施工； 拥堵、意外事故等

高精度地图包含大量的驾驶辅助信息，其中十分重要的信息是道路网的精确三维表征，例如交叉路口的布局和路标位置，如图 5-28 所示。高精度地图还包含许多语义信息，地图可能会报告交通信号灯上不同颜色的含义，也可能指示道路的限速，以及左转车道的位置。高精度地图最重要的特征之一是精度，手机上的导航地图只能达到米级精度，高精度地图则可以达到厘米级精度，这对于无人驾驶汽车至关重要。

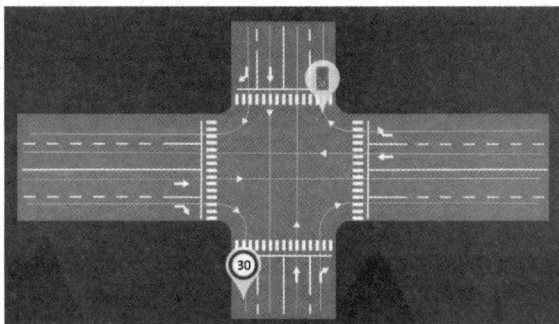

图 5-28 高精度地图的信息

导航地图和高精度地图的区别如图 5-29 所示。

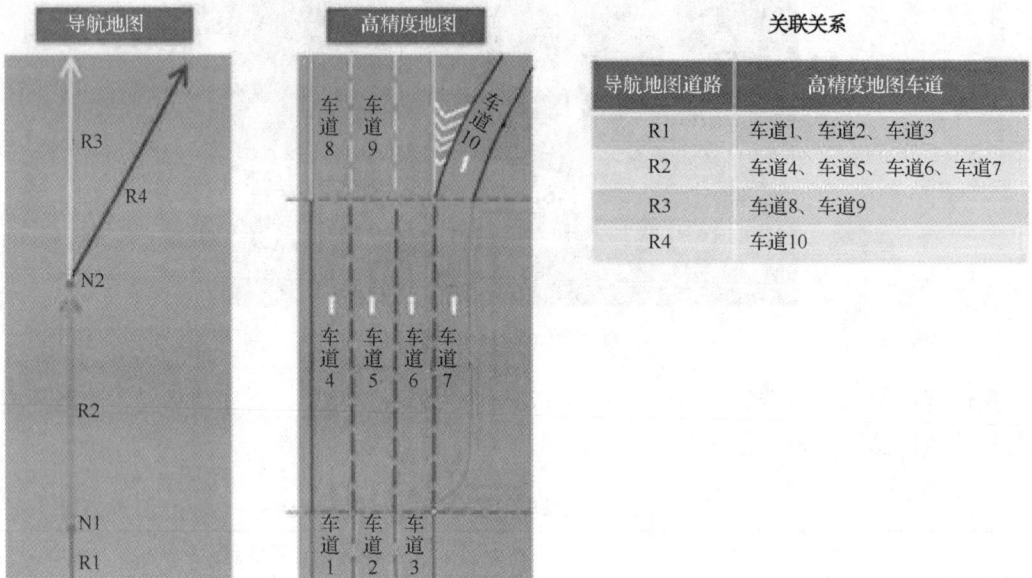

导航地图道路	高精度地图车道
R1	车道1、车道2、车道3
R2	车道4、车道5、车道6、车道7
R3	车道8、车道9
R4	车道10

图 5-29　导航地图和高精度地图的区别

（1）高精度地图的使用者是自动驾驶系统，导航地图的使用者则是驾驶员。

（2）导航地图会描绘出道路，部分道路会区分车道；高精度地图不仅会描绘道路，还会对一条道路上有多少条车道精确描绘，能够真实地反映出道路的实际样式。

（3）导航地图不能把道路形状的细节完全展现；高精度地图为了让自动驾驶系统更好地识别交通情况，从而提前做出行驶方案，会对道路形状的细节进行详细、精确展示，如哪些地方变宽、变窄，会和真实道路完全一致。

高精度地图靠采集车上的激光雷达、高清摄像头、惯性导航系统及 GPS 进行信息采集，可以把地图数据的相对误差控制在 10cm 以内，如图 5-30 所示。

图 5-30　高精度地图采集车

5.6.2　高精度地图的作用

与驾驶员的驾驶过程一样，自动驾驶系统也需要经过感知、高精度定位、决策、控制 4

个步骤。驾驶员的感知通过眼睛、耳朵实现，自动驾驶系统则通过激光雷达、毫米波雷达、摄像头等传感器实现。接着是高精度定位，驾驶员通过将看到、听到的环境信息与记忆中的信息对比，判断出自己的位置和方向，自动驾驶系统则需要将传感器收集的信息与储存的高精度地图对比，判断位置和方向。最后驾驶员经过决策后控制汽车开向目的地，自动驾驶系统则通过人工智能算法决策做出车道及路径规划，给制动、转向、加速等控制器下达指令，控制车辆开往目的地。

在自动驾驶过程中，高精度地图是环境感知、轨迹预测、路径规划和高精度定位等模块的基础，好的高精度地图能让这些模块变得更加智能。

1. 环境感知

红绿灯识别、车道线识别和障碍物识别是环境感知模块的 3 个基本任务，如图 5-31 所示。在红绿灯识别任务中，有了高精度地图，环境感知模块只需在当前车道前方有红绿灯的时候才用深度学习去识别，这样一方面可以减少资源占用，另一方面可以减少红绿灯的误报漏报；在车道线识别任务中，高精度地图能够提供车道数、车道宽度等丰富的信息，帮助车道线识别做得更好；在障碍物识别任务中，高精度地图可以辅助更加精确地识别当前车道前方障碍物，比如前方车辆，这对于车辆自适应巡航控制有很大帮助。

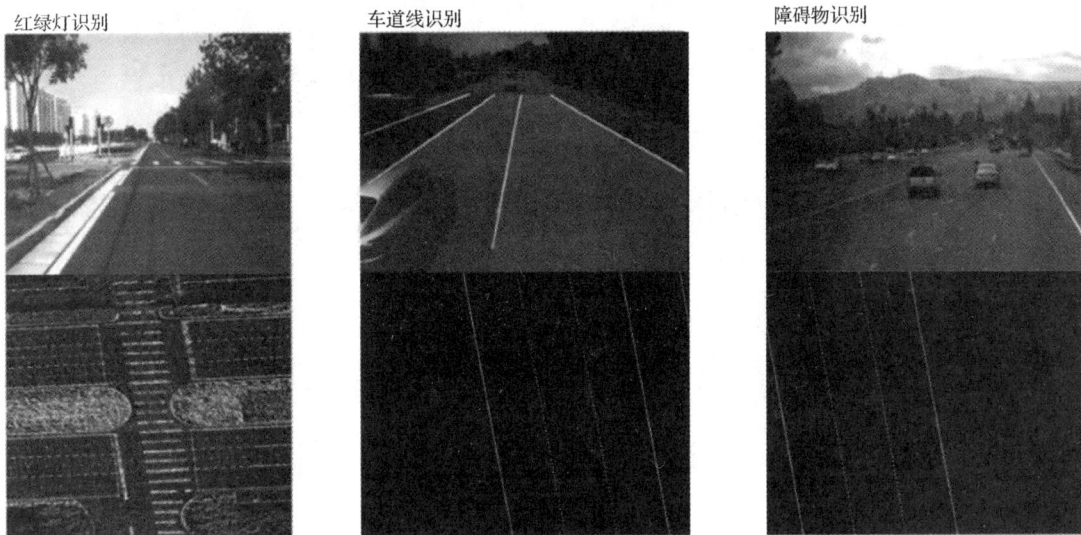

图 5-31　高精度地图用于环境感知

2. 轨迹预测

高精度地图也可以辅助对道路上其他车辆进行轨迹预测，例如，如果前方车辆行驶在实线车道内，可以预测该车辆的变道可能性很小；如果前方车辆行驶在最右侧车道，且前方有高速公路出口，可以预测该车辆有可能驶出高速公路等，如图 5-32 所示。

3. 路径规划

通过高精度地图反馈的车道线信息、限速信息、车辆当前位置信息、前方信息、坡度信息等，可以实现对车辆行驶速度、变道轨迹等的路径规划，如图 5-33 所示。

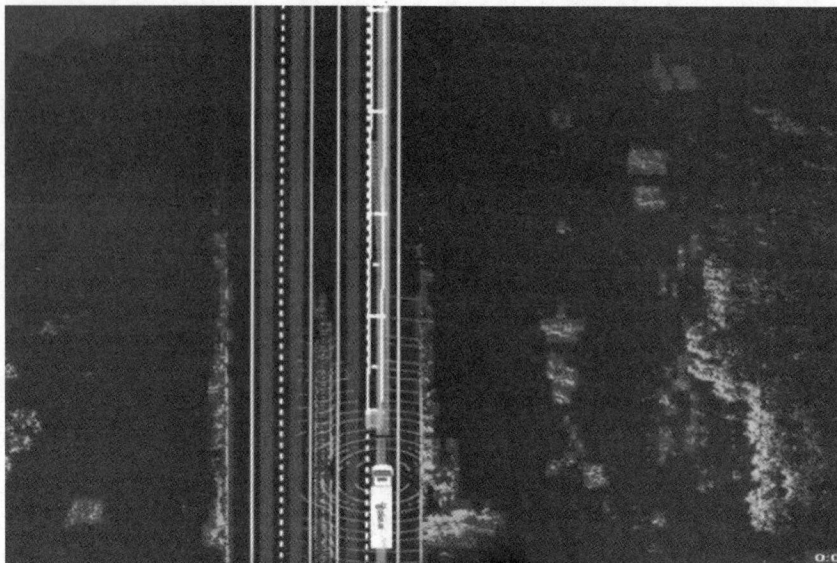

图 5-32　高精度地图用于轨迹预测

图 5-33　高精度地图用于路径规划

4. 高精度定位

高精度定位模块更多运用于高精度点云地图，如图 5-34 所示，白色的部分为离线生成的点云地图，青色的部分为实时采集的车辆行驶位置数据，通过将二者相匹配，实现对车辆更加精准的定位。

高精度地图定位原理如图 5-35 所示。对于离线高精度地图，将其转变为瓦片地图，提取车辆所在位置周围的地图信息并进行体素化，转变为离散化的体素地图；对于车辆行驶过程中收集的在线点云数据，对其特征提取之后进行离散化。最后，通过对离线数据和在线数据进行点云匹配，输出定位结果。高精度地图定位不依赖卫星信号，精度较高，但是具有依赖高精度地图质量、依赖车辆周围环境等局限。

图 5-34　高精度地图用于高精度定位

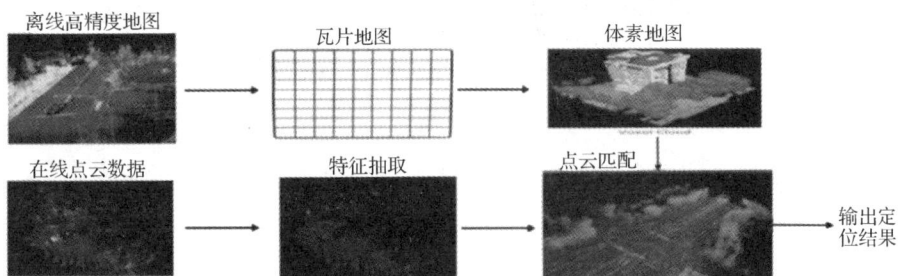

图 5-35　高精度地图定位原理

总之，高精度地图可以解决环境感知中传感器在雨雪、大雾天气里不适用的问题，在规划和决策中对地理数据进行修正，提高准确度，并且大量减少车载传感器的数目，降低整车成本，加快无人驾驶汽车的商用化。

高精度定位是无人驾驶汽车的关键技术。所谓高精度是指定位精度要达到厘米级，任何一种单一方案都不能实现，必须采用组合定位方式。

ADAS 业内大多商业化公司（如 Waymo、百度、宝马等）的自动驾驶高精度定位策略均为采用激光雷达实现高精度地图定位，其原理如下：首先通过激光雷达快速地发射激光脉冲，其发射速度十分惊人，有些甚至能达到 15W/s；然后传感器测量每个激光脉冲返回所需要的时间，当激光以一定且已知的速度移动时，激光雷达可以高精度计算其与目标之间的距离。通过快速、连续地重复这个过程，激光雷达建立了一个在其测量表面的复杂的"地图"，其定位精准度较高（可达到分米级以下），故称之为高精度地图。为了使高精度地图与其他无人驾驶系统无缝协作，可以构建高性能无人驾驶云基础架构，为无人驾驶汽车提供实时高精度地图更新。

【扩展阅读】

百度 Apollo 无人驾驶汽车的定位

百度 Apollo 无人驾驶汽车使用了 GNSS、IMU 等，加上一个误差状态卡尔曼滤波器，使其定位精度可以达到 5～10cm，且具备高可靠性和鲁棒性，市区允许最高速度超过 60km/h。图 5-36 所示为百度 Apollo 无人驾驶汽车组合导航定位系统框架。

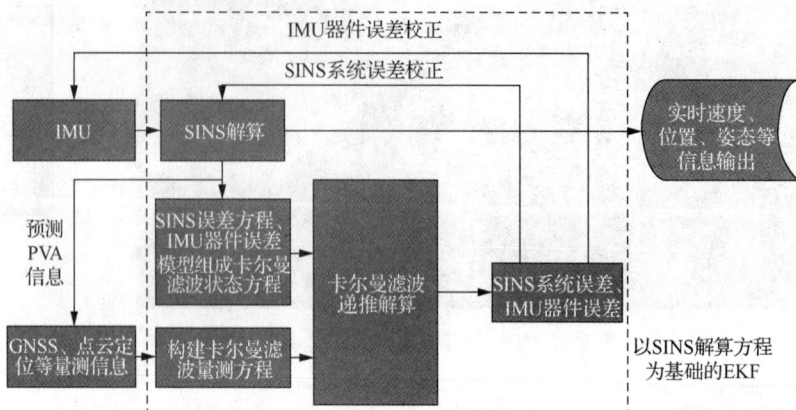

图 5-36 百度 Apollo 无人驾驶汽车组合导航定位系统框架

思考与讨论

1. 为什么百度 Apollo 无人驾驶汽车定位要使用激光雷达？
2. 为什么百度 Apollo 无人驾驶汽车定位要使用 IMU？

【项目实训】

智能网联汽车导航定位系统的认知

通过智能网联汽车导航定位系统的认知项目实训，填写项目实训工单，增强学生对智能网联汽车导航定位系统的认知。

项目实训工单

实训参考题目	智能网联汽车导航定位系统的认知		
实训实际题目	由指导教师根据实际条件和分组情况给出实训实际题目，包括实训车型、具体实训项目、实训内容等。实训项目可以是智能网联汽车全球导航卫星系统的类型、全球定位系统、北斗导航卫星系统、惯性导航系统、通信基站定位等，重点是导航定位方法的选择与自动驾驶级别的关系。根据分组情况可以分配不同的实训内容		
学生姓名	班级		学号	
组长姓名	同组同学			
实训地点	学时		日期	
实训目标	（1）能够依据实训实际题目和要求，独立完成实训前的各种准备。 （2）能够识别实训车辆的导航定位系统。 （3）能够根据实训规范，结合车辆手册，制订实训计划。 （4）能够在网上查找智能网联汽车导航定位系统资料。 （5）能够结合车辆手册和所学知识，对实训车辆的导航定位系统进行分析、讲解。			

一、接受实训任务

　　小王同学在某汽车 4S 店实习，即将实习结束，要进行综合考核，考核分为实训和理论两部分，其中实训占 70%，理论占 30%（理论部分可参照知识巩固内容）。实训考核是小王同学模仿销售人员，完成实训任务。

　　某汽车 4S 店接受了一位客户的预约，据客户反映，目前智能网联汽车非常火爆，欲购买一辆智能网联汽车，希望销售人员对其导航定位系统给予详细讲解。汽车 4S 店委派实习生小王等同学，提前做好准备，负责接待客户，给客户全面介绍智能网联汽车导航定位系统知识，并促成销售，同时做好各项记录

二、实训任务准备（以下内容由实训学生填写）

（1）实训设备选择：□实训车辆　　　□实训专用实验台　　　□网上车辆

（2）实训目标是否完全理解：□完全理解　　　□不完全理解

（3）实训任务是否完全理解：□完全理解　　　□不完全理解

（4）实训车辆拟实训项目：＿＿＿＿＿＿＿＿＿＿＿＿＿＿＿＿＿＿＿＿＿＿＿＿＿

（5）实训车辆资料是否完整：□完整　　　□不完整（原因：＿＿＿＿＿＿＿）

（6）网上智能网联汽车导航定位系统资料准备情况：□准备　　　□没准备（原因：＿＿＿＿＿＿）

（7）智能网联汽车的导航定位系统知识熟悉情况：□熟悉　　　□不熟悉

（8）本次实训所需要的 PPT 准备情况：□准备　　　□没准备（原因：＿＿＿＿＿＿）

（9）本次实训所需要的辅助设备准备情况：□齐全　　　□不齐全（原因：＿＿＿＿＿＿）

（10）本次实训所需时长约为＿＿＿＿＿＿＿＿＿＿＿＿＿＿

（11）实训完是否需要检验：□需要　　　□不需要

（12）其他准备：＿＿＿＿＿＿＿＿＿＿＿＿＿＿＿＿＿＿＿＿＿＿＿＿＿＿＿＿＿＿＿

三、制订实训计划（以下内容由实训学生填写，指导教师审核）

（1）根据本次智能网联汽车导航定位系统的认知实训任务，完成物料的准备

完成本次实训需要的所有物料准备

序号	物料种类	物料名称范例	实际物料名称
1	实训设备	实训用智能网联汽车	
2	在网上查找的智能网联汽车资料	L1 级智能网联汽车	
		L2 级智能网联汽车	
		L3 级智能网联汽车	
		L4 级智能网联汽车	
3	相关资料	全球导航卫星系统资料	
		惯性导航系统资料	
		激光雷达定位资料	
		高精度地图资料	
4	辅助设备	投影仪、笔记本计算机	

（2）根据智能网联汽车导航定位系统的认知实训任务，制订操作流程

智能网联汽车导航定位系统的认知操作流程

序号	操作流程范例	实际操作流程
1	接受实训任务	
2	实训任务准备	
3	实训物料准备	
4	在实训车辆上查找导航定位系统配置	
5	在网上查找智能网联汽车导航定位系统配置	
6	制作讲授用的 PPT	
7	结合实训车辆和 PPT 讲解识别导航定位系统	
8	实训小组讨论	
9	实训质量检查	

（3）根据实训计划，完成小组成员任务分工

操作员（1人）		客户（1人）	
协作员（若干人）		记录员（1人）	

　　操作员负责智能网联汽车导航定位系统的认知具体实训内容的操作；客户负责智能网联汽车导航定位系统的认知具体实训内容结果的验收；协作员负责协助操作员完成智能网联汽车导航定位系统的认知具体实训内容的操作；记录员做好智能网联汽车导航定位系统的认知具体实训内容的记录。

（4）指导教师对制订的实训计划进行审核

审核意见：

年　　　月　　　日　　签字：

四、实训计划实施（实施内容由指导教师填写，实施结果由实训学生填写）

（1）参考范例

实施步骤	实施内容	实施结果
1	准备好实训车辆	实训车辆放置在合适位置
2	准备好实训车辆手册	车辆手册放在操作员手中
3	查找实训车辆的全球导航卫星系统	已找到
4	查找实训车辆的惯性导航系统	已找到
5	查找实训车辆的通信基站定位系统	无
6	查找实训车辆的激光雷达定位系统	无
7	查找实训车辆的其他定位系统	无
8	分析实训车辆导航定位系统的组成	已分析
9	分析实训车辆导航定位系统的原理	已分析
10	分析实训车辆导航定位系统的应用	已分析
11	准备给客户讲解用的 PPT（智能网联汽车导航定位系统，举例说明全球导航卫星系统、惯性导航系统、通信基站定位系统、激光雷达在智能网联汽车上的应用）	已准备
12	操作员给客户（小组其他成员）进行讲解	完成
13	实训完所有物品归位	完成

（2）实际案例

实施步骤	实施内容	实施结果
1		
2		
3		
4		
5		
6		
7		
8		
9		
10		
11		
12		
13		
14		
15		

五、实训小组讨论（以下内容由实训学生填写）

讨论题 1：讨论实训车辆导航定位系统的组成。

讨论题 2：讨论实训车辆导航定位系统的功能。

讨论题 3：讨论智能网联汽车自动驾驶级别与导航定位系统的关系及采用的方法。

讨论题 4：总结本次实训的优点和不足。

六、实训质量检查（以下内容由指导教师填写）

请实训指导教师检查本组实训结果，并针对实训过程中出现的问题提出建议

序号	评价标准	评价结果
1	实训任务是否完成	
2	实训操作是否规范	
3	实施记录是否完整	
4	实训结论是否正确	
5	实训小组讨论是否充分	
综合评价	□优　　　□良　　　□中　　　□及格　　　□不及格	
问题与建议	问题： 建议：	

实训成绩单

项目	评分标准	分值	得分
接受实训任务	明确任务内容，理解任务在实际工作中的重要性	5	
实训任务准备	实训任务准备完整	5	
	掌握智能网联汽车导航定位系统的基本知识	5	
	能够识别智能网联汽车导航定位系统	5	
制订实训计划	物料准备齐全	5	
	操作流程合理	5	
	人员分工明确	5	
实训计划实施	实训计划实施步骤合理、记录详细	10	
	实施过程规范，没有出现错误	10	
	能够对实训车辆导航定位系统进行正确讲解	15	
	能够对实训得出正确结论	10	
实训小组讨论	实训小组讨论热烈	5	
	实训总结客观	5	
实训质量检查	学生实训任务完成，实训过程规范，实训记录完整，结论正确	10	
实训考核成绩			

【归纳与提高】

本项目主要介绍了智能网联汽车导航定位的定义与全球导航卫星系统的类型，GPS 的组成与原理、差分全球定位系统、GPS/DR 组合导航定位系统，北斗导航卫星系统的组成与特点，惯性导航系统的定义、作用和特点，通信基站定位的 AOA 定位法、TOA 定位法、TDOA 定位法，高精度地图的定义与作用等。通过对本项目的学习，学生可以较全面地掌握智能网联汽车导航定位系统的基本知识。通过项目实训和知识巩固，学生可以巩固所学习的知识，最终培养分析问题和解决问题的能力，以及识别与分析智能网联汽车导航定位系统的技能。

由于只有无人驾驶汽车才需要实现高精度定位，而 L1 级或 L2 级智能网联汽车不需要实现高精度定位，因此学生学习时要注意它们所采用定位方法的区别。

【知识巩固】

一、名词解释

1．导航定位

2．全球定位系统

3．北斗导航卫星系统

4．惯性导航系统

5．高精度地图

二、填空题

1．智能网联汽车或无人驾驶汽车的导航定位通过_____、_____、_____、_____等，获取车辆的位置和航向信息。

2．按照定位方式，导航定位可分为_____、_____和_____。

3．全球导航卫星系统包括_____、_____、_____及_____。

4．DGPS 是在_____的基础上利用_____技术使用户能够从 GPS 获得更高的精度。DGPS 由_____、_____和_____组成。

5．根据基准站发送信息的方式可将 DGPS 差分方式分为 3 类，即_____、_____和_____。

6．GPS/DR 组合导航定位系统由_____、_____、_____和_____等组成。

7．北斗导航卫星系统由_____、_____和_____3部分组成。

8．惯性导航系统一般采用_____和_____来测量载体参数。

9．常用的通信基站定位方法包括_____、_____、_____等。

10．高精度地图包含的道路交通信息很丰富，可分为_____、_____、_____和_____。

三、选择题

1．不属于 GPS 的是（　　　）。

    A．卫星　　　　　　B．控制站　　　　　C．接收器　　　　　D．高精度地图

2．具有定位和通信功能的是（　　　）。

    A．全球定位系统　　　　　　　　　B．北斗导航卫星系统

    C．格洛纳斯导航卫星系统　　　　　D．伽利略导航卫星系统

3．GPS 定位时要求接收器至少观测到（　　　）颗卫星的观测距离值才能同时确定出用户所在空间位置。

    A．3　　　　　　　　B．4　　　　　　　　C．5　　　　　　　　D．6

4．载波相位差分技术是一项能够在野外实时得到（　　　）级定位的精确测量方法，这项技术采用了载波相位动态实时差分。

    A．毫米　　　　　　B．厘米　　　　　　C．分米　　　　　　D．米

5．高精度地图采集使用的传感器有（　　　）。

    A．毫米波雷达　　　B．超声波传感器　　C．激光雷达　　　　D．GPS

6．智能网联汽车的定位技术主要有（　　　）。

    A．全球导航卫星系统定位　　　　　B．惯性导航系统定位

    C．激光雷达定位　　　　　　　　　D．毫米波雷达定位

7．百度 Apollo 无人驾驶汽车使用的定位方式有（　　　）。

    A．全球导航卫星系统定位　　　　　B．惯性导航系统定位

    C．激光雷达定位　　　　　　　　　D．视觉传感器定位

8．GPS 相对定位精度在 50km 以内可达（　　　）。

    A．6～10m　　　　B．7～10m　　　　C．8～10m　　　　D．9～10m

9．无人驾驶汽车的定位精度一般应控制在（　　　）以内。

    A．5cm　　　　　　B．10cm　　　　　C．15cm　　　　　D．20cm

10．在自动驾驶过程中，高精度地图起到了（　　　）等作用。

    A．高精度定位　　　B．控制与执行　　　C．辅助环境感知　　D．规划与决策

四、判断题

1．智能网联汽车导航定位方法与自动驾驶级别无关。（　　　）

2．全球导航卫星系统定位属于绝对定位，惯性导航系统定位属于相对定位。（　　　）

3．智能网联汽车导航定位精度与自动驾驶级别有关，自动驾驶级别越高，导航定位精度越高，无人驾驶汽车对导航定位精度要求最高。（　　　）

4．惯性导航系统由陀螺仪、加速度传感器及软件构成，通过测量运动载体的角速度和加速度数据，并利用这些数据对时间进行积分运算，从而得到运动载体的速度、位置和姿态。（　　　）

5．汽车在驶入深山隧道时，汽车上安装的全球导航卫星系统的作用仍非常显著。（　　　）

6．接收器存在于手机、计算机、汽车、船舶以及许多其他设备中，如果周围没有高楼等障碍物并且天气良好，接收器应每次至少检测到 3 颗卫星。（　　　）

7．DR 是一种常用的自主式车辆定位技术，它只能在短时间内获得较高的精度，不宜长时间单独使用。（　　　）

8．GPS/DR 组合导航定位的数据融合方法很多，最常见也是使用最广泛的方法之一就是卡尔曼滤波。（　　　）

9．北斗导航卫星系统同时具备定位与通信功能，不需要其他通信系统支持。（　　　）

10．惯性导航系统的主要作用是在 GPS 信号丢失或很弱的情况下，暂时填补 GPS 留下的空缺。（　　　）

五、问答题

1．智能网联汽车的定位技术主要有哪些？

2．GPS 的工作原理是怎样的？

3．北斗导航卫星系统有哪些特点？

4．为什么无人驾驶汽车必须配备惯性导航系统？

5．导航地图和高精度地图的主要区别是什么？

项目 6
智能网联汽车先进驾驶辅助系统

目前我国智能网联汽车主要处于 L1 级和 L2 级，即以搭载先进驾驶辅助系统为主，厂家不同、车型不同，搭载的先进驾驶辅助系统也不同。即使搭载相同的先进驾驶辅助系统，所使用的环境感知传感器也可能不同。

【知识路径】

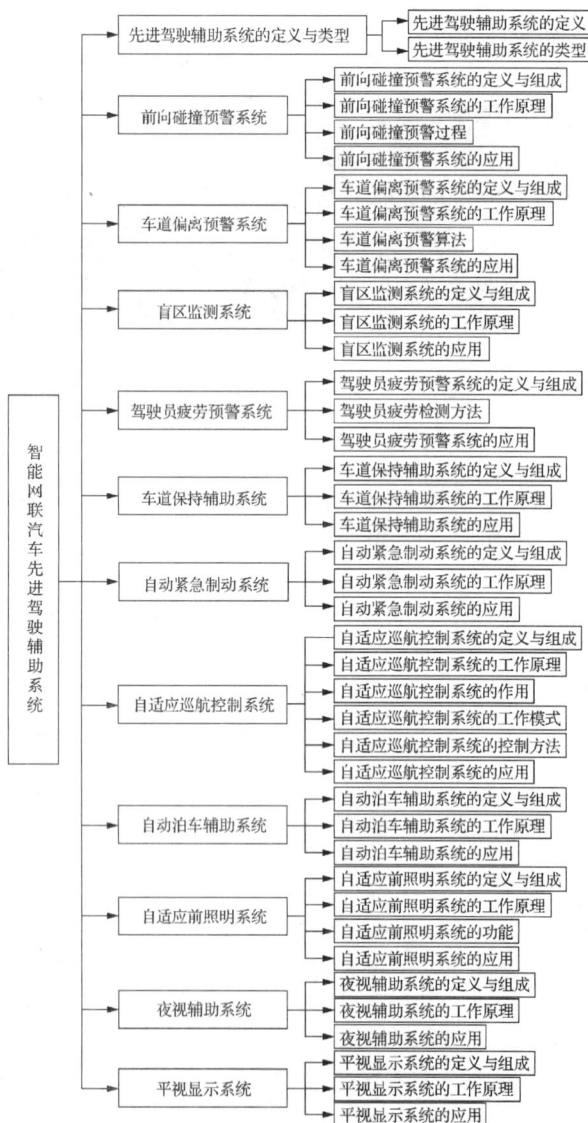

【学习目标】

知识目标

（1）掌握智能网联汽车先进驾驶辅助系统的定义与类型。

（2）掌握前向碰撞预警系统、车道偏离预警系统、盲区监测系统、驾驶员疲劳预警系统、车道保持辅助系统、自动紧急制动系统、自适应巡航控制系统、自动泊车辅助系统、自适应前照明系统、夜视辅助系统、平视显示系统的定义。

（3）了解前向碰撞预警系统、车道偏离预警系统、盲区监测系统、驾驶员疲劳预警系统、车道保持辅助系统、自动紧急制动系统、自适应巡航控制系统、自动泊车辅助系统、自适应前照明系统、夜视辅助系统、平视显示系统在智能网联汽车中的应用等。

技能目标

（1）能够识别智能网联汽车先进驾驶辅助系统。

（2）能够对智能网联汽车先进驾驶辅助系统的组成与原理进行分析。

素质目标

（1）培养敬业精神和服务意识。

（2）培养沟通、协调、合作的能力，逐步形成良好的心理素质。

【导入案例】

随着汽车保有量的增加，如何降低交通事故发生率和事故死亡率已成为迫切需要解决的问题。解决该问题最有效的办法之一就是配置先进驾驶辅助系统，提高汽车行驶安全性，最大限度降低交通事故发生率和事故死亡率。图 6-1 所示是奔驰 S 级汽车，它搭载了全速自适应巡航控制系统、自动紧急制动系统、车道偏离预警系统、车道保持辅助系统、盲区监测系统、驾驶员疲劳预警系统、自动泊车辅助系统等。

图 6-1　奔驰 S 级汽车

智能网联汽车先进驾驶辅助系统有什么作用？通过对本项目的学习，学生可以得到答案。

【知识探索】

6.1　先进驾驶辅助系统的定义与类型

6.1.1　先进驾驶辅助系统的定义

　　智能网联汽车先进驾驶辅助系统是利用环境感知技术采集汽车、驾驶员和周围环境的动态数据并进行分析、处理，通过提醒驾驶员或执行器介入汽车操纵，以实现驾驶安全性和舒适性的一系列技术的总称，如图 6-2 所示。

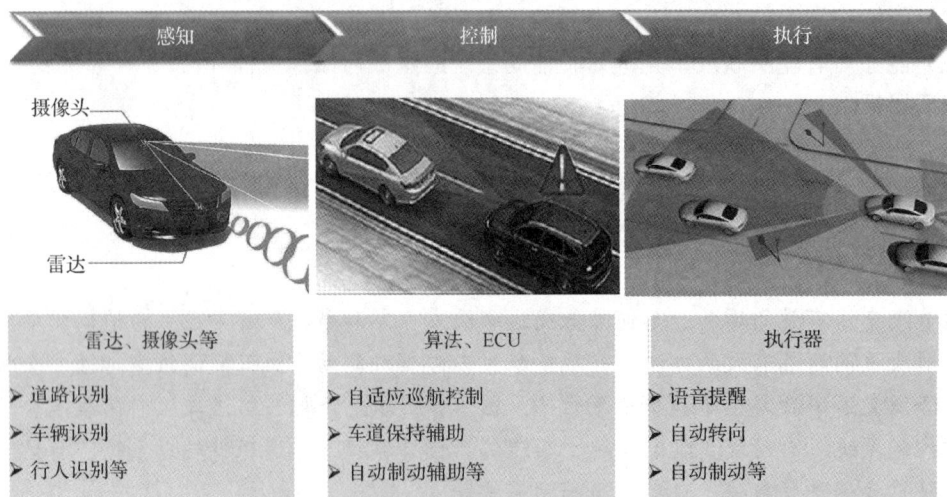

感知	控制	执行
雷达、摄像头等	算法、ECU	执行器
➤ 道路识别 ➤ 车辆识别 ➤ 行人识别等	➤ 自适应巡航控制 ➤ 车道保持辅助 ➤ 自动制动辅助等	➤ 语音提醒 ➤ 自动转向 ➤ 自动制动等

图 6-2　智能网联汽车先进驾驶辅助系统

　　先进驾驶辅助系统遵循"感知预警—主动控制—无人驾驶"的发展路线。先进驾驶辅助系统技术作为无人驾驶的过渡形态，其构成亦可以根据功能分成感知、控制、执行等模块。在实际技术研发和测试中，感知模块最先发展成熟，其应用于汽车中实现感知预警功能，对驾驶员未察觉的危险交通、道路情况进行警告，或辅助驾驶员的驾驶行为、改善其驾驶体验；随后控制与执行模块得以发展，在感知预警的基础上实现部分主动控制功能。

6.1.2　先进驾驶辅助系统的类型

　　先进驾驶辅助系统按照环境感知系统的不同可以分为自主式先进驾驶辅助系统和网联式先进驾驶辅助系统两种。

1.　自主式先进驾驶辅助系统

　　自主式先进驾驶辅助系统基于车载传感器完成环境感知，依靠车载中央控制系统进行分析、决策，技术比较成熟，多数中量产车型已经装备该系统。

　　自主式先进驾驶辅助系统按照功能的不同可以分为自主预警类、自主控制类和视野改善类等。

（1）自主预警类。自主预警是指自动监测车辆可能发生的碰撞危险并提醒，从而防止发生危险或减轻事故伤害。自主预警类先进驾驶辅助系统主要有前向碰撞预警系统、车道偏离预警系统、盲区监测系统、驾驶员疲劳预警系统等，见表 6-1。

表 6-1　自主预警类先进驾驶辅助系统

系统名称	图示	功能介绍	使用车型
前向碰撞预警系统		识别潜在的危险情况，并通过提醒帮助驾驶员避免或减少碰撞事故	日产楼兰、纳智捷大 7SUV
车道偏离预警系统	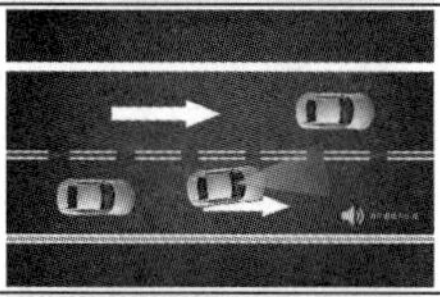	可能偏离车道时给予驾驶员提示，减少因车道偏离而发生的事故	现代全新胜达、陆风 X7
盲区监测系统		检测盲区内行驶车辆或行人	沃尔沃 XC60、奥迪 Q5
驾驶员疲劳预警系统	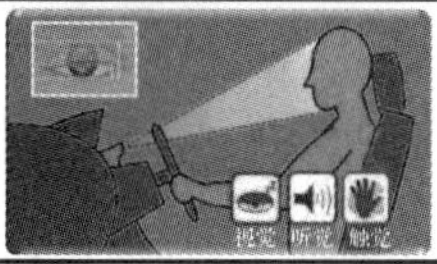	推断驾驶员的疲劳状态，进行报警提示或采取相应措施	哈弗 H9、大众途观

（2）自主控制类。自主控制是指自动监测车辆可能发生的碰撞危险并提醒，必要时系统会主动介入，从而防止发生危险或减轻事故伤害。自主控制类先进驾驶辅助系统主要有车道保持辅助系统、自动紧急制动系统、自适应巡航控制系统、自动泊车辅助系统等，见表 6-2。

表 6-2　自主控制类先进驾驶辅助系统

系统名称	图示	功能介绍	使用车型
车道保持辅助系统		修正即将越过车道线的车辆，使车辆保持在车道线内	奥迪 Q3、Jeep 自由光
自动紧急制动系统		当车辆与前车处于危险距离时，主动产生制动效果让车辆减速或紧急停车，减少因距离过短而发生的事故	丰田汉兰达、日产逍客
自适应巡航控制系统		使车辆始终与前车保持安全车距	福特锐界、丰田汉兰达
自动泊车辅助系统		自动泊车入位	福特翼虎、日产奇骏

（3）视野改善类。视野改善是指提高在视野较差环境下的行车安全性。视野改善类先进驾驶辅助系统主要有自适应前照明系统、夜视辅助系统、平视显示系统、全景泊车系统等，见表6-3。

表6-3　视野改善类先进驾驶辅助系统

系统名称	图示	功能介绍	使用车型
自适应前照明系统		自动调节前照明系统的工作模式	丰田 RAV4、沃尔沃 XC60
夜视辅助系统		晚上使用热成像，呈现行人或动物	纳智捷优 6、纳智捷大 7SUV
平视显示系统		将汽车驾驶辅助信息、导航信息、先进驾驶辅助系统信息等以投影方式显示在前方，方便驾驶员阅读	宝马 7 系、大众辉昂
全景泊车系统		360° 全景提示	哈弗 H8、吉利豪情 SUV

智能网联汽车先进驾驶辅助系统配置与自动驾驶级别有关，见表6-4。

表6-4　智能网联汽车先进驾驶辅助系统配置

项目	L1 级	L2 级	L3 级	L4 级	L5 级
名称	驾驶支持	部分自动化	有条件自动化	高度自动化	完全自动化
主要功能	前车防撞预警 车道偏离预警 盲区监测预警 驾驶员疲劳预警 车道保持辅助 自动紧急制动 自适应巡航控制 自动泊车辅助 自适应前照明 汽车夜视辅助 汽车平视辅助	拥堵辅助驾驶 车道内自动驾驶 变道辅助 全自动泊车	高速公路自动驾驶 城郊公路自动驾驶 协同式列队行驶 交叉路口通行辅助	市区自动驾驶 车路协同控制 远程泊车	无人驾驶
特征	单一功能	组合功能	特定条件 部分任务	特定条件 全部任务	全部条件 全部任务
感知系统配置	超声波传感器 毫米波雷达 视觉传感器 少线束激光雷达 4G 网络	超声波传感器 毫米波雷达 视觉传感器 少线束激光雷达 4G 网络	超声波传感器 毫米波雷达 视觉传感器 多线束激光雷达 V2X 4G 网络	超声波传感器 毫米波雷达 视觉传感器 多线束激光雷达 V2X 5G 网络	超声波传感器 毫米波雷达 视觉传感器 多线束激光雷达 V2X 5G 网络 高精度地图

2. 网联式先进驾驶辅助系统

网联式先进驾驶辅助系统基于 V2X 通信完成环境感知，依靠云端大数据进行分析、决策，例如汽车自动引导系统等，目前其处于试验阶段。

网联式先进驾驶辅助系统功能主要有交通拥堵提醒、闯红灯警示、弯道车速警示、停车标志间隙辅助、减速区警示、限速交通标志警示、现场天气信息警示、违反停车标志警示、违规穿过铁路警示、过大车辆警示等。警示不仅可以提醒驾驶员注意安全，而且可以通过 V2V、V2I 通信警示附近的车辆，从而协助防止相撞，例如有车辆在十字路口的死角闯红灯或违反停车标志时进行警示。

目前我国主要以自主式先进驾驶辅助系统为主，网联式先进驾驶辅助系统处于试验阶段，自主式和网联式融合是智能网联汽车先进驾驶辅助系统的发展趋势，如图 6-3 所示。

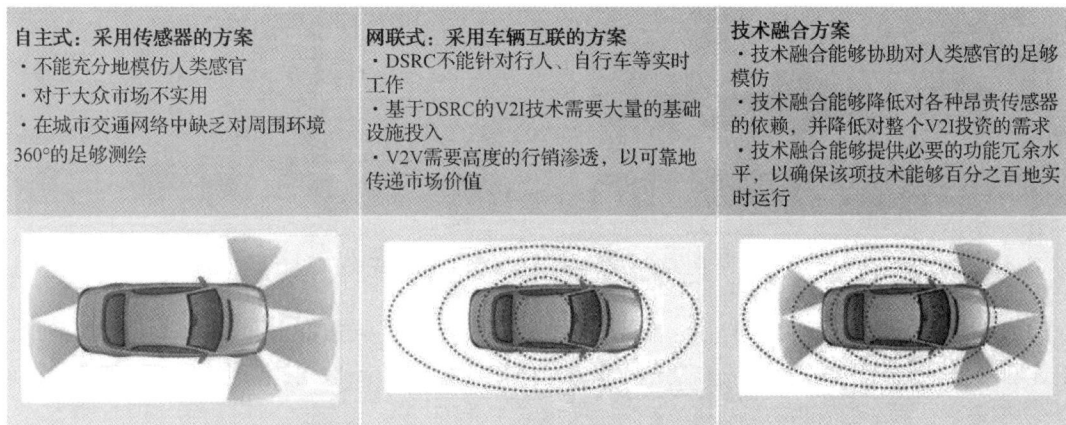

图 6-3　自主式和网联式融合是智能网联汽车先进驾驶辅助系统的发展趋势

6.2　前向碰撞预警系统

6.2.1　前向碰撞预警系统的定义与组成

1. 前向碰撞预警系统的定义

前向碰撞预警系统通过雷达或视觉传感器时刻监测前车，判断本车与前车之间的距离、方位及相对速度，当存在潜在碰撞危险时对驾驶员进行警告。一般预警的方式有警示信号、声音或收紧安全带等，如图 6-4 所示。前向碰撞预警系统一般不会采取任何制动措施去避免碰撞或控制车辆，但也有一些前向碰撞预警系统会提供不同程度的制动功能。

2. 前向碰撞预警系统的组成

前向碰撞预警系统由信息采集单元、电子控制单元和人机交互单元 3 个单元组成，如图 6-5 所示。

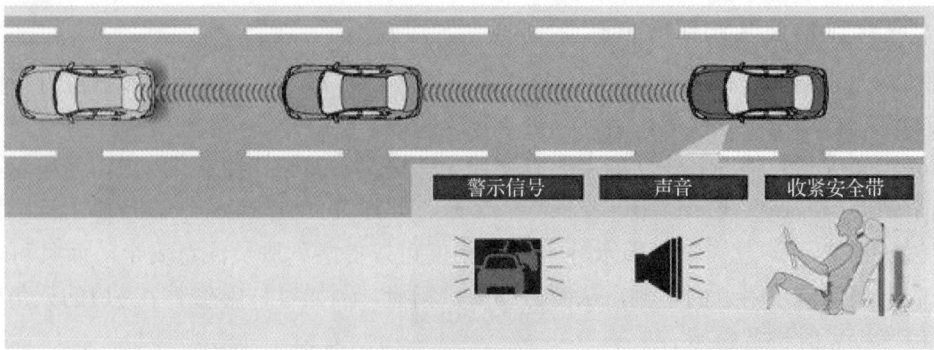

图 6-4　前向碰撞预警系统

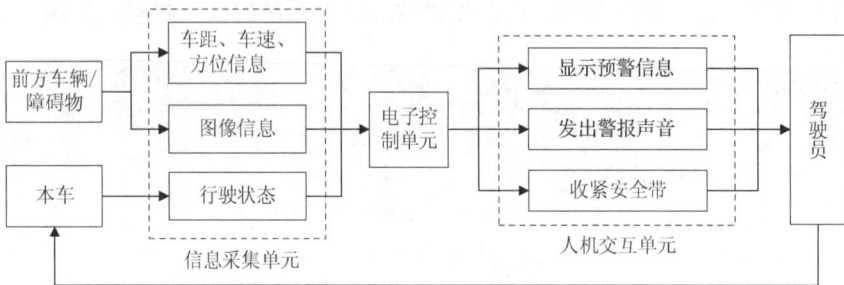

图 6-5　前向碰撞预警系统的组成

（1）信息采集单元。信息采集单元主要利用毫米波雷达采集前方车辆或障碍物的车距、车速和方位信息，利用视觉传感器采集前方车辆或障碍物的图像信息，利用自身速度和加速度传感器采集本车的行驶状态（速度、加速度等）信息。

（2）电子控制单元。电子控制单元主要对前方车辆或障碍物的图像信息和车距、车速等信息进行融合，确定障碍物的类型和距离，结合本车行驶状态信息，采用一定的决策算法，评估是否存在潜在的碰撞风险，若存在，则向人机交互单元发出预警指令。

（3）人机交互单元。人机交互单元主要接收由电子控制单元传来的预警指令，根据预警程度或级别的定义，进行相应预警信息的发布，如在仪表盘或抬头显示区域显示预警信息或闪烁预警图标、发出报警声音和收紧安全带等，提醒驾驶员采取措施进行规避。驾驶员接收预警信息后对本车采取制动行为，若碰撞风险消失，则碰撞预警取消。

6.2.2　前向碰撞预警系统的工作原理

前向碰撞预警系统主要利用雷达、视觉传感器等来进行监测。一般对本车行驶轨迹内的最近障碍车辆进行预警，并且不受在非本车行驶轨迹内的前方更近障碍物等的影响。在正确识别有效目标的基础上，结合本车当前行驶状况与有效目标运动情况进行决策、分析，最终以适时、适当的方式提醒驾驶员采取规避措施。

前向碰撞预警系统的工作原理如图 6-6 所示，它通过分析传感器获取的道路信息对前方车辆进行识别和跟踪，如果有车辆被识别出来，则对前方车距进行检测。同时利用本车速度、前车速度，根据安全车距预警模型判断追尾可能性，一旦存在追尾危险，便根据预警规则及时给予驾驶员主动预警。

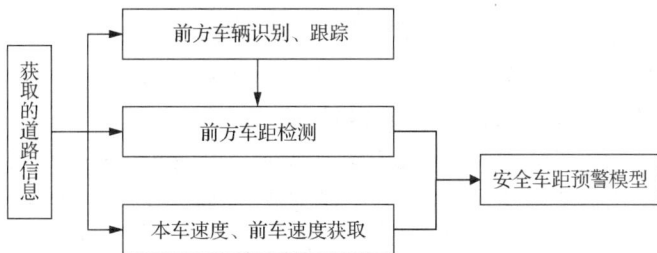

图 6-6　前向碰撞预警系统的工作原理

具体来说，前向碰撞预警系统工作过程主要分为 3 个部分，即前方车辆识别、前方车距检测、建立安全车距预警模型。

1. 前方车辆识别

前方车辆识别是前向碰撞预警系统必不可少的一个部分，也是预警实施的前提条件，可以采用单目摄像头、立体摄像头、毫米波雷达以及多传感器融合等方式实现。目前，基于单目视觉灰度图像进行车辆识别的研究极为广泛，所涉及的算法也较多，著名的先进驾驶辅助系统公司 Mobileye 就是使用单目视觉方案来解决车辆识别问题的。通常行车过程中前方的障碍物为车辆，因此一般依靠车辆特征信息，如车辆形状、车高与车宽的比例等作为识别前方车辆边缘的约束条件，对图像进行边缘增强处理后获得一些包含车辆信息的水平和垂直边缘，从而对车辆进行识别。

使用单目摄像头的算法简单，计算的实时性强，但单目视觉方案容易受到光照、阴影等外界环境因素的影响，使其可靠性降低。立体视觉是近年来兴起的另一方案，直接模拟人类视觉处理景物的方式，通过从多个视点观察同一景物，以获取在不同视角下的感知图像。但是现有的立体视觉技术还不太成熟，有待进一步开发。此外，为了突破单一传感器的局限性，采用多传感器信息融合技术也是当前研究的主流，常见的有视觉传感器与激光雷达的融合，以及视觉传感器与毫米波雷达的融合。目前，多传感器的安装导致车辆总体成本升高，车内电子控制单元计算更为复杂，存在一定的时间误差等问题。

车辆识别算法流程如图 6-7 所示。

2. 前方车距检测

前方车距检测主要采用超声波传感器、毫米波雷达、激光雷达、视觉传感器等，是前向碰撞预警系统的重要组成部分。该部分功能与前方车辆识别同时进行，以实现数据共享。距离检测传感器在行车的过程中不断获取目标的距离信息，并传输给电子控制单元进行处理。在上述传感器中，超声波传感器测距原理简单、成本较低，但

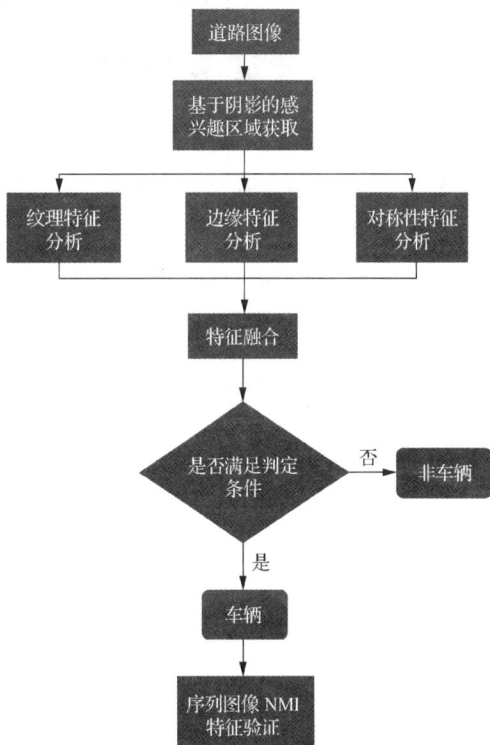

图 6-7　车辆识别算法流程

其测距精准性受室外温度影响大，衰减快，因此目前只适用于短距离测距，主要用在倒车雷达上；激光雷达价格高昂，受雨雪、尘土等环境因素影响较大。因此，在实际应用中，常用的距离检测传感器是毫米波雷达和视觉传感器。

由于高频率的毫米波雷达探测距离较远，因此通常在行车过程中，会先检测到车辆距离信息，再根据车辆距离信息变化对前方车辆进行识别，最终确定是否发出碰撞预警。

采用视觉传感器进行车辆距离测量的方法较为复杂，图像数据量较大，需要采用以太网等数据传输方案，目前常用的视觉传感器有单目摄像头和双目摄像头两种。单目摄像头在距离测量过程中采用摄像机的焦距和事先确定的参数来估算车距；而双目摄像头测距则利用视差的原理，通过对两幅图像进行分析和处理，确定物体的三维坐标，可采用"公垂线—中点法"来计算与车辆之间的距离。鉴于视觉技术采集的信息量丰富，以及目前图像处理技术的巨大进步和计算能力已经能够保证图像处理实时性要求，价格低廉的视觉传感器方案成为一种合适的选择。视觉传感器的车辆距离测量如图 6-8 所示，对于前方车辆的跟踪和测距都是动态进行的，如果前方车辆突然变道超车，前向碰撞预警系统必须马上将跟踪车辆切换到新的目标上。

图 6-8　视觉传感器的车辆距离测量

3. 建立安全车距预警模型

安全车距是指后车为了避免与前车发生意外碰撞而在行驶中与前车所保持的必要间隔距离。保持安全车距是防止追尾事故最直接、最有效、最广泛和最根本的方法之一。《中华人民共和国道路交通安全法》规定：机动车在高速公路上行驶，速度超过 100km/h 时，安全车距为 100m 以上；速度低于 100km/h 时，最小安全车距不得少于 50m。

图 6-9 所示是自车与前车的相对位置示意。图 6-9 中 X_1 为自车行驶的距离；X_2 为前车行驶的距离；D_0 为安全车距；D 为实际车间距。

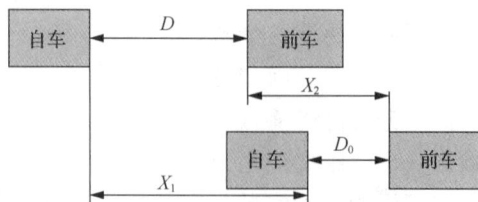

图 6-9　自车与前车的相对位置示意

建立安全车距预警模型主要是为了获得预警过程的阈值。常见的安全车距预警模型算法主要分为两类：一类是基于碰撞时间的行驶安全判断逻辑算法，另一类是基于距离的行驶安全判断逻辑算法。其中，基于碰撞时间的行驶安全判断逻辑算法主要计算从此刻起，两车若发生碰撞所花费的时间，将其与设定的安全时间阈值进行比较，若小于安全时间，则采取预警或制动措施，反之继续行驶。该算法的安全时间阈值固定，距离阈值根据车速而实时调整，但是由于两车发生碰撞的时间是基于车速和车距决定的，而两车的速度很难保证稳定，故基于碰撞时间的行驶安全判断逻辑算法应用较少。基于距离的行驶安全判断逻辑算法主要比较两车的实际距离与根据模型计算的安全车距，安全车距通常以车辆当前速度为基础进行确定，一般应大于或等于本车能够在碰撞之前制动且不发生碰撞的距离，该算法运用较为成熟。

目前经典的安全车距预警模型主要有马自达模型、本田模型以及伯克利模型，均采用基于距离的行驶安全判断逻辑算法。后续的很多模型都是在这些经典模型的基础上进行改良的。

（1）马自达模型。马自达模型主要指日本马自达公司研制的追尾碰撞避免系统，其主要设计思路如下。在正常跟车行驶情况下，该系统不工作。当发现前车减速时，该系统开始向前向碰撞预警系统发送信息。当前、后车辆距离低于本车的制动距离时，该系统向制动器发出指令，本车开始减速，最后与前车速度均减到0，此时两车仍有一定的距离。但是如果在发出报警后，驾驶员没有采取制动减速措施，该系统便启动紧急制动装置，以避免发生追尾事故。该系统的本质是实时计算最小安全车距，从而对车速进行预警和控制。

马自达公司用大量试验验证了该系统的可靠性。试验结果表明，该系统具备3个主要功能：通过扫描激光雷达对行车环境进行监测；判定车辆追尾碰撞的可能性；采用自动制动操作机构对车辆进行控制。

试验证明该系统在保护乘员安全、防止因驾驶员疏忽大意而造成车辆事故方面有明显效果。其缺点是该系统假定前车随时都会以 8m/s^2 的减速度突然制动，为避免这一极端危险的情况，计算出的报警距离较大，导致系统频繁地报警。但在实际行车中前车突然制动的情况不多，频繁地报警反而容易使驾驶员麻痹大意，甚至影响驾驶员的正常操作。

（2）本田模型。本田模型设定了两段距离——报警距离和制动距离，采用两段式报警的方式，对驾驶员的正常操作影响较小。该模型不能避免绝大多数的碰撞，只能减轻碰撞的严重程度，一旦报警可能会引起驾驶员的极度恐慌，甚至会因恐慌而失去对车辆的控制。该模型准确性较低，不能实时反映行车路面情况，对驾驶员主观因素考虑不够。另外，该模型的建立以试验数据为基础，样本点选取的合适与否对模型影响较大。

（3）伯克利模型。伯克利模型也设定了两段距离——报警距离和制动距离。报警距离是沿用马自达模型的安全车距值来设定的，并假定前车和本车最大减速度相等，参数定义和取值与马自达模型的相同。

该模型综合了马自达模型和本田模型的优点，建立了一个保守的报警距离和一个冒险的制动距离。报警可以预先给驾驶员提示危险，设定冒险的制动报警可以减少对驾驶员的干扰。而在各种运动状态下均采取同样的报警距离，不利于系统做出准确的危险判断。此外，制动报警启动时两车即将相撞，因此实际上该模型的制动报警只能减轻碰撞后果而不能避免追尾碰撞。

6.2.3　前向碰撞预警过程

前向碰撞预警功能主要用于潜在碰撞危险的提醒。为了减少驾驶员在驾驶过程中对频繁预警的忽视和厌烦，通常会设计多级不同形式的预警，以表示不同的危险程度。

为了实现不同级别的预警和紧急制动，通常设计一个无量纲的预警算法，即

$$w = \frac{D - D_b}{D_w - D_b} \tag{6-1}$$

式中，w 为警告变量，用于表征本车前向不同程度的危险情况；D 为两车距离；D_b 为制动距离；D_w 为报警距离。

完成警告变量计算后，引入 0 和 1 之间的一个值 m，作为不同形式预警的分界点，该值可以根据驾驶员自身情况进行人为划分。当 $w \geq 1$ 时，表示车辆处于十分安全的距离；当 $m < w < 1$ 时，表示车辆处于危险之中，但危险程度不大，无须紧急制动，此时可以采用仪表盘或抬头显示区域警报灯闪烁进行报警；当 $0 < w < m$ 时，表示车辆处于危险之中且危险程度很大，但无须紧急制动，需要驾驶员尽快完成制动操作，此时可以采用频率较高、声音较大的警报声进行报警；当 $w < 0$ 时，表示车辆处于极度危险状态，再不制动就会有碰撞危险，同时系统会监测驾驶员有无制动动作，若无，则启动自动紧急制动。

总体预警过程如图 6-10 所示。

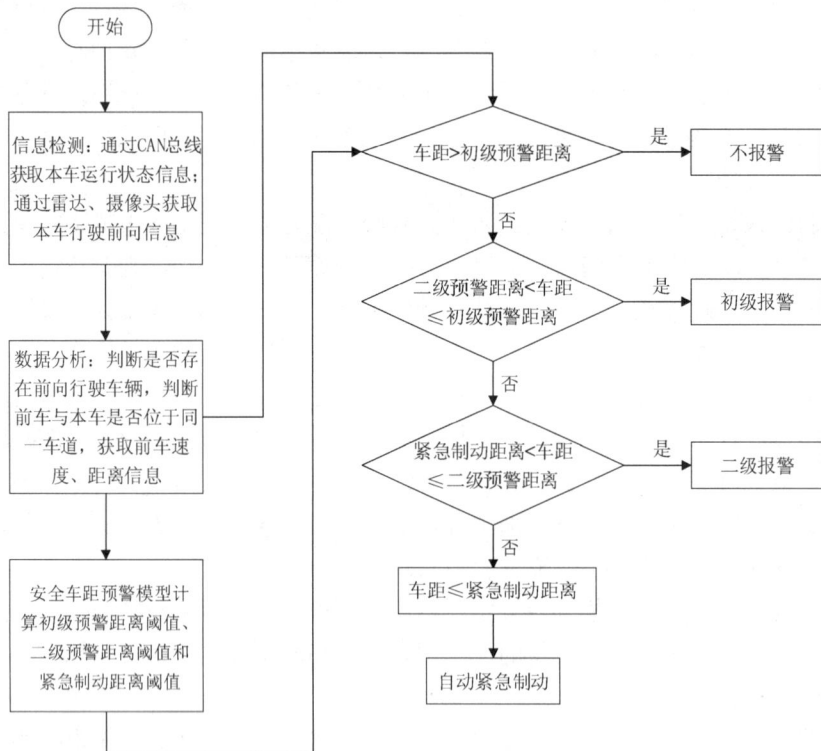

图 6-10　总体预警过程

6.2.4　前向碰撞预警系统的应用

前向碰撞预警系统能够在车距过小时主动发出报警信息，能够较好地避免由于跟车距离过小而发生的车辆追尾事故。在目前应用中，搭载前向碰撞预警系统的车型较多，应用广泛，并通常与辅助制动系统共同工作，以免在预警不及时或预警未被驾驶员采纳的情况下发生追

尾碰撞事故，提高行车的安全性和舒适性。

对于汽车防撞系统的研究，最早起源于日本，在 1999 年，本田、丰田和日产三大整车企业便开始开发自己的前向碰撞预警系统。其中，最早在车上装配该系统的是美版本田雅阁，当初称之为碰撞缓解制动系统（CMBS），并在本田产品中沿用至今。

经过 20 余年的发展，本田的碰撞缓解制动系统已经在新雅阁、思域、锋范、UR-V、新CR-V 的大部分车型中装配，并将其定义为一种预测碰撞、主动预防的安全技术系统。碰撞缓解制动系统可以实现对前方障碍物的检测，工作时主要通过雷达检测出障碍物的位置及速度，通过单目摄像头判断此障碍物的大小和形状，当车辆与前方障碍物可能发生碰撞危险时，系统通过警示音和仪表盘显示提醒驾驶员采取规避措施；当车辆与前方障碍物更加接近时，系统实施轻微制动，以体感形式再次提醒驾驶员采取规避措施；当车辆进一步接近前方障碍物时，系统实施强力制动，以辅助驾驶员规避碰撞及减轻伤害，其具体工作过程如图 6-11 所示。

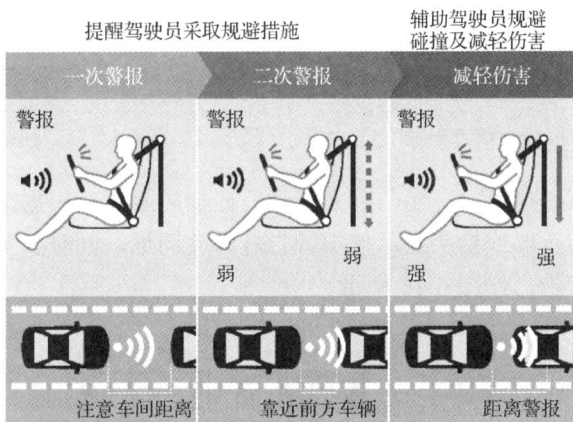

图 6-11　碰撞缓解制动系统具体工作过程

对于上汽通用的前向碰撞预警系统，当汽车行驶速度大于 40km/h 时，会自动启动前向碰撞预警功能，驾驶员也可以通过车辆设置关闭该功能，如图 6-12 所示。

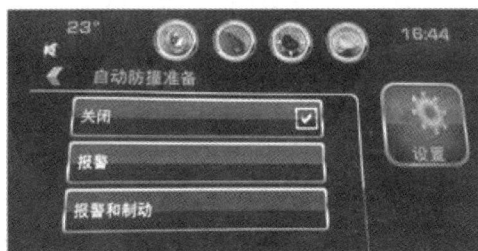

图 6-12　通过车辆设置关闭前向碰撞预警功能

前向碰撞预警系统的工作过程分为 3 个阶段：监测到前方车辆、过于接近前方车辆、与前方车辆有碰撞风险，如图 6-13 所示。

（1）监测到前方车辆。前向碰撞预警系统监测到前方车辆后会自动启动，仪表盘中的前向碰撞预警绿色指示灯点亮，如图 6-14 所示。前向碰撞预警系统探测距离约为 60m。

（2）过于接近前方车辆。前向碰撞预警系统监测到过于接近前方车辆时，仪表盘中的前向碰撞预警琥珀色指示灯点亮，如图 6-15 所示。

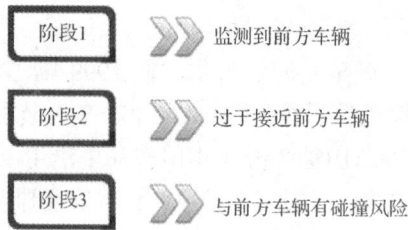

图 6-13　前向碰撞预警系统的工作过程

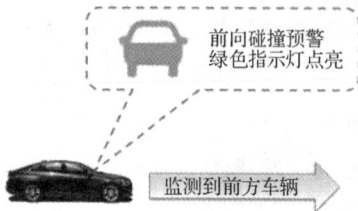

图 6-14　监测到前方车辆　　　　　　图 6-15　过于接近前方车辆

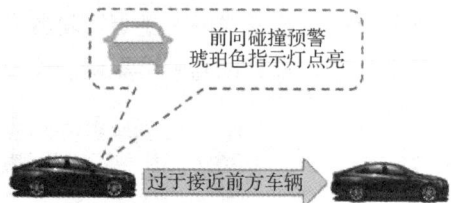

（3）与前方车辆有碰撞风险。当与前方车辆有碰撞风险时，根据车型、配置不同，前挡风玻璃上的红色碰撞指示器或抬头显示仪中警告灯将会闪烁，同时安全警报座椅发出震动警告或扬声器发出声音警告，如图 6-16 所示。

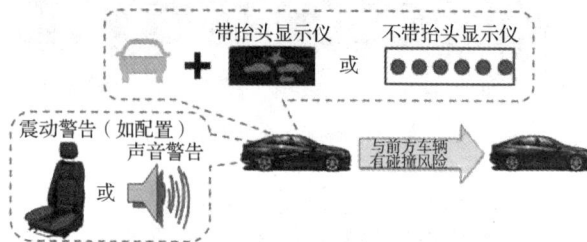

图 6-16　与前方车辆有碰撞风险

在国产品牌车型中，前向碰撞预警系统也开始逐渐应用。吉利汽车将其称作城市预碰撞安全系统，目前已经在帝豪 GL、帝豪 GS、博越、博瑞的部分车型中搭载。该系统主要通过前保险杠下方的中程毫米波雷达扫描前方路面，如图 6-17 所示。在前方车辆突然制动或减速而驾驶员并未及时做出反应的情况下，城市预碰撞安全系统会主动提醒驾驶员制动或自动进行制动，以避免碰撞发生。同时，在制动过程中系统会监测制动力与前车距离的关系，在制动力不足的情况下进行辅助制动，最大限度地避免碰撞发生。

图 6-17　吉利汽车城市预碰撞安全系统

6.3.1　车道偏离预警系统的定义与组成

1. 车道偏离预警系统的定义

车道偏离预警系统（LDWS）是车辆先进驾驶辅助系统中的重要组成部分，能根据前方道路环境和本车位置关系，判断车辆偏离车道的行为并对驾驶员进行及时提醒，从而防止由于驾驶员疏忽造成的车道偏离事故的发生，如图 6-18 所示。车道偏离预警系统是一种汽车驾驶安全辅助系统，该系统旨在帮助驾驶员避免或减少车道偏离事故发生。它通过传感器获取前方道路信息，结合车辆自身的行驶状态以及预警时间等相关参数，判断车辆是否有偏离当前所处车道的趋势。如果车辆即将发生偏离，并且驾驶员没有开转向灯，则通过视觉、听觉或触觉的方式向驾驶员发出警报。

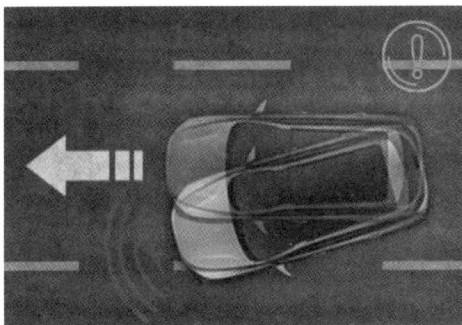

图 6-18　车道偏离预警系统

2. 车道偏离预警系统的组成

车道偏离预警系统主要由信息采集单元、电子控制单元和人机交互单元等组成，如图 6-19 所示。在该系统中，所有的信息均以数字信号的形式进行传递，通过汽车总线技术实现。

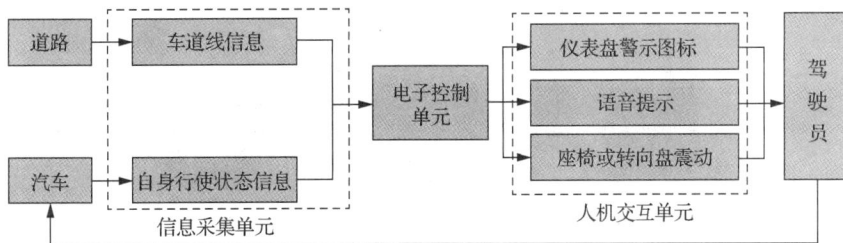

图 6-19　车道偏离预警系统的组成

（1）信息采集单元。信息采集单元主要用于实现道路车道线信息和汽车自身行驶状态信息的采集。针对不同的道路条件和传感器类型，可采用不同的车道线检测方式，包括高精度地图定位、传感器定位、视觉传感器定位等，其中采用视觉传感器定位的方式应用较为广泛。采集的自身行驶状态信息主要包括速度、加速度、转向角等数据。在完成所有信息的采集后，信息采集单元需对信息进行模/数转换，并传输给电子控制单元。

（2）电子控制单元。电子控制单元是整个系统的核心部分，需要对所有的信息进行集中处理。在处理车道线信息时，由于传感器存在测量误差，因此需要对其进行误差修正。最后综合判断汽车是否存在非正常偏离车道的现象，如果存在非正常偏离车道的现象，就发出报警信息。

（3）人机交互单元。人机交互单元通过仪表警示图标、语音提示、座椅或转向盘震动等一种或多种方式向驾驶员提示汽车当前的状态。当存在车道偏离现象时，系统会提醒驾驶员及时修正行驶方向，并可以根据偏移量的大小实现不同程度的预警效果。

6.3.2　车道偏离预警系统的工作原理

车道偏离预警系统可以在行车的全程自动或手动开启，以监控汽车行驶的轨迹。当系统正常工作时，信息采集单元将采集车道线位置、车速、汽车转向角等信息，电子控制单元将所有的信息转换到统一的坐标系下进行分析、处理，从而获得汽车在当前车道中的位置参数，并判定汽车是否发生非正常的车道偏离。当检测到在未开启转向灯的情况下，汽车距离当前车道线过近并有可能偏入临近车道时，人机交互单元就会通过转向盘震动、仪表盘警示图标、语音提示等方式发出警告，提醒驾驶员注意纠正这种无意识的车道偏离，及时回到当前行驶车道上，从而尽可能地减少车道偏离事故的发生。为了能够给驾驶员提供更多的反应时间和操控时间，车道偏离预警系统需要在偏离车道线之前发出提示。如果驾驶员打开转向灯，正常进行变道行驶，则车道偏离预警系统不会做出任何提示。

基于视觉传感器定位的车道偏离预警系统工作原理如图6-20所示。该系统使用车载CCD摄像头对道路图像进行拍摄，并将获得的图像信息输入车载电子控制单元，辨识并处理图像信息。根据识别到的车道线，判断汽车在这一时刻是否已经偏离正常的车道，若存在车道偏离现象，则发出预警信息，提醒驾驶员纠正偏离车道的汽车。

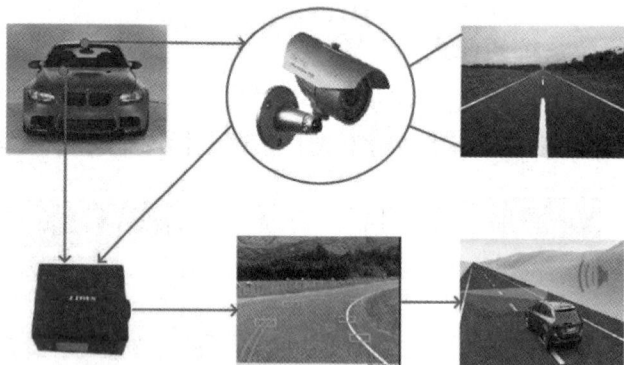

图6-20　基于视觉传感器定位的车道偏离预警系统工作原理

6.3.3　车道偏离预警算法

车道偏离预警算法是一种通过传感器检测车道线，并结合汽车位置信息和状态信息得到汽车与车道线间相对位置关系并对偏离状态进行判断的控制算法。目前大部分研究均基于视觉传感器获得车道线信息，结合车道偏离预警决策算法辨识汽车是否有偏离原车道的趋势。

现在使用频率较高的车道偏离预警算法有汽车当前位置（CCP）算法、汽车跨道时间（TLC）算法、预瞄偏移量差异（POD）算法、瞬时侧向位移算法、横向速度算法、边缘分布函数（EDF）算法、预瞄轨迹偏离（TTD）算法和路边振动带（RRS）算法等，其中 CCP 算法、TLC 算法和 POD 算法应用较为广泛。

（1）CCP 算法。CCP 算法根据汽车在所行驶的车道中的当前位置信息来判断偏离车道的程度，即通过车道线检测算法计算出汽车外侧与车道线的距离信息来判断是否预警。CCP 算法示意如图 6-21 所示。图中：L_l 为汽车左外侧至左车道线的距离；L_r 为汽车右外侧至右车道线的距离；L_t 为汽车中轴线至车道中轴线的距离；d 为车道宽度；b 为汽车宽度。

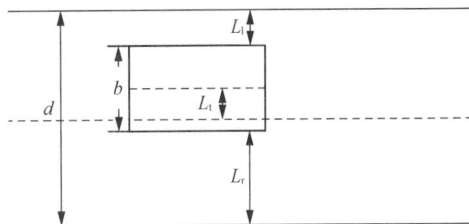

图 6-21　CCP 算法示意

假设汽车中轴线平行于车道中轴线，则汽车左右外侧相对于左右车道线的距离分别为

$$\begin{cases} L_l = \dfrac{d}{2} - \left(\dfrac{b}{2} + L_t \right) \\ L_r = \dfrac{d}{2} - \left(\dfrac{b}{2} - L_t \right) \end{cases} \tag{6-2}$$

当 $L_l > 0$ 且 $L_r > 0$ 时，表明汽车保持在行驶车道内，系统不需要预警；当 $L_l < 0$ 或 $L_r < 0$ 时，表明汽车偏离行驶车道，系统发出预警。

CCP 算法根据汽车当前的实时位置进行判断，如果触发警告阈值距离设置过大，会干扰驾驶员的正常驾驶；如果触发警告阈值距离设置过小，此时发出警告，给驾驶员预留的纠正驾驶行为的时间过短。另外，CCP 算法在汽车中轴线和车道中轴线不平行时，预警效果不理想，并且该算法还用到了摄像机标定以及图像重建等技术，提高了系统复杂性，增加了系统运算量。

（2）TLC 算法。TLC 算法根据汽车当前状态，假设未来偏离过程中速度和航向角不变来预测未来汽车轨迹，计算出汽车跨越两侧车道线所需时间，利用该时间与设置的阈值 T 进行对比，判断出汽车的偏离状态。利用车载传感器可获取当前汽车与车道中心轴的距离 L_t，当前位置汽车行驶偏差角 θ_e。假设汽车行驶速度 v 大小和方向保持不变，为计算出跨越时间 t，首先需要获取由当前位置驶出偏移方向同侧的车道边界的行驶距离 L。假设汽车未来行驶过程中航向与车道中心轴偏差角不变（实际高速公路道路为大曲率曲线，可近似满足此条件），车长为 c，车宽为 b，车道宽为 d。图 6-22 所示为 TLC 算法示意。

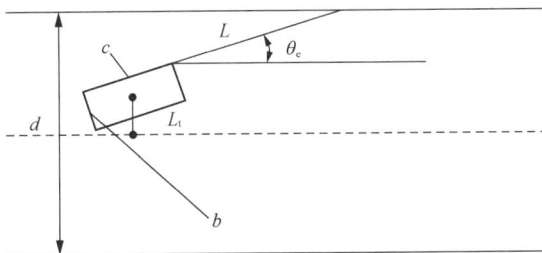

图 6-22　TLC 算法示意

实际高速行驶中 θ_e 较小，在计算汽车一侧与车道线的距离时可近似认为汽车与车道线平行，根据图 6-22 及车速 v，可计算出 L、t 分别为

$$L = \frac{\frac{d}{2} - L_t - \frac{b}{2}}{\sin\theta_e} \qquad (6\text{-}3)$$

$$t = \frac{L}{v} \qquad (6\text{-}4)$$

设 TLC 算法中确定的阈值为 T，当 $t \leqslant T$ 时，表示汽车将驶出安全区域，车道偏离预警系统应向驾驶员发出警报。

TLC 算法能够保证给驾驶员预留足够的反应时间来纠正驾驶行为，但是由于该算法一般假设汽车的速度在较短的时间内保持不变，且没有考虑汽车航向角的变化，因此 TLC 算法的误报率相对较高。

（3）POD 算法。POD 算法在实际车道线处向外扩展一条虚拟车道线，如图 6-23 所示。该虚拟车道线是根据驾驶员在自然转向时的偏离习惯而设计的，目的是降低误报率。若驾驶员从未有过这种偏离习惯，则可将虚拟车道线与实际车道线重合。

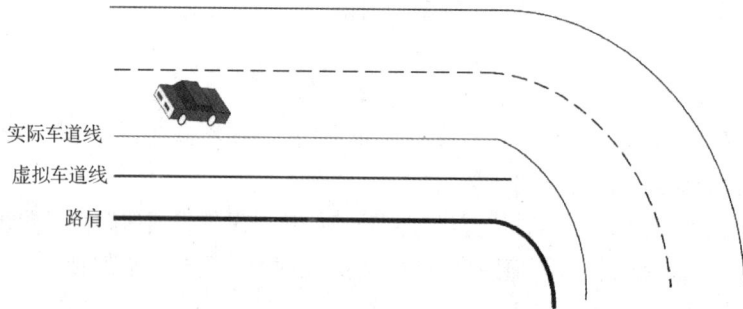

图 6-23　虚拟车道线与实际车道线

因此，可以根据驾驶员的驾驶习惯设定不同预瞄时间 t 和预瞄位置偏移量阈值 D。POD 算法示意如图 6-24 所示。

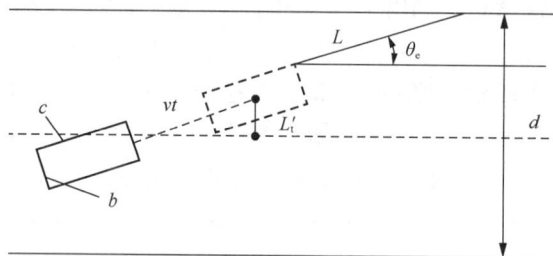

图 6-24　POD 算法示意

假设汽车航向角不变，行驶预瞄时间 t 后，计算汽车至车道中心轴的距离 L_t' 和汽车至偏移方向同侧的车道线间横向偏差 L_d。计算公式为

$$\begin{cases} L_t' = v \times t \times \sin\theta_e + L_t \\ L_d = \dfrac{d}{2} - L_t' - \dfrac{b}{2} \end{cases} \qquad (6\text{-}5)$$

假设预瞄位置偏移量阈值为 D，当 $L_d \leqslant D$ 时，表示汽车驶出安全区域，车道偏离预警系统应向驾驶员发出警报。

POD 算法的中心思想是根据汽车未来几秒的运动状态来判断是否发出车道偏离预警,其优点是误报率比较低,能给驾驶员留出足够时间采取适当措施,以避免交通事故的发生。

6.3.4　车道偏离预警系统的应用

车道偏离预警系统最初仅装配在较为高档的车型中,但是随着技术的发展,开始逐渐在所有车型上普及。但不同车型的开启方式不同,有些可在行车全程自动开启,有些需要手动开启,有些则需要在车速达到一定条件后才能自动开启。

日系车中的车道偏离预警系统装车率较高。丰田推出的 Toyota Safety Sense 智行安全系统(规避碰撞辅助套装)中便包含车道偏离预警系统,在卡罗拉、凯美瑞等部分车型中均有装配。该系统主要使用位于驾驶室顶部的视觉传感器对车道线的信息进行提取,当出现车道偏离现象时,发出声音警报,如图 6-25 所示。

图 6-25　丰田车道偏离预警系统

福特的新蒙迪欧中也配备了车道偏离预警系统,该系统在每次汽车启动后便会自动开启,驾驶员也可以选择手动关闭或再次开启。在驾驶员未开启转向灯的情况下,系统判定驾驶员对于即将越过车道线的情况没有采取任何修正的转向时,会在仪表盘中提示。新蒙迪欧车道偏离预警系统手动关闭和再次开启按钮位置如图 6-26 所示。

图 6-26　新蒙迪欧车道偏离预警系统手动关闭和再次开启按钮

国产自主品牌车型中也开始配备车道偏离预警系统。吉利汽车在博越的部分车型中配备了车道偏离预警系统。系统在行车途中默认开启,也可以点击中控屏幕对其进行开启或关闭操作,并可以设置 3 种报警距离。视觉传感器安装在挡风玻璃后方,并实时监测前方车道线,当汽车出现非主动偏航时,系统及时警示驾驶员,避免危险发生,如图 6-27 所示。

图 6-27 吉利博越车道偏离预警系统

　　车道偏离预警作为一项能够有效地规避驾驶事故发生的先进驾驶辅助系统技术，已经受到了汽车厂商的重视。随着传感器技术和智能算法的发展，车道偏离预警系统将会在汽车上得到普遍的推广。

6.4　盲区监测系统

6.4.1　盲区监测系统的定义与组成

1. 盲区监测系统的定义

　　汽车视野盲区主要有前盲区、两侧盲区（包括 A 柱盲区、B 柱盲区和 C 柱盲区）、后盲区和后视镜盲区，其中十分容易引发交通事故的是 A 柱盲区和后视镜盲区，如图 6-28 所示。

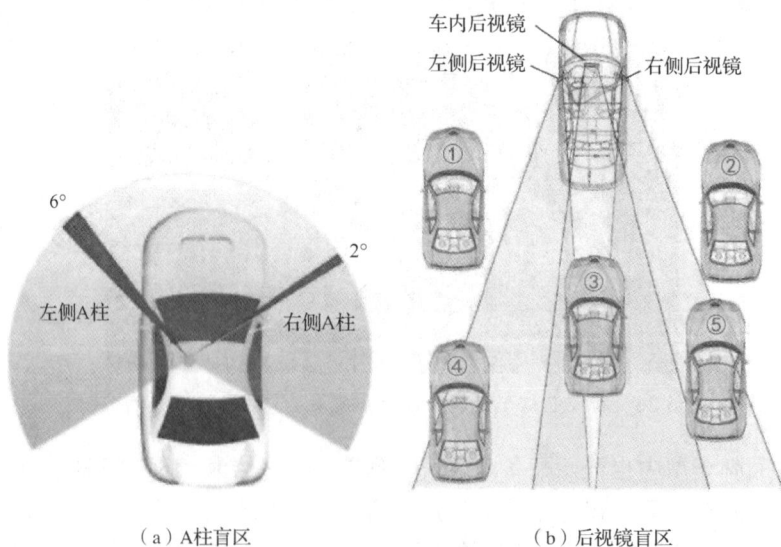

（a）A柱盲区　　　　　　　　　　　　　（b）后视镜盲区

图 6-28　A 柱盲区和后视镜盲区

盲区监测（BSD）系统也称为汽车并线辅助（LCA）系统，是汽车上的一款安全类的高科技配置。它通过超声波传感器、摄像头、雷达等车载传感器检测视野盲区内有无来车，通过左、右两个后视镜或其他地方提醒驾驶员后方安全范围内有无来车，从而消除视野盲区，提高行车的安全性，如图 6-29 所示。

图 6-29　盲区监测系统

目前很多车型都有盲区监测系统的功能配置。汽车盲区监测系统除检测车辆以外，还包括检测城市道路上汽车盲区内行人、骑行者，以及检测与识别高速公路弯道等。

盲区监测系统应具备以下功能。

（1）当有车辆或行人进入驾驶员视野盲区时，盲区监测系统应给予驾驶员提醒。

（2）盲区监测系统应在驾驶员进行变道操作时对其进行辅助，监测其他车道上快速接近的后方来车。当驾驶员因对驾驶环境误判而可能做出危险的驾驶行为时，盲区监测系统应发出警报。

（3）理想状态下，在任何路况、天气和交通环境下，盲区监测系统都能正常工作。

2．盲区监测系统的组成

盲区监测系统一般由信息采集单元、电子控制单元和预警显示单元等组成，如图 6-30 所示。

信息采集单元　→　电子控制单元　→　预警显示单元

图 6-30　盲区监测系统的组成

（1）信息采集单元。信息采集单元利用车载传感器检测汽车视野盲区里是否有行人或其他行驶车辆，并把采集到的有用信息传输给电子控制单元，车载传感器有超声波传感器、摄像头或雷达等。后视镜盲的信息采集单元一般采用毫米波雷达，A 柱盲区的信息采集单元一般采用摄像头。

（2）电子控制单元。电子控制单元对采集到的信息进行分析、判断，向预警显示单元发送信息。

（3）预警显示单元。预警显示单元接收电子控制单元发来的信息，如果有危险，则发出预警显示，此时驾驶员不可变道。

6.4.2　盲区监测系统的工作原理

盲区监测系统通过安装在车辆尾部或侧方的传感器检测后方来车或行人，使用的传感器有视觉传感器、毫米波雷达等。

当汽车速度大于某一阈值，例如 10km/h 时，盲区监测系统自动启动，如果监测范围内有车辆或行人，就会被信息采集单元监测到，并计算出其距离、速度等信息，然后将采集到的信息传递给电子控制单元；电子控制单元根据收到的信息判断进入监测范围内的车辆或行人是否会对本车造成威胁，如果会造成威胁，则通过预警显示单元提醒驾驶员，并根据危险程度、驾驶员的反应提供不同的预警方式。图 6-31 所示为盲区监测系统一级报警，当电子控制单元认为存在驾驶风险时，预警显示单元会通过安装在两侧后视镜中的 LED 显示器告知驾驶员。如果此时驾驶员没有注意到系统提醒，开转向灯准备变道，预警显示单元会通过 LED 显示器发送闪光信号并发出蜂鸣声来警告驾驶员，以避免交通事故的发生。盲区监测系统二级报警如图 6-32 所示。

图 6-31　盲区监测系统一级报警　　　　图 6-32　盲区监测系统二级报警

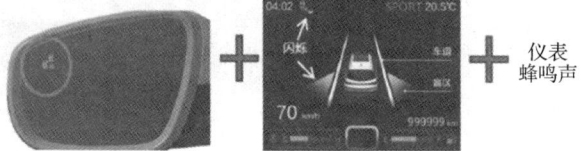

1. 基于视觉传感器的盲区监测系统

基于视觉传感器的盲区监测系统采用视觉传感器监视车身四周的视野盲区，从而减少汽车驾驶员因视野盲区而引发的意外。当车速超过 10km/h 时，盲区监测系统自动启动，若在警示区域内出现移动物体，系统便会向驾驶员发出警示，驾驶员根据提示灯，注意其车辆视野盲区中的移动物体；驾驶员也可通过中控台上的按钮关闭该系统。

基于视觉传感器的盲区监测系统在每侧车门后视镜上分别安装一台数字摄像机，该系统通过对比所拍摄的照片判断盲区内是否有移动的车辆。该系统能昼夜工作，它不但能够识别汽车和摩托车，还能够识别停靠的汽车、路障、路灯和其他静止物体，并进行相应处理。

基于视觉传感器的盲区监测系统能够满足盲区监测系统对实时性、鲁棒性等技术性能的要求，不仅能对道路上出现的状况做出快速的反应，而且对不同的道路环境和变化的天气条件具有良好的自适应能力。

2. 基于毫米波雷达的盲区监测系统

基于毫米波雷达的盲区监测系统具有以下优势。

（1）穿透能力强，不受天气影响。毫米波无论在洁净空气中还是在雨雾、烟尘等中的衰减，都弱于红外线、微波等，因此毫米波雷达具有更强的穿透能力。毫米波雷达波束窄、频带宽、分辨率高，在大气窗口频段不受白天和黑夜的影响，具有全天候的特点。

（2）体积小巧，识别精度较高。毫米波雷达波长短、天线口径小、元器件尺寸小，这使得毫米波雷达系统体积小、质量轻，容易安装在汽车上。对于相同的物体，毫米波雷达的截面积大，灵敏度较高，可探测和定位小目标。

（3）可实现远距离感知与探测。由于毫米波在大气中衰减弱，所以毫米波雷达可以感知与探测到更远的距离，其中远程毫米波雷达可以实现超过 200m 的感知与探测。

毫米波雷达的诸多优势，使其在盲区监测系统传感器中占据很大的市场份额。

对于智能网联汽车，也可以采用 V2V 和 V2I 通信，告知驾驶员视野盲区内是否有车辆或行人。

6.4.3　盲区监测系统的应用

盲区监测系统能避免行车安全隐患，提高车辆行驶安全性，许多汽车厂商都推出了各自的盲区监测系统，最初这些系统只用于高端车型，如宝马 7 系、奥迪 A8、奔驰 S 级等。随着盲区监测系统的不断发展，其成本逐渐降低，在中低端车型中也逐渐普及，如奥迪 A4、沃尔沃 S40、东风标致 508/408 等，都配有盲区监测系统。

不同汽车厂商的盲区监测系统各具特色，命名方式也不尽相同，但其差异主要是所用的环境感知传感器不同、预警显示单元的反应不同等。

沃尔沃从 2005 年起就率先在 XC70、V70 和 S60 等车型上安装了盲区监测系统，称之为盲点信息系统，此后沃尔沃的全系车型都相继采用这套系统。

沃尔沃的盲点信息系统的环境感知传感器采用的是位于外后视镜根部的摄像头，对 3m 宽、9.5m 长的扇形盲区进行 25fps 的图像监控，如图 6-33 和图 6-34 所示。如果有速度大于 10km/h，且与车辆本身速度差为 20～70km/h 的移动物体（车辆或行人）进入该盲区，系统会对比每帧图像；当系统认为其进一步接近时，A 柱上的警示灯就会亮起，避免发生事故。

图 6-33　环境感知传感器安装位置

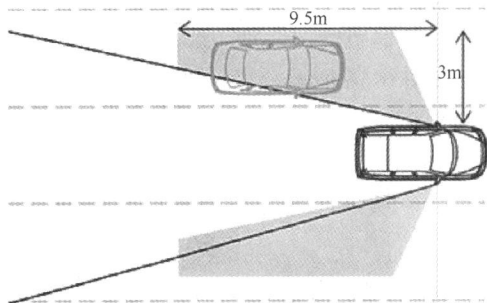

图 6-34　盲点信息系统的工作范围

沃尔沃的盲点信息系统也存在缺陷，由于其基于可见光成像系统采集图像，当能见度极差时，如大雾或暴风雪天气下，系统无法工作，不过此时盲点信息系统也会对驾驶员做出相应提示。同时，如果确认安全或通过集市这样非常拥挤的路段，也可以手动关闭盲点信息系统。

奥迪侧向辅助系统如图 6-35 所示，它采用 24GHz 毫米波雷达，安装在后保险杠的左右两侧，从外观上不易察觉。奥迪的第一代侧向辅助系统所用毫米波雷达探测范围在 50m 以内，而新一代侧向辅助系统所用毫米波雷达探测范围已扩展为 70～100m，系统有更充裕的时间告知驾驶员周围车辆的信息。该系统在车速大于 30km/h 的情况下自动启动，既适用于高速公路和主干道，也适用于城市工况，可以监视车后区域，并在并线时提醒驾驶员注意旁边车道潜在的危险。如果后方有车辆快速驶来，位于外后视镜框架上的 LED 显示器会被点亮；如果驾驶员已经打开转向灯开始并线，而此时旁边车道正好有车辆从后方快速接近，位于外后视镜框架上的 LED 显示器会以强光闪烁警告驾驶员。

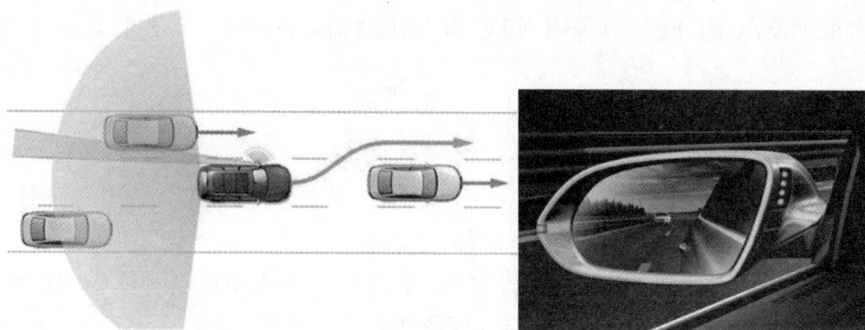

图 6-35　奥迪侧向辅助系统

6.5　驾驶员疲劳预警系统

6.5.1　驾驶员疲劳预警系统的定义与组成

1. 驾驶员疲劳预警系统的定义

驾驶员疲劳预警系统在驾驶员精神状态下滑或进入浅层睡眠时，会依据驾驶员精神状态指数分别给出语音提示、震动提醒、电脉冲警示等，警告驾驶员已经进入疲劳状态，需要休息，如图 6-36 所示。其作用就是监视并提醒驾驶员自身的疲劳状态，减少驾驶员疲劳驾驶的潜在危害。

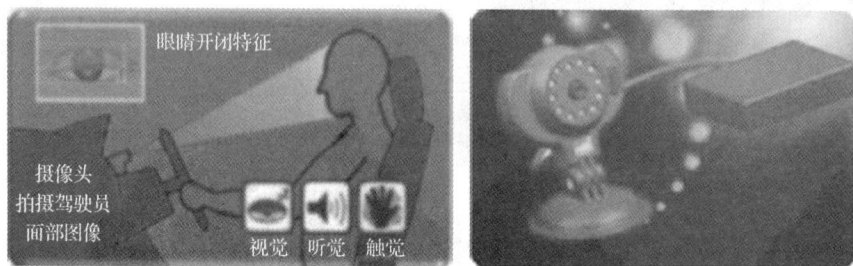

图 6-36　驾驶员疲劳预警系统

驾驶员疲劳预警系统也称为防疲劳预警系统、疲劳识别系统、注意力警示辅助系统、驾驶员安全警告系统等。

2. 驾驶员疲劳预警系统的组成

驾驶员疲劳预警系统一般由信息采集单元、电子控制单元和预警显示单元等组成，如图 6-37 所示。

（1）信息采集单元。信息采集单元主要利用传感器采集驾驶员信息和汽车行驶信息。驾驶员信息包括驾驶员的面部特征、眼

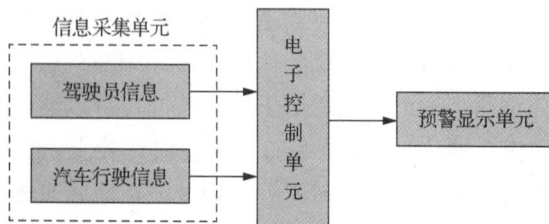

图 6-37　驾驶员疲劳预警系统的组成

部信号、头部运动性等；汽车行驶信息包括转向盘转角、行驶速度、行驶轨迹等，这些信息的采集取决于系统的设计。

（2）电子控制单元。电子控制单元接收信息采集单元传来的信息，进行运算和分析，判断驾驶员疲劳状态。如果经运算和分析发现驾驶员处于一定的疲劳状态，则向预警显示单元发出信号。

（3）预警显示单元。预警显示单元根据电子控制单元传递的信息，通过语音提示、震动提醒、电脉冲警示等方式对驾驶员进行预警。

6.5.2　驾驶员疲劳检测方法

驾驶员疲劳检测方法主要有基于驾驶员自身特征（包括生理信号和生理反应特征）的检测方法、基于汽车行驶状态的检测方法和基于多特征信息融合的检测方法等。

1. 基于驾驶员生理信号的检测方法

驾驶员在疲劳状态下，一些生理信号如脑电、心电、肌电、脉搏、呼吸等会偏离正常状态。因此，可以通过生理传感器检测驾驶员的这些生理信号来判断驾驶员是否处于疲劳状态。

（1）脑电信号检测。脑电信号是人脑机能的宏观反应，利用脑电信号反映人体的疲劳状态，客观并且准确。脑电信号被誉为疲劳检测中的"金标准"。人在疲劳状态下，慢波增加，快波减少。利用脑电信号检测驾驶员疲劳状况，判定的准确率较高，但是操作复杂且不适用于车载实时监测。

（2）心电信号检测。心电信号主要包括心率及心率变异性等。其中，心率综合反映了人体的疲劳程度与任务和情绪的关系；心率变异性是心脏神经活动的紧张度和均衡度的综合体现。心电信号是判定驾驶员疲劳的有效特征，准确度高。利用心电信号检测人体疲劳状况需要将电极与人体相接触，会给驾驶员的正常驾驶带来不便。

（3）肌电信号检测。通过对肌电信号的分析，可以反映人体的疲劳程度。肌电信号的频率随着疲劳的产生和疲劳程度的加深呈现下降趋势，而肌电信号的幅值增大则表明疲劳程度增大。该信号检测方法比较简单，结论较明确。

（4）脉搏信号检测。人体精神状态不同，心脏活动和血液循环也会有差异，而人体脉搏信号的形成依赖于心脏和血液循环。因此，利用脉搏信号检测驾驶员的疲劳状态具有可行性。

（5）呼吸信号检测。人体疲劳状态的一个重要表现就是呼吸频率降低，呼吸变得平缓。在正常驾驶过程中，驾驶员精神集中，呼吸频率相对较高，如果驾驶期间与他人交谈，呼吸频率变得更高，同时呼吸的周期性变差。当驾驶员疲劳驾驶时，注意力集中程度降低，思维不活跃，此时呼吸变得平缓。因此，通过检测驾驶员的呼吸状况来判定疲劳驾驶也成为研究驾驶员疲劳预警系统的一个重要方面。

基于驾驶员生理信号的检测方法客观性强、准确性高，但与检测仪器有较大关系，而且都是接触式检测，会干扰驾驶员的正常操作，影响行车安全。而且，由于不同人的生理信号特征有所不同，并与心理活动关联较大，在实际用于驾驶员疲劳检测时有很大的局限性。

2. 基于驾驶员生理反应特征的检测方法

基于驾驶员生理反应特征的检测方法一般采用非接触式检测，利用机器视觉技术检测驾驶员面部的生理反应特征，如眼睛特征、视线方向、嘴部状态、头部位置等来判断驾驶员疲劳状态。

（1）眼睛特征检测。驾驶员眼球的运动和眨眼信息被认为是反映其疲劳的重要特征，眨眼幅度、眨眼频率和平均闭合时间都可直接用于检测疲劳。目前被认为非常有应用前景的实时疲劳检测方法——PERCLOS（Percent of Eye Closure，指在一定的时间内眼睛闭合时所占的时间比例）检测，指出 PERCLOS 的 P80（单位时间内眼睛闭合程度超过 80%时间占总时间的百分比）与驾驶员疲劳程度的相关性最大。为了提高疲劳检测准确率，可以综合平均睁眼程度、最长闭眼时间的特征作为疲劳指标，可以达到较高的疲劳检测准确率。通过眼睛特征检测驾驶员的疲劳程度，不会对驾驶员行为带来任何干扰，因此它成为这一领域现行研究的热点。

（2）视线方向检测。把眼球中心与眼球表面亮点的连线定为驾驶员视线方向。正常状态下，驾驶员正视车辆前方，同时视线方向移动速度比较快；疲劳时，驾驶员视线方向的移动速度会变慢，表现出迟钝现象，并且视线轴会偏离正常的位置。通过摄像头获取眼睛的图像，对眼球建模，把视线是否偏离正常范围作为判别驾驶员是否疲劳的特征之一。

（3）嘴部状态检测。人在疲劳时往往有频繁的"打哈欠"动作，如果检测到打哈欠的频率超过一个预定的阈值，则判断驾驶员已处于疲劳状态。基于此原理，可以完成对驾驶员的疲劳检测。

（4）头部位置检测。在驾驶过程中，驾驶员在正常状态和疲劳状态时其头部位置是不同的，可以利用驾驶员头部位置的变化来检测其疲劳程度。利用头部位置传感器，对驾驶员的头部位置进行实时跟踪，并且根据头部位置的变化规律判定驾驶员是否疲劳。

基于驾驶员生理反应特征的检测方法的优点是表现疲劳的特征直观、明显，可实现非接触式检测；缺点是检测识别算法比较复杂，疲劳特征提取困难，且检测结果受光线变化和个体生理状况的变化影响较大。

3. 基于汽车行驶状态的检测方法

基于汽车行驶状态的检测方法，不是从驾驶员本人出发去研究，而是从驾驶员对汽车的操控情况去间接判断驾驶员是否疲劳。该检测方法主要利用 CCD 摄像头和车载传感器检测汽车行驶状态，间接推测驾驶员的疲劳状态。

（1）基于转向盘的检测。基于转向盘的检测包括转向盘转角信号检测和转向盘力信号检测。

驾驶员疲劳时对汽车的控制能力下降，转向盘转角左右摆动的幅度会较大，然后在一段时间内其值没有明显变化，同时操纵转向盘的频率会下降。通过对转向盘转角时域、频域和幅值域的分析，转向盘转角的方差或平方差可以作为疲劳驾驶评价指标。通过检测驾驶员驾驶过程中转向盘转角的变化情况来检测驾驶员的疲劳程度，是驾驶员疲劳预警系统研究的热点方向。这种方法数据准确、算法简单，并且转向盘转角信号与驾驶员疲劳状况联系紧密。

驾驶员疲劳时，其对转向盘的握力逐渐减小。通过传感器实时检测驾驶员把握转向盘的力，通过一系列分析，判断驾驶员的疲劳程度。

驾驶员对转向盘的操纵特征能间接、实时地反映驾驶员的疲劳程度，具有可靠性高、无接触的优点，由于传感器技术的限制，其准确度有待提高。

（2）汽车行驶速度检测。通过实时检测汽车的行驶速度，判断汽车是处于有效控制状态还是处于失控状态，从而间接判断驾驶员是否疲劳。

（3）车道偏离检测。驾驶员疲劳驾驶时，由于注意力分散、反应迟钝，汽车可能偏离车道。

基于汽车行驶状态的检测方法的优点是采用非接触式检测，信号容易提取，不会对驾驶员造成干扰，以汽车的现有装置为基础，只需增加少量的硬件，具有很高的实用价值。其缺点是受到汽车的具体型号、道路的具体情况，以及驾驶员的驾驶习惯、驾驶经验和驾驶条件等限制，目前此方法检测的准确性不高。

4. 基于多特征信息融合的检测方法

依据信息融合技术，将基于驾驶员生理信号、生理反应特征和汽车行驶状态相结合是理想的检测方法，大大降低了采用单一方法造成的误警或漏警现象。信息融合技术的应用，使驾驶员疲劳检测技术得到进一步的发展和提高，能客观、实时、快捷、准确地判断出驾驶员的疲劳程度，避免疲劳驾驶所引起的交通事故，是驾驶员疲劳检测技术的发展方向。

6.5.3　驾驶员疲劳预警系统的应用

比亚迪公司开发的防疲劳驾驶预警系统是基于驾驶员生理图像反应，利用驾驶员的面部特征、眼部信号、头部运动性等推断驾驶员的疲劳状态，并进行提示、报警和采取相应措施的装置。其同时具备对环境的强抗干扰能力，对行车安全给予主动、智能的安全保障。

比亚迪防疲劳驾驶预警系统主要由摄像头和 ECU 两大模块组成，如图 6-38 所示。

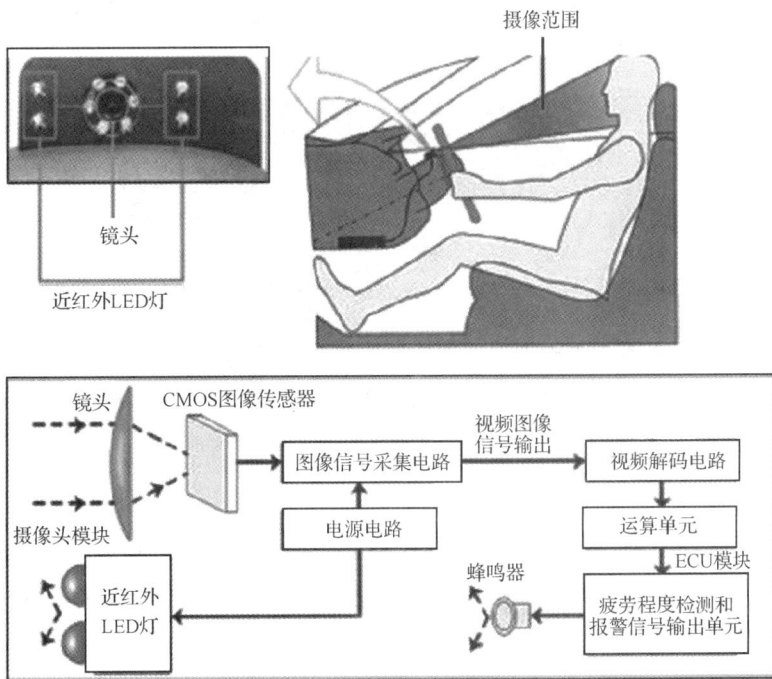

图 6-38　比亚迪防疲劳驾驶预警系统

（1）摄像头模块。摄像头模块主要由镜头、CMOS 图像传感器、近红外 LED 灯、图像信号采集电路及电源电路组成。CMOS 图像传感器将通过镜头的光信号转换为电信号，实时拍摄驾驶员的头、肩部姿态，并通过连接线将信号输送至 ECU 进行处理。近红外 LED 灯在必要时点亮，进行补光，使得系统无论在白天、夜晚都能正常工作。

（2）ECU 模块。ECU 模块主要由视频解码电路、运算单元、疲劳程度检测和报警信号输出单元、蜂鸣器组成。视频解码电路接收由摄像头模块输出的视频图像信号，解码后送入运算单元进行处理，如果经计算发现驾驶员处于一定的疲劳程度，则由疲劳程度检测和报警信号输出单元驱动蜂鸣器进行报警。

随着汽车市场的发展，社会对生命关怀程度的加深，政府对交通安全重视程度的加深，技术的进一步成熟，硬件成本的逐渐降低，驾驶员疲劳检测产品越来越被企业和个人接受与应用，它必将具备极佳的市场应用前景。

6.6　车道保持辅助系统

6.6.1　车道保持辅助系统的定义与组成

1. 车道保持辅助系统的定义

车道保持辅助（LKA）系统是由车道偏离预警系统发展而来的，是一种能够主动检测汽车行驶时的横向偏移，并对转向和制动系统进行协调、控制的系统。该系统能够实现主动对车道偏离现象进行纠正，使汽车保持在预定的车道上行驶，从而减轻驾驶员负担，减少交通事故的发生，如图 6-39 所示。

图 6-39　车道保持辅助系统

2. 车道保持辅助系统的组成

车道保持辅助系统主要由信息采集单元、电子控制单元和执行单元等组成，如图 6-40 所示。在系统工作期间，驾驶员将会接收车道偏离的报警信息，并选择对转向系统和制动系统中的一项或多项动作进行控制，也可交由系统完全控制。系统中所有的信息均以数字信号的形式进行传递，通过汽车总线技术实现。

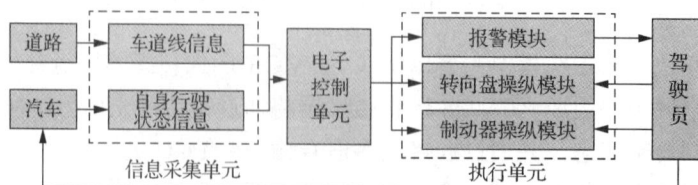

图 6-40　车道保持辅助系统的组成

（1）信息采集单元。信息采集单元在车道保持辅助系统中的功能与在车道偏离预警系统中的功能相似，主要通过传感器采集道路车道线信息和汽车自身行驶状态信息，并发送给电子控制单元。

（2）电子控制单元。电子控制单元主要通过特定的算法对信息进行处理，并判断是否做出车道偏离修正的相应操作。该单元性能直接影响车道偏离修正的及时性，因此在选择中央处理器和设计控制算法时，要着重考虑运算能力和运算速度。

（3）执行单元。执行单元主要分为 3 个模块，即报警模块、转向盘操纵模块和制动器操纵模块。其中报警模块与车道偏离预警系统的类似，通过转向盘或座椅震动、仪表盘警示图标、语音提示中的一种或多种形式实现。转向盘操纵模块和制动器操纵模块是车道保持辅助系统中特有的，其主要实现横向运动和纵向运动的协同控制，并保证汽车在车道保持辅助系统工作期间具有一定的行驶稳定性。

6.6.2　车道保持辅助系统的工作原理

车道保持辅助系统可以在行车的全程或速度达到某一阈值后开启，并可以手动关闭，实时保持汽车的行驶轨迹。当系统正常工作时，信息采集单元通过车载传感器采集车道线信息和汽车自身行驶状态信息，电子控制单元对信息进行处理，比较车道线和汽车的行驶方向，判断汽车是否偏离行驶车道。当汽车可能偏离行驶车道时，发出报警信息；当汽车距离偏离侧车道线小于一定阈值或已经有车轮偏离车道时，电子控制单元计算出辅助操舵力和减速度，根据偏离的程度控制转向盘和制动器操纵模块，施加操舵力和制动力，使汽车稳定地回到正常轨道；若驾驶员打开转向灯，则汽车正常进行变道行驶，系统不会做出任何提示。

车道保持辅助系统的工作过程如图 6-41 所示。在系统起作用时，将不同时刻的汽车行驶照片重叠后可以看出，第二个车影已经偏离了行驶轨道，于是系统发出报警信息；第三个和第四个车影是系统主动进行车道偏离纠正的过程；在第五个车影时，汽车已经重新处于正确的行驶轨道上。车道保持辅助系统完成了一个完整的工作周期。

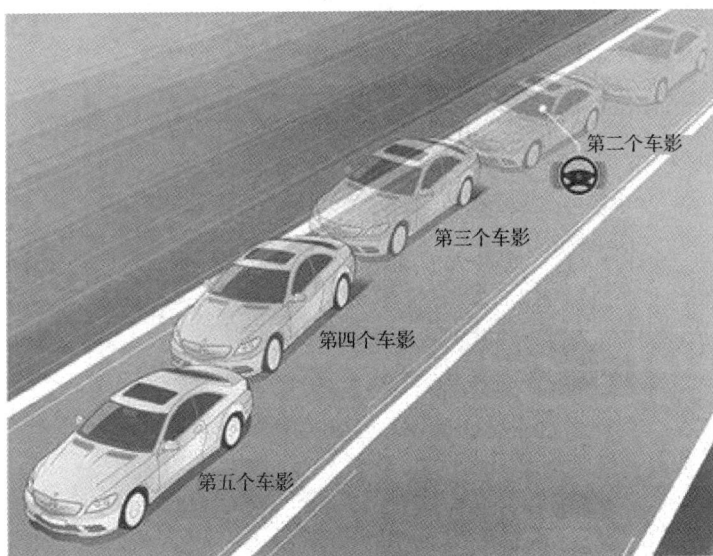

图 6-41　车道保持辅助系统的工作过程

6.6.3　车道保持辅助系统的应用

车道保持辅助系统目前已经在较多车型中配备，不仅提高了行车的安全性，防止开车过程中驾驶员注意力不集中造成的车道偏离现象，也使驾驶员养成了变道主动开启转向灯的习惯，否则车道保持辅助系统将会发出报警或产生较大的转向阻力矩。目前日系车中车道保持辅助系统的配置率较高，如日产、丰田、本田等品牌。

本田对车道保持辅助系统也有较为深入的研究，目前已经在新雅阁、思域、CR-V 等车型中运用车道保持辅助系统，如图 6-42 所示。本田车道保持辅助系统主要通过单目摄像机识别车道两侧的车道线，并辅助施加转向盘转向操作，使车辆始终保持在车道中间行驶，大幅缓解高速行驶时的驾驶员驾驶疲劳。

图 6-42　本田车道保持辅助系统

大众 CC 也搭载了车道保持辅助系统，如图 6-43 所示。其原理是通过紧贴在前挡风玻璃上的数字式灰度摄像头实时拍摄前方道路上的左右车道线，对其进行监控。拍摄到的图像由计算机转换成数据并进行处理，分析汽车是否行驶在车道线的中间，若汽车的偏移量超出了允许值，便会向电动助力转向系统（EPS）发出修舵动作指令，加以干预纠正，汽车便会自动回到两条车道线中间。如果遇到弯度较大的弯道且车道线清晰，汽车也会自动沿着弯道转弯行驶。

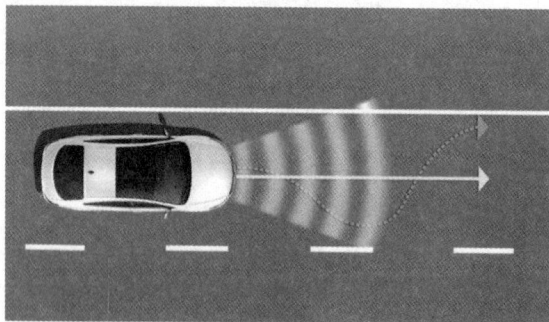

图 6-43　大众 CC 车道保持辅助系统

福特的部分车型中也搭载了车道保持辅助系统，如图 6-44 所示。该系统主要采用 Gentex 公司出品的多功能摄影系统，核心架构为 Mobileye 公司的 EyeQ 视讯处理器。这个处理器可以处理摄像头所收集的信息，实现车道侦测、车辆侦测、行人侦测、大灯控制等功能。

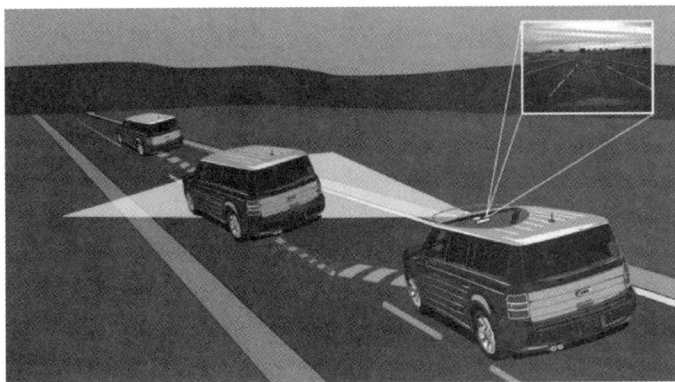

图 6-44　福特车道保持辅助系统

6.7　自动紧急制动系统

6.7.1　自动紧急制动系统的定义与组成

1. 自动紧急制动系统的定义

自动紧急制动（AEB）系统可以预知潜在的碰撞危险并及时通知驾驶员，而且在必要的情况下，此系统会自动控制制动踏板完成制动操作，以避免或减轻碰撞伤害，如图 6-45所示。

图 6-45　自动紧急制动系统

目前，全球主流的汽车厂商都有自己的预碰撞安全系统，不过各个厂商的叫法各不相同，功能的实现效果及技术细节也有所不同，如大众 Front Assist 系统、沃尔沃 CWAB 系统、奔驰 PRE-SAFE 系统、斯巴鲁 Eye Sight 系统等。

2. 自动紧急制动系统的组成

自动紧急制动系统主要由行车环境信息采集单元、电子控制单元和执行单元等组成，如图 6-46 所示。

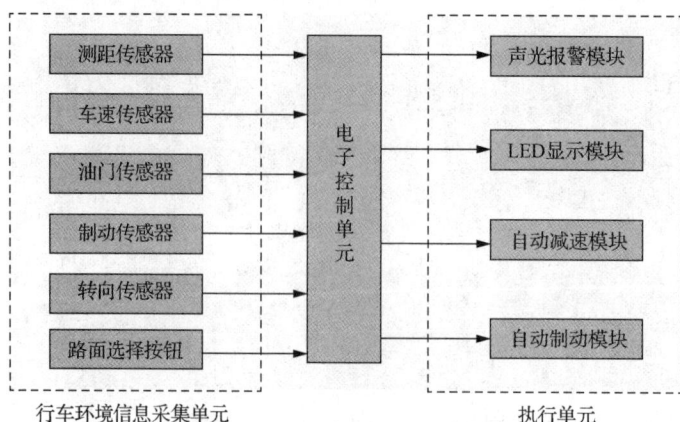

图 6-46　自动紧急制动系统的组成

（1）行车环境信息采集单元。行车环境信息采集单元由测距传感器、车速传感器、油门传感器、制动传感器、转向传感器、路面选择按钮等组成，对行车环境进行实时检测，得到相关行车信息。测距传感器用来检测本车与前方目标的相对距离以及相对速度，目前，常见的测距传感器有超声波传感器测距、毫米波雷达测距、激光雷达测距、红外线传感器测距和视觉传感器测距等；车速传感器用来检测本车的速度；油门传感器用来检测驾驶员在收到系统提醒报警后是否及时松开油门，对本车实行减速措施；制动传感器用来检测驾驶员是否踩下制动踏板，对本车实行制动措施；转向传感器用来检测车辆目前是否正处于弯道路面行驶或处于超车状态，系统凭此来判断是否需要进行报警、抑制；路面选择按钮用来方便驾驶员对路面状况信息进行选择，从而方便系统对报警距离进行计算。需要采集的信息因系统不同而不同。所有采集到的信息都将被送往电子控制单元。

（2）电子控制单元。电子控制单元接收行车环境信息采集单元的检测信号后，综合收集到的信息，依照一定的算法程序对车辆行驶状况进行分析、计算，判断车辆所适用的预警状态模型，同时对执行单元发出控制指令。

（3）执行单元。执行单元可以由多个模块组成，如声光报警模块、LED 显示模块、自动减速模块和自动制动模块等，根据系统不同而不同。它用来接收电子控制单元发出的控制指令，并执行相应的动作，达到预期的预警效果，实现相应的车辆制动功能。当系统检测到存在危险状况时，首先进行声光报警提醒驾驶员；当系统发出报警之后，如果驾驶员没有松开油门，则系统会发出自动减速控制指令；在车辆减速之后系统检测到危险仍然存在时，说明目前车辆行驶处于极度危险的状况，需要对车辆实施自动强制制动。

6.7.2　自动紧急制动系统的工作原理

汽车自动紧急制动系统采用测距传感器测出与前车或障碍物的距离，然后利用电子控制单元将测出的距离与报警距离、安全车距等进行比较，小于报警距离时就进行报警提示，而小于安全车距时，即使在驾驶员没来得及踩制动踏板的情况下，自动紧急制动系统也会启动，使汽车自动制动，从而为安全出行保驾护航。

图 6-47 所示为自动紧急制动系统的工作过程。自动紧急制动系统从传感器探测到前车（目标车辆）开始，持续监测与前车之间的距离以及前车的速度，同时从总线获取本车的速

度信息，通过简单的运算，结合对普通驾驶员反应能力的研究，判断当前形势并采取合适的应对措施。

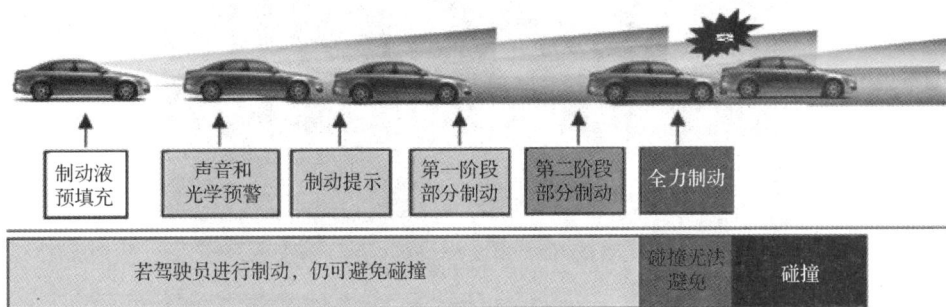

图 6-47　自动紧急制动系统的工作过程

6.7.3　自动紧急制动系统的应用

斯巴鲁 EyeSight 系统主要通过前挡风玻璃的两个立体摄像头模拟人类的立体视觉，来判断车辆前方的路口，探测范围在 79m 内，可以识别汽车、行人、摩托车等，如图 6-48 所示。

图 6-48　斯巴鲁 EyeSight 系统

斯巴鲁 EyeSight 系统在前、后车速不同的情况下会采取不一样的措施。当车速差低于 30km/h 时，系统能识别车辆、行人的路径等，如检测到危险时，驾驶员没有及时制动，系统可以自动协助制动，甚至完全把车辆制动停止，以避免发生碰撞。而在一些越野路段中，也可以将系统关闭。而在车速差为 30km/h 以上时，系统不是以制动停止的方式而是以适当减速的方式最大限度地降低碰撞速度。

沃尔沃 CWAB 系统以雷达、摄像头同时探测，雷达负责探测车辆前方 150m 内的范围，摄像头则负责监测前方 55m 内的车辆动态，如图 6-49 所示。当与前车距离过近或路中间有行人时，系统会通过类似于制动灯的警示灯亮起等方式，提醒驾驶员注意。如果发出警示后碰撞的风险仍然在增加，制动支持功能则会被激活。制动片能缩短响应时间，预充液压增强制动压力，确保驾驶员在没有用力踩制动踏板的情况下也能实现有效制动。如果驾驶员没有实施制动而系统预见碰撞即将发生，制动器将被激活，自动采取制动措施。

图 6-49　沃尔沃 CWAB 系统

　　除了 CWAB 系统，沃尔沃还研发了城市安全系统与之相配合，该系统在时速 30km 以下时启动，自动探测前方 10m 内是否有静止或移动中的车辆。如果前车突然制动，而驾驶员对系统发出的警告未采取任何行动，车辆就会自动制动。如果两车的相对速度差低于 15km/h，该系统启动后可以使车辆自动制动停止，避免碰撞的发生。当两车的相对速度差为 15～30km/h 时，该系统可在碰撞发生前将车辆速度降至最低，最大限度地减少本车与前车乘员及车辆因碰撞而产生的损伤。

　　随着汽车安全技术涉及的范围越来越广、越来越细，现代汽车正朝着更加智能化、自动化和信息化的机动一体化方向发展。汽车自动制动系统应和其他控制系统相结合，采用智能传感器、快速响应的执行器、高性能电子控制单元、先进的控制策略、无线通信等技术，以提高汽车的主动安全性，使汽车从被动防撞减少伤害向主动避撞减少事故的方向发展。

6.8　自适应巡航控制系统

6.8.1　自适应巡航控制系统的定义与组成

1. 自适应巡航控制系统的定义

　　自适应巡航控制（ACC）系统是在汽车行驶过程中，安装在汽车前部的车距传感器持续扫描汽车前方道路，同时轮速传感器采集车速信号。当前汽车（以下简称主车）与前方车辆之间的距离小于或大于安全车距时，自适应巡航控制系统控制单元通过与制动系统、发动机控制系统协调动作，改变制动力矩和发动机输出功率，对主车行驶速度进行控制，以使主车与前方车辆始终保持安全车距行驶，避免追尾事故发生，同时提高通行效率，如图 6-50 所示。如果主车前方没有车辆，则主车按设定的车速巡航行驶。

　　对于电动汽车，发动机更换为驱动电机，系统则通过改变制动力矩和驱动电机的输出功率来控制电动汽车的行驶速度。

　　自适应巡航控制系统在控制主车制动时，通常会将制动减速度限制在不影响驾驶员舒适的程度。当需要更大的减速度时，自适应巡航控制系统会发出预警信号通知驾驶员主动采取制动操作。当主车与前方车辆之间的距离增大到安全车距时，自适应巡航控制系统控制主车按照设定的车速行驶。

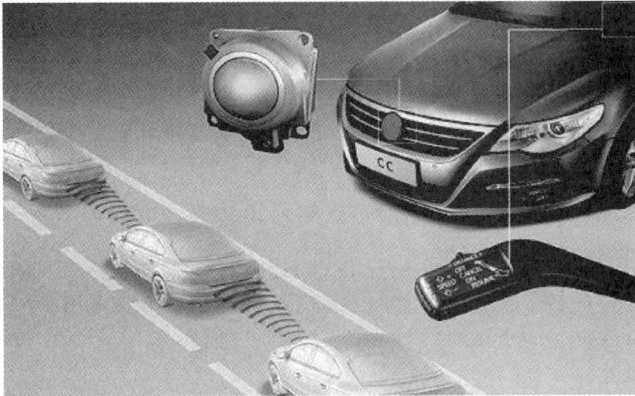

图 6-50　自适应巡航控制系统

2. 自适应巡航控制系统的组成

燃油汽车自适应巡航控制系统主要由信息感知单元、电子控制单元、执行单元和人机交互界面等组成，如图 6-51 所示。

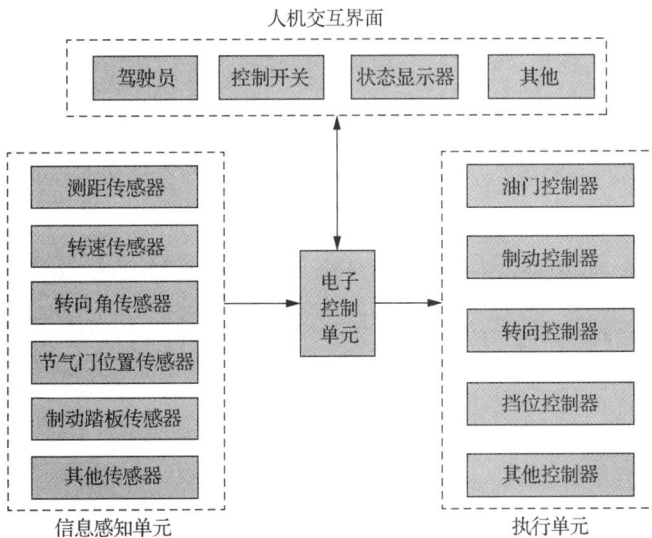

图 6-51　燃油汽车自适应巡航控制系统的组成

（1）信息感知单元。信息感知单元主要用于向电子控制单元提供自适应巡航控制系统所需要的各种信息，主要由测距传感器、转速传感器、转向角传感器、节气门位置传感器、制动踏板传感器等组成。测距传感器用于获取主车与前方车辆之间的距离信号，一般使用激光雷达或毫米波雷达，也可使用视觉传感器；转速传感器用于获取实时车速信号，一般使用霍尔式转速传感器；转向角传感器用于获取主车转向信号；节气门位置传感器用于获取节气门开度信号；制动踏板传感器用于获取制动踏板动作信号。

（2）电子控制单元。电子控制单元根据驾驶员所设定的安全车距及车速，结合信息感知单元传送来的信息确定主车的行驶状态，决策主车的控制策略，并输出油门开度和制动压力信号给执行单元。例如，当主车与前方车辆之间的距离小于设定的安全车距时，电子控制单元通过计算实际车距和安全车距之差及相对速度的大小选择减速方式，或通过报警器向驾驶员发出报警，提醒驾驶员采取相应的措施。

（3）执行单元。执行单元主要执行电子控制单元发来的指令，实现主车速度和加速度的调整，包括油门控制器、制动控制器、转向控制器和挡位控制器等。油门控制器用于调整节气门的开度，使汽车加速、减速及定速行驶；制动控制器用于控制制动力矩或紧急情况下的制动；转向控制器用于控制主车的行驶方向；挡位控制器用于控制主车变速器的挡位。

（4）人机交互界面。人机交互界面用于驾驶员设定系统参数及系统状态信息的显示等。驾驶员可通过设置在仪表盘或转向盘上的人机交互界面启动或清除自适应巡航控制系统控制指令。启动自适应巡航控制系统时，要设定主车与前方车辆之间的安全车距以及在巡航状态下的车速，否则自适应巡航控制系统将自动设置为默认值，但所设定的安全车距不可小于设定车速下交通法规所规定的安全车距。

电动汽车自适应巡航控制系统也由信息感知单元、电子控制单元、执行单元和人机交互界面等组成，如图 6-52 所示。电动汽车相比于燃油汽车，其自适应巡航控制系统的信息采集单元没有节气门位置传感器，执行单元没有油门控制器和挡位控制器，相应增加了电动机控制器和再生制动控制器。信息感知单元将传感器测量的距离、速度和加速度等信号输入电子控制单元；电子控制单元对主车行驶环境及运动状态进行分析、计算、决策，输出转矩和制动压力信号；执行单元用于完成电子控制单元的指令，通过电动机控制器和制动控制器来调节主车的行驶速度；人机交互界面为驾驶员对系统的运行进行观察、干预和控制提供操作界面。

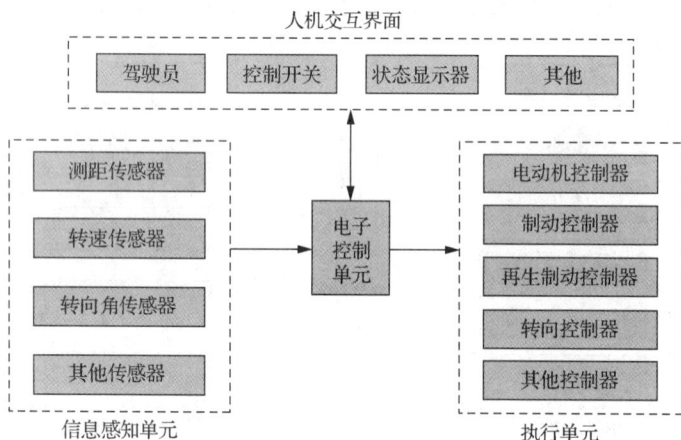

图 6-52　电动汽车自适应巡航控制系统的组成

6.8.2　自适应巡航控制系统的工作原理

1. 燃油汽车自适应巡航控制系统的工作原理

燃油汽车自适应巡航控制系统的工作原理如图 6-53 所示。驾驶员启动自适应巡航控制系统后，主车在行驶过程中，安装在主车前部的测距传感器持续扫描主车环境，同时，转速传感器采集主车速度。如果主车前方没有车辆或与前方车辆距离很远且速度很快，控制模式选择模块就会激活巡航控制模式，自适应巡航控制系统将根据驾驶员设定的车速和转速传感器采集的主车速度自动调节加速踏板等，使主车达到设定的车速并巡航行驶；如果前方车辆存在且离主车较近或速度很慢，控制模式选择模块就会激活跟随控制模式，自适应巡航控制系统将根据驾驶员设定的安全车距和转速传感器采集的主车速度计算出期望车距，并与测距传感器采集的实际车距比较，执行机构自动调节制动压力和油门开度等使主车以安全车距稳定地跟随前方车辆行驶。同时，自适应巡航控制系统会把主车目前的一些状态参数显示在人机交互界面上，方便驾驶员进行判断，也装有紧急报警系统，在自适应巡航控制系统无法避免碰撞时及时警告驾驶员并由驾驶员处理紧急状况。

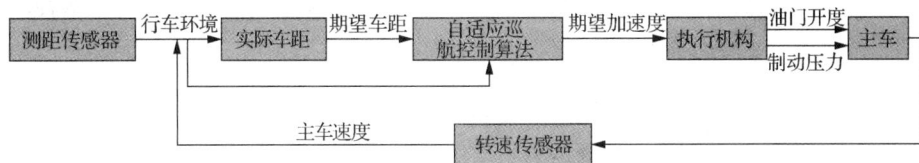

图 6-53　燃油汽车自适应巡航控制系统的工作原理

2. 电动汽车自适应巡航控制系统的工作原理

电动汽车自适应巡航控制系统的工作原理如图 6-54 所示，它与燃油汽车自适应巡航控制系统工作原理基本一样，唯一区别是燃油汽车控制的是油门开度，调节发动机输出转矩；电动汽车控制的是电动机转矩，调节电动机的输出转矩，而且增加了再生制动控制器。

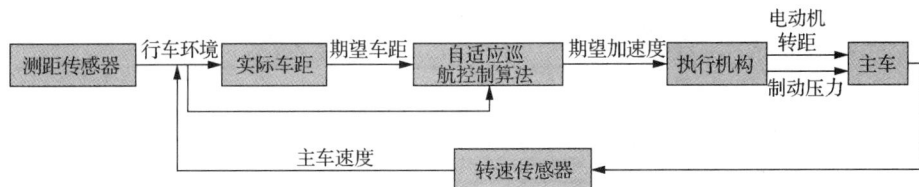

图 6-54　电动汽车自适应巡航控制系统的工作原理

6.8.3　自适应巡航控制系统的作用

自适应巡航控制系统通过对汽车纵向运动进行自动控制，以减轻驾驶员的劳动强度，保障行车安全，并通过方便的方式为驾驶员提供辅助支持。自适应巡航控制系统具有以下作用。

（1）自适应巡航控制系统可以自动控制车速，但在任何时候驾驶员都可以主动进行加速或制动。当驾驶员对巡航控制状态下的汽车进行制动后，自适应巡航控制系统就会终止巡航控制；当驾驶员对巡航控制状态下的汽车进行加速，停止加速后，自适应巡航控制系统会按照原来设定的车速进行巡航控制。

（2）通过测距传感器的反馈信号，自适应巡航控制系统可以根据前方车辆的移动速度判断道路情况，并控制汽车的行驶状态；根据反馈式加速踏板感知驾驶员施加在踏板上的力，自适应巡航控制系统可以决定是否执行巡航控制，以减轻驾驶员疲劳程度。

（3）自适应巡航控制系统分为基本型和全速型。基本型自适应巡航控制一般在车速大于 30 km/h 时才会起作用，而当车速降低到 30km/h 以下时，就需要驾驶员进行人工控制。全速型自适应巡航控制系统在车速低于 30km/h 直至汽车静止时都适用，在低速行驶时仍能保持与前方车辆的距离，并能对汽车进行制动直至其处于静止状态。如果前方车辆在几秒内再次启动，装备自适应巡航控制的汽车将自动跟随启动。如果汽车停留时间较长，驾驶员只需通过简单操作，例如轻踩加速踏板就能使汽车再次进入自适应巡航控制模式。通过这种方式，即使在高峰或拥堵时段，自适应巡航控制系统也能进行辅助驾驶。

（4）自适应巡航控制系统使汽车的编队行驶更加轻松。自适应巡航控制系统可以设定自动跟踪的汽车，当汽车跟随前方车辆行驶时，自适应巡航控制系统可以将汽车调整为与前方车辆相同的速度，同时保持稳定的安全车距，而且这个安全车距可以通过转向盘上的设置按钮进行选择。

（5）带辅助转向功能的自适应巡航控制系统不仅可以使汽车自动与前方车辆保持一定车距，而且能够控制汽车自动转向，使得驾驶过程更加安全、舒适。

6.8.4 自适应巡航控制系统的工作模式

自适应巡航控制系统的工作模式主要有定速巡航控制、减速控制、跟随控制、加速控制、停车控制和启动控制等，如图 6-55 所示。假设汽车设定行驶速度为 100km/h，前方车辆行驶速度为 80km/h。

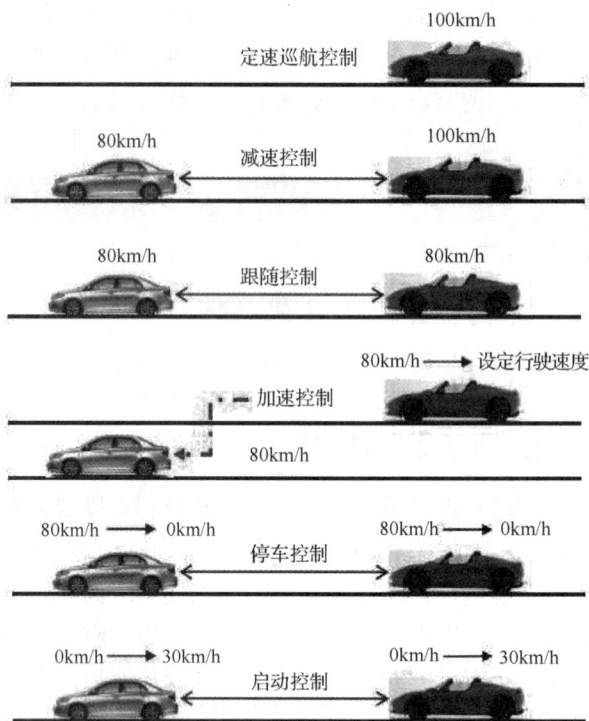

图 6-55　自适应巡航控制系统的工作模式

（1）定速巡航控制。定速巡航控制是自适应巡航控制系统基本的功能。当汽车前方无车辆行驶时，汽车将处于普通的巡航行驶状态，自适应巡航控制系统按照设定行驶速度对汽车进行定速巡航控制。

（2）减速控制。当汽车前方有车辆，且前方车辆的行驶速度小于汽车的行驶速度时，自适应巡航控制系统将控制汽车进行减速，确保汽车与前方车辆之间的距离为所设定的安全车距。

（3）跟随控制。当自适应巡航控制系统将汽车速度减至设定行驶速度之后采用跟随控制，使汽车与前方车辆以相同的速度行驶。

（4）加速控制。当前方车辆加速行驶或变道，或当汽车变道行驶使得前方又无车辆时，自适应巡航控制系统将对汽车进行加速控制，使汽车恢复到设定行驶速度。在恢复设定行驶速度后，自适应巡航控制系统又转入对汽车的定速巡航控制。

（5）停车控制。若前方车辆减速停车，汽车也减速停车。

（6）启动控制。若汽车处于停车等待状态，当前方车辆突然启动时，汽车也将启动，与前方车辆行驶状态保持一致。

当驾驶员参与汽车驾驶后，自适应巡航控制系统会自动退出对汽车的控制。

6.8.5　自适应巡航控制系统的控制方法

燃油汽车自适应巡航控制系统的控制方法如图 6-56 所示。它分为双层控制，第一层根据雷达信号、速度和加速度传感器信号控制速度和加速度，获得期望速度和期望加速度信号；第二层接收第一层信号以控制驱动系统和制动系统，输出节气门开度指令和制动压力指令，从而控制发动机和液压制动装置。

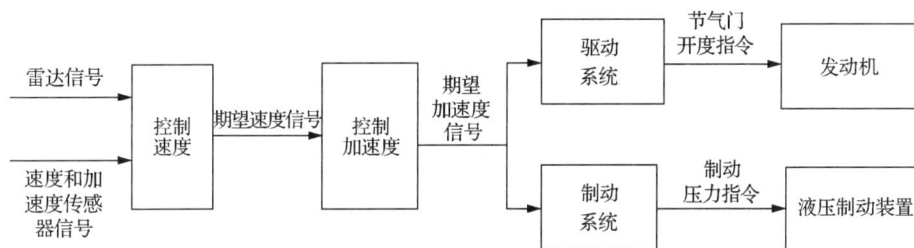

图 6-56　燃油汽车自适应巡航控制系统的控制方法

电动汽车自适应巡航控制系统的控制方法如图 6-57 所示。它分为三层控制，第一层根据雷达信号和传感器信号控制加速度和转矩，获得期望加速度和期望转矩信号；第二层对第一层输出的期望转矩信号进行分配控制，获得期望电动机驱动转矩信号、期望电动机制动转矩信号和期望液压制动转矩信号；第三层接收第二层信号以协调控制驱动系统和制动系统，输出电动机驱动转矩指令、电动机制动转矩指令和液压制动转矩指令，分别控制驱动电动机和液压制动装置。

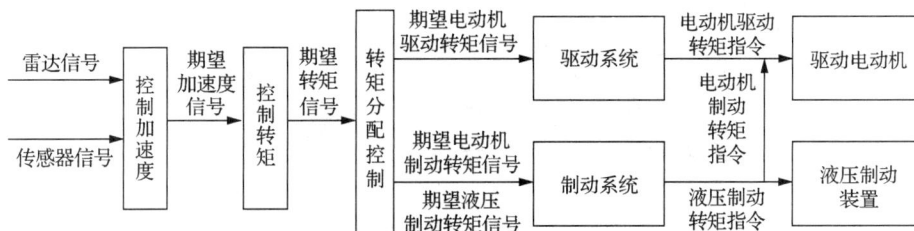

图 6-57　电动汽车自适应巡航控制系统的控制方法

6.8.6　自适应巡航控制系统的应用

自适应巡航控制系统使汽车辅助驾驶的品质达到了新的高度，驾驶员的大量任务可由自适应巡航控制系统自动完成，在很大程度上减轻了驾驶员的负担。目前，自适应巡航控制系统主要应用在中高档汽车上，但随着自适应巡航控制系统的不断发展与完善，一些中低档汽车也开始装配自适应巡航控制系统。

沃尔沃自适应巡航控制系统如图 6-58 所示，其通过前挡风玻璃的摄像头以及隐藏在前格栅内的雷达来监测前方路况，在汽车速度超过 30km/h 时，按下转向盘上的启动键，就可以激活自适应巡航控制系统。当前方有车辆时，汽车自动跟着前方车辆行驶，但不会超过设定的速度；如果前方没有车辆，汽车就按设定的速度行驶。

图 6-58　沃尔沃自适应巡航控制系统

沃尔沃自适应巡航控制系统具有以下功能。

（1）它在 0～200km/h 的速度范围内都可以实现自动跟车。

（2）对前方车辆的识别能力强。当前方车辆转弯或超过前方车辆时，能快速捕捉到新的前方车辆，继续自动跟车行驶。

（3）如果有车辆插队驶入两车之间，自适应巡航控制系统会调节车速以保持之前设定的两车之间的安全车距。

（4）具有辅助超车功能。如果感觉前方车辆行驶较慢，当驾驶员开启转向功能进入另外一条车道准备超车时，汽车会瞬时加速以尽快超过前方车辆。

长安新 CS75 也装配了自适应巡航控制系统，如图 6-59 所示。驾驶员只需要在开启功能之后进行简单的设定，就可以在高速公路上行驶汽车，甚至在堵车的时候"解放"双脚。长安新 CS75 的全速自适应巡航控制系统还可以通过语音进行速度限定，该车型能够根据前方车辆的速度进行自我速度的调节，始终控制与前方车辆保持安全车距，便捷而高效。

图 6-59　长安新 CS75 自适应巡航控制系统

未来自适应巡航控制系统将同其他的汽车电子电控系统相互融合，形成智能汽车电子控制系统，在导航卫星系统的指引下，利用环境感知技术和网络通信技术，实现自动驾驶功能。

6.9　自动泊车辅助系统

6.9.1　自动泊车辅助系统的定义与组成

1.　自动泊车辅助系统的定义

自动泊车辅助（APA）系统是利用车载传感器探测有效泊车空间，并辅助控制车辆完成泊车操作的一种汽车先进驾驶辅助系统，如图 6-60 所示。

图 6-60　自动泊车辅助系统

相比于传统的电子辅助功能，比如倒车雷达、倒车影像显示等，自动泊车辅助系统智能化程度更高，减轻了驾驶员的操作负担，有效降低了泊车的事故率。

2.　自动泊车辅助系统的组成

自动泊车辅助系统主要由感知单元、中央控制器、转向执行机构和人机交互系统组成，如图 6-61 所示。

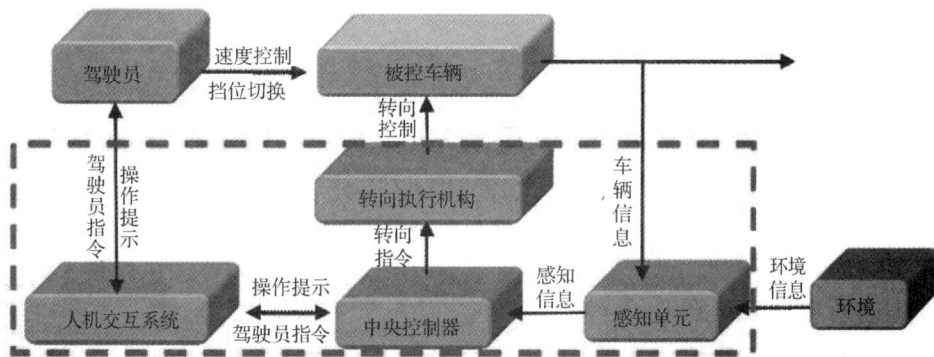

图 6-61　自动泊车辅助系统的组成

（1）感知单元。感知单元通过车位检测传感器、避障保护传感器、转速传感器、陀螺仪、挡位传感器等实现对环境信息和车辆信息的感知，并把感知信息发送给中央控制器。

（2）中央控制器。中央控制器主要分析、处理感知单元获取的环境信息以及车辆信息。在泊车过程中，中央控制器实时接收并处理避障保护传感器输出的信息，当汽车与周围物体相对距离小于设定安全值时，中央控制器将采取合理的汽车运动控制措施。

（3）转向执行机构。转向执行机构由转向系统、转向驱动电机、转向电机控制器、转向柱转角传感器等组成。转向执行机构接收中央控制器发出的转向指令后对被控制车辆执行转向控制操作。

（4）人机交互系统。在泊车过程中，人机交互系统显示一些重要信息给驾驶员。

6.9.2 自动泊车辅助系统的工作原理

自动泊车辅助系统的工作原理是通过车载传感器扫描汽车周围环境，通过对环境区域的分析和建模，搜索有效泊车位，当确定目标车位后，系统提示驾驶员停车并自动启动自动泊车程序，根据所获取的车位大小、位置信息，由程序计算泊车路径，然后自动操纵汽车泊车入位。

从原理上分析，自动泊车辅助系统的工作过程如图 6-62 所示。

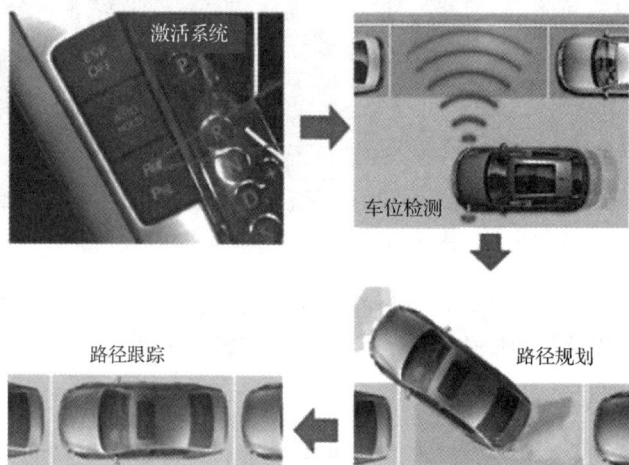

图 6-62 自动泊车辅助系统的工作过程

（1）激活系统。汽车进入停车区域后缓慢行驶，人工开启自动泊车辅助系统，或根据车速自动启动自动泊车辅助系统。

（2）车位检测。通过车载传感器获取环境信息，传感器主要采用测距传感器（如雷达）和视觉传感器（如摄像头），然后识别出目标车位。

（3）路径规划。根据所获取的环境信息，电子控制单元对汽车和环境进行建模，计算出一条能使汽车安全泊车入位的路径。

（4）路径跟踪。系统通过对转角、油门和制动的协调控制，使汽车跟踪预先规划的泊车路径，实现轻松泊车入位。

自动泊车辅助系统泊车过程中，驾驶员需要控制制动踏板、加速踏板及排挡杆等，转向盘操作由计算机完成，目前已装备于量产车型。全自动泊车辅助系统在泊车过程中，不需要驾驶员控制汽车完成任何操作，所有泊车过程全部由计算机控制，目前处于测试阶段。

6.9.3　自动泊车辅助系统的应用

雪佛兰科鲁兹配备了自动泊车辅助系统，可以实现水平和垂直两种方式自动泊车，如图 6-63 所示。在泊车入位过程中，驾驶员仅需控制制动踏板、加速踏板及排挡杆等，转向盘操作由计算机完成，帮助驾驶员准确将车停到目标车位，方便驾驶员操控车辆。

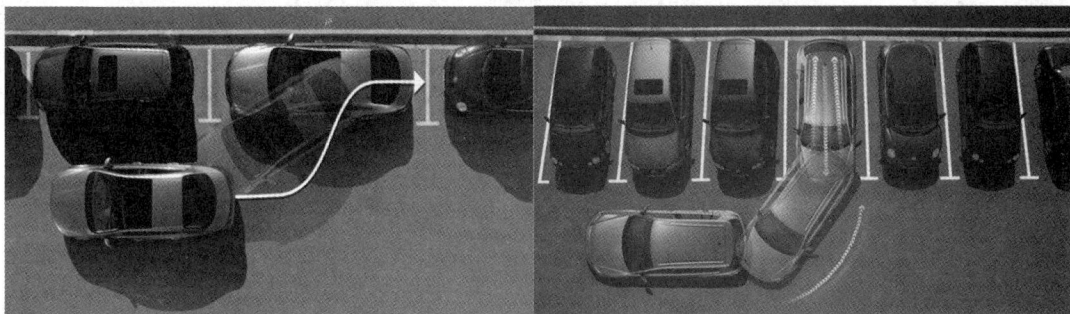

图 6-63　水平和垂直两种方式自动泊车

雪佛兰自动泊车辅助系统的组成如图 6-64 所示，其中 1 代表带自动转向功能的电动转向机；2 代表 8 个驻车辅助传感器，用于测量泊车过程中与障碍物的距离，探测距离为 1.5m；3 代表 4 个自动泊车辅助传感器，用于测量寻车位过程中车位的长短，探测距离为 1.5m；4 代表自动泊车辅助模块，位于后备箱左侧衬板内，是驻车辅助、自动泊车辅助、侧盲区报警功能的主控模块，此模块在底盘拓展网络和低速网络上通信，向电动转向、仪表、收音机等模块发送控制指令和信息；5 代表启用/关闭按钮，共有 2 个，分别用于打开和关闭驻车辅助和自动泊车辅助功能；6 代表仪表。

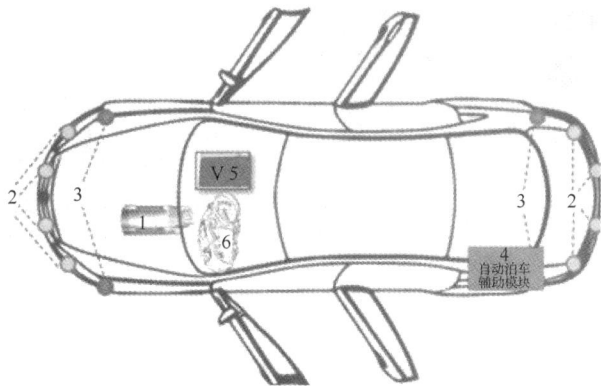

图 6-64　雪佛兰自动泊车辅助系统的组成

自动泊车辅助系统不是全自动的，驾驶员必须踩制动踏板来控制车速，时刻盯紧汽车的倒车雷达显示屏和左右后视镜。自动泊车辅助系统必将向全自动泊车系统发展，全自动泊车是实现无人驾驶汽车的关键技术之一。

奥迪全自动泊车辅助系统通过智能手机上的 App "一键自动停车"来完成。当驾驶员将车辆开到停车场的入口附近时，驾驶员下车拿出手机，然后只要简单地点击屏幕，就可以转身离去，随后车辆会自行启动，进入停车场寻找停车位，如图 6-65 所示。

图 6-65　奥迪全自动泊车辅助系统

虽然奥迪全自动泊车辅助系统确实实现了全自动泊车，但是并不完全依靠自己的力量。在停车场中布满了激光扫描设备来帮助车辆定位，也就是说只有在与奥迪公司合作安装了激光扫描设备的停车场，才能真正地使用这项技术。

沃尔沃开发的全自动泊车辅助系统是与无人驾驶技术、网络技术与无线通信技术的进一步结合。在基础设施建设方面，沃尔沃全自动泊车辅助系统并不算复杂，只需要在停车场出入口以及停车场内部设置传感器，用于引导车辆进出停车场以及寻找车位。沃尔沃的这项技术，可以让驾驶员不在车内便可实现车辆的自动泊车和锁闭，并且它还能让车辆自己从泊车位来到驾驶员的身边。这些操作都可以用手机端的自动停车 App 来完成，驾驶员只需轻点按钮，车辆便会自动寻找车位，当车辆完成泊车后，手机上会接收到泊车完毕的信息。同样，如果驾驶员想让车辆自己来到身边，也只需在手机上进行简单的操作，如图 6-66 所示。

图 6-66　沃尔沃全自动泊车辅助系统

沃尔沃的这项技术还可以在自动泊车的过程中实时监测车辆周围的各种障碍物，以便随时调整行车路线。

宝马的远程代客泊车辅助系统是在 360°防碰撞系统的基础上，借助其激光扫描仪获得的数据来实现车辆自动泊车的。驾驶员只需将车辆开到停车场入口处，即可通过智能手表使用远程代客泊车辅助系统，如图 6-67 所示。

在车辆进行自动泊车的过程中，该系统可以自动识别周围物体，避开意外出现的障碍物，比如行人、其他车辆以及未完全停入车位的车辆。

图 6-67　宝马远程代客泊车辅助系统

相比沃尔沃的全自动泊车辅助系统，由于宝马车型借助了 360°防碰撞系统的激光扫描仪，而减少了对 GPS 的依赖，使该系统的使用范围不会局限于无遮蔽的露天停车场。即便是地下停车场或立体停车场，搭载这项技术的宝马车型都可以畅通无阻地泊车。除了配备激光扫描仪之外，宝马车型还配备了处理系统与运算系统，这意味着车辆可以独立完成楼内定位、监测周围环境等操作，并进行独立的自动导航。这样停车场便不需要配备自动驾驶所需要的复杂的基础设施。

全自动泊车辅助系统是实现汽车无人驾驶的重要环节，目前还处于试验阶段，要真正达到全自动泊车的应用，还有很多技术需要完善。

6.10　自适应前照明系统

6.10.1　自适应前照明系统的定义与组成

1. 自适应前照明系统的定义

自适应前照明系统（AFS）是一种照明装置，它能够根据天气情况、外部光线、道路状况以及行驶信息等，自动改变前照明系统的工作模式，调整照射光线的光形，消除因为夜间或能见度低时转弯或其他特殊行驶条件下带来的视野盲区，能够为驾驶员提供更宽范围、更为可靠的照明视野，保证驾驶员和道路行人的安全。自适应前照明系统是未来汽车前照明系统的主要发展方向。

图 6-68 所示为汽车有无自适应前照明系统照明效果比较。可以看出，自适应前照明系统的转向灯可随转向盘的角度转动，把有效的光束投射到驾驶员需要看清的前方路面上。

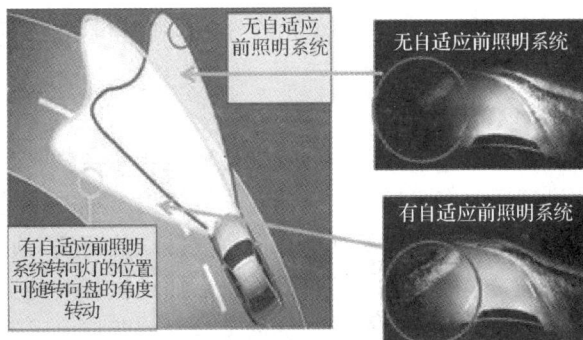

图 6-68　汽车有无自适应前照明系统照明效果比较

2. 自适应前照明系统的组成

自适应前照明系统主要由传感器单元、CAN 总线传输单元、电子控制单元和执行单元等组成，如图 6-69 所示。

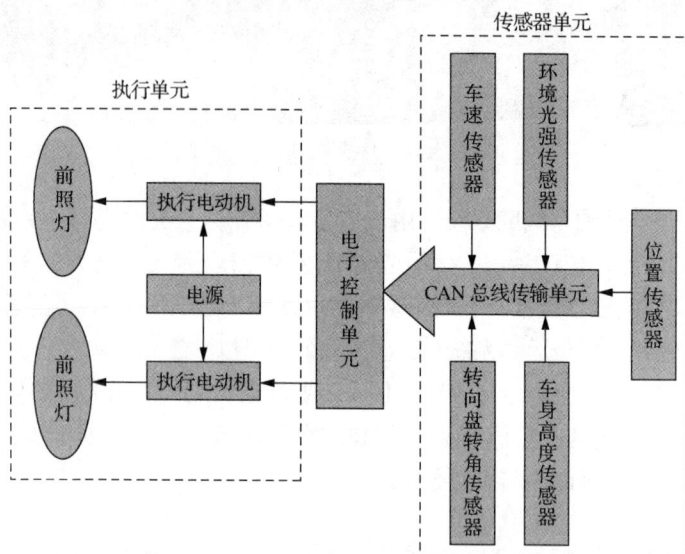

图 6-69　自适应前照明系统的组成

（1）传感器单元。传感器单元用于采集车辆当前信息（如车速、车辆姿态、车辆转向角度等）和外部环境（如弯道、坡度和天气等）的变化信息，包括车速传感器、转向盘转角传感器、环境光强传感器、车身高度传感器、位置传感器等。

（2）CAN 总线传输单元。CAN 总线传输单元负责把各种传感器采集的信息传输给电子控制单元，实现内部控制与各种传感器以及执行单元之间的数据通信。

（3）电子控制单元。电子控制单元需要对车辆行驶状态做出综合判断，输出脉冲变量给执行单元。

（4）执行单元。电子控制单元输出脉冲变量给执行单元的执行电动机，调节前照灯的照射距离和角度，为驾驶员提供更广阔的视野，保障行车安全。

6.10.2　自适应前照明系统的工作原理

自适应前照明系统实现的基本原理是通过安装在车辆上的车速、转向盘转角、位置等传感器采集汽车动态信号参数，经过电子控制单元的分析、判断和算法运算并产生控制信号后，执行单元控制前照明系统运转。

该系统主要功能按以下方法实现。

（1）系统通过开关器件获取功能开关信号，通过车速传感器获取车速信号，通过转向盘转角传感器获取转角信号，通过车身高度传感器获取姿态信号等。经过巡检算法判断，如果前照灯需要进行转动，系统会根据角度算法计算出需要转动的角度，通过电子控制单元输出控制信号，控制水平和垂直安装的步进电机转动。最后通过执行单元实现前照灯转动，让照明光束始终与道路保持一致，这样驾驶员就能够清楚地看到即将出现的弯道上的路况，以便及时采取预防或紧急避险措施。

（2）系统通过获取的大灯开关器件信号和环境光强传感器的光照强度信号，对前照灯开关进行控制。系统会设置一个光照强度阈值，当光照强度小于阈值时，系统自动延迟打开前照灯；当光照强度大于阈值时，系统自动延迟关闭前照灯。

（3）系统在前照灯初始化置位时，通过获取位置传感器的位置信号，判断前照灯实际运行的角度与电子控制单元输出角度之间的误差。如果误差不大，通过角度 PD 调节算法对误差进行调节；如果误差过大，说明前照灯出现了故障，系统会产生故障报警信号提醒驾驶员前照灯出现故障。

（4）系统通过液晶显示装置实时显示系统的工作状态，包括车速状态、转向盘转角状态、车灯转角状态等。

6.10.3　自适应前照明系统的功能

为了使汽车在不同的光线和路况下都能安全行驶，汽车自适应前照明系统会改变前照灯照射方向，使光线随着汽车前进方向和车身姿态的变化而转动，消除驾驶员在夜间或恶劣天气下行车的视野盲区。与传统的汽车照明系统相比，自适应前照明系统能够根据道路和天气环境的变化适时地开启相应的照明模式。图 6-70 所示为自适应前照明系统不同照明模式下的照射光形。

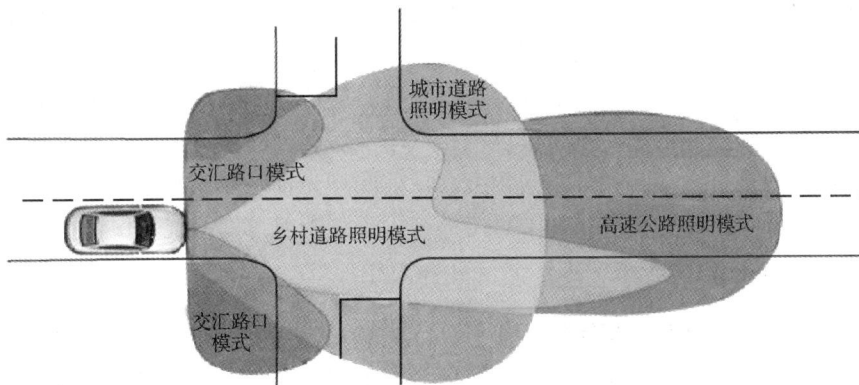

图 6-70　自适应前照明系统不同照明模式下的照射光形

汽车自适应前照明系统照明模式主要有基础照明模式、弯道照明模式、城市道路照明模式、高速公路照明模式、乡村道路照明模式和恶劣天气照明模式等（图 6-70 中不可能所有模式同时出现）。

1. 基础照明模式

汽车在行驶过程中，当道路状况及环境气候均处于正常状况时，自适应前照明系统的照明模式相当于传统的汽车照明系统，其照明模式为基础照明模式。在基础照明模式下，自适应前照明系统不做任何调整。

当环境光强传感器检测到外界光线变化时，系统就会执行相应的动作。例如，天黑或汽车进入隧道后，环境光强传感器检测到外界光线变暗，系统就自动开启前照灯，并且根据感知的光线强度来补充光照强度以满足驾驶要求；当环境光强传感器检测到外界光线强度能够达到照明要求时，例如，白天或汽车出隧道后，系统就自动关闭前照灯。有时候汽车停止，驾驶员下车后仍然需要灯光照明来观察停车情况，所以系统可以设置灯光延时功能。

汽车经常会行驶在坡路上，有时即使是行驶在平坦的道路上，由于汽车载重或突然的加速或制动，都会导致车身发生俯仰，车身的俯仰就一定会造成前照灯照射的角度发生变化，如图 6-71 所示。

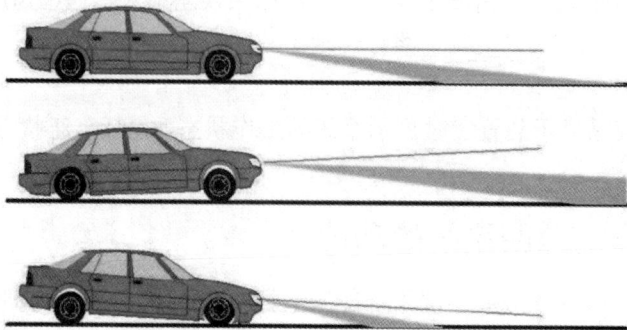

图 6-71　车身俯仰灯光照射

汽车正常行驶过程中，前照灯光轴在水平位置。当车身发生后仰时，前照灯的照射光线就会抬高，光线抬高使远处的照射光线发散，造成驾驶员视野模糊，不能清晰地辨认远处的行人和物体，一旦发生紧急情况，就没有足够的时间来保证行车安全。当车身发生前仰时，前照灯的照射光线降低，从而导致照明范围缩小，驾驶员不能及时地观察前方路况，严重影响了行车安全。在上述行车条件下，车身高度传感器能够检测到汽车前后高度的变化，结合车速传感器采集到的车速信息，系统可以根据汽车前后高度的变化量以及轴距计算出车身俯仰角的差值，从而调整汽车前照灯纵向角度，使前照灯光轴恢复到水平位置以提供最佳的照明条件，确保驾驶员在这些行车条件下有足够视野来判断前方的路况，保证行车安全。

2. 弯道照明模式

汽车在夜间转弯行驶时，传统汽车前照灯的照射光线与车身前进方向平行，所以在车身的两侧就会出现盲区，驾驶员无法及时地发现弯道上的路况，容易导致交通事故的发生。在这种情况下，自适应前照明系统可以开启弯道照明模式。当汽车进入弯道时，转向盘转角传感器和车速传感器共同作用以采集数据。例如：当转向角大于 12° 并且车速大于 30km/h 时，系统开始工作；当转向角小于 9° 或车速小于 5km/h 时，系统不工作或停止工作。在弯道照明模式下，电子控制单元根据传感器采集的数据计算出前照灯需要偏转的角度，驱动步进电机转动以使前照灯转动。

自适应前照明系统能够使车辆在进入弯道时产生旋转的光型，给弯道足够的照明强度，如图 6-72 所示。

汽车向左转弯时，左侧前照灯向左偏转一定角度，右侧前照灯不动；汽车向右转弯时，右侧前照灯向右偏转一定角度，左侧前照灯不动。这种照明模式既提供了汽车在弯道上行驶时侧面道路足够的照明强度，又保证了前进方向的照明强度。在弯道照明模式下，左右前照灯最大偏转角度也是不一样的，右侧道路行驶国家的交通法规规定：右侧前照灯变化角度最大为 5°，左侧前照灯变化角度最大为 15°。为保证弯道照明模式下的行车安全，前照灯偏转角度依据的原则是尽可能地保证照明距离大于安全制动距离。

（a）无自适应前照明系统　　　　　　　　　（b）有自适应前照明系统

图 6-72　汽车有无自适应前照明系统弯道照明

3. 城市道路照明模式

城市道路行车的特点是车速较低，车流量和人流量都很大，外界照明条件好，十字路口多，发生随机性事故的可能性较大。在这样的道路上行车要求视野清晰、防止眩光。

资料表明，对向行车时驾驶员接收到的照明强度如果达到 1000cd 就会感到眩晕。当环境光强传感器检测到照明强度达到阈值、车速小于 60km/h 时，系统进入城市道路照明模式，使左右前照灯的功率减小，降低灯光亮度，同时驱动控制前照灯的电机转动，使前照灯略向下偏转，进一步降低射向对车和行人的照明强度，防止眩光现象的发生。

在市区汽车行驶速度较为缓慢的前提下，自适应前照明系统使用比较宽阔的光型，以便在道路边缘和交叉路口都能获得较好的照明强度，有效地避免了与岔路中突然出现的行人、车辆发生交通事故，如图 6-73 所示。

（a）无自适应前照明系统　　　　　　　　　（b）有自适应前照明系统

图 6-73　汽车有无自适应前照明系统城市道路照明

4. 高速公路照明模式

高速公路行车的特点是车速快、车流量相对较小、侧向干扰少。这样的行车特点要求前照灯光线照射距离足够远，以保证前方出现状况时驾驶员有足够的时间采取措施。在高速公路上行车，汽车前照灯的照射距离应该与车速成正比，汽车前照灯的照射距离要大于驾驶员的反应距离和制动距离的总和。

汽车行驶在高速公路上时，当车速传感器检测到车速大于 70km/h，并根据 GPS 判断其为高速行驶时，系统会自动开启高速公路照明模式。汽车前照灯照射光线随着车速的增加在垂直方向上抬高，使光线能够照射得更远，保证驾驶员能够在安全车距之外发现前方车辆，如图 6-74 所示。

（a）无自适应前照明系统　　　　　　　　（b）有自适应前照明系统

图 6-74　汽车有无自适应前照明系统高速公路照明

5. 乡村道路照明模式

乡村道路外界照明条件差，岔路口多，路况复杂，路边障碍物不容易被发现；道路狭窄，起伏不平，造成行车时车身倾斜，从而导致前照灯俯仰角发生变化，容易引发交通事故。

自适应前照明系统在汽车行驶时，通过环境光强传感器、车速传感器和 GPS 来判断外界行驶条件，决定是否开启乡村道路照明模式。在乡村道路照明模式下，系统增大左右前照灯的输出功率，增强光照强度来补充照明。依据右侧行车的交通法规，汽车在乡村道路行驶时，右侧前照灯的照射光线要向右偏转一些，以拓宽右侧道路的照明范围，使灯光能够照射到路面边缘，如图 6-75 所示。

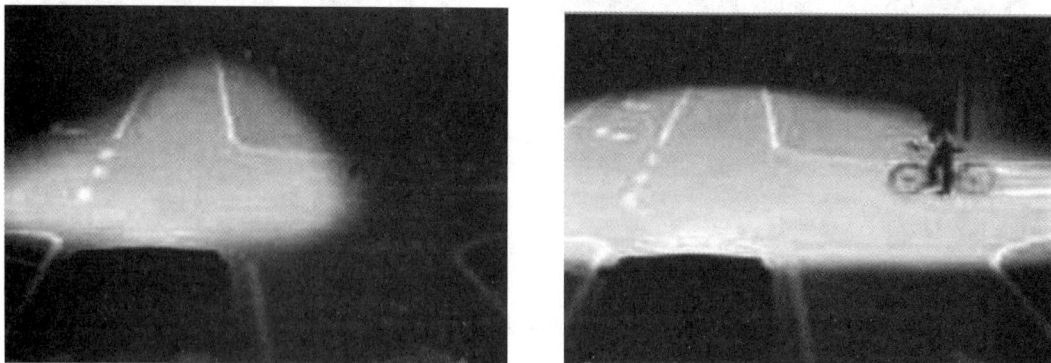

（a）无自适应前照明系统　　　　　　　　（b）有自适应前照明系统

图 6-75　汽车有无自适应前照明系统乡村道路照明

6. 恶劣天气照明模式

恶劣天气照明模式主要针对的是阴雨天气，此时地面的积水会将前照灯打在地面上的光线反射至对面车驾驶员的眼睛中，使其眩目，进而可能造成交通事故。汽车在阴雨天气下行驶时，自适应前照明系统根据检测路面湿度、轮胎滑移以及雨量传感器等，判断系统状态应为恶劣天气照明模式，自适应前照明系统驱动垂直调高电机，降低前照灯垂直输出角，并调节其照射强度，避免反射光在 60m 范围内使对面车驾驶员眩目，如图 6-76 所示。

（a）无自适应前照明系统　　　　　　　　　　（b）有自适应前照明系统

图 6-76　汽车有无自适应前照明系统恶劣天气照明

当汽车行驶在雾天或沙尘暴天气时，自适应前照明系统根据雾、风速传感器，颗粒物传感器，以及环境光强传感器感知光线强弱，判断是否遇到雾天或沙尘暴天气，如果遇到就驱动垂直调高电机，增大前照灯垂直输出角，使照明光线有所提升，同时开启车灯清醒装置，尽可能地使驾驶员获得较好的视觉，可以安全地行驶在可见度较低的恶劣天气中。

在汽车自适应前照明系统实际开发和使用中，可以根据实际情况对上述功能进行取舍。

6.10.4　自适应前照明系统的应用

奔驰 E 级 LED 智能照明系统采用 LED 光源，如图 6-77 所示。

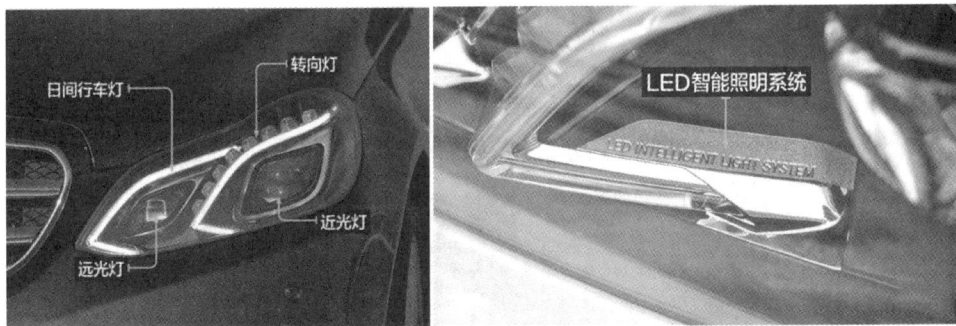

图 6-77　奔驰 E 级 LED 智能照明系统

奔驰 E 级 LED 智能照明系统具有 5 种发光模式，分别是乡村道路照明、高速公路照明、增强型雾灯、主动转弯照明和弯道辅助照明。

（1）乡村道路照明。其能够更加宽阔地照亮驾驶员一侧的路面，从而使驾驶员在黑暗中更容易判断前方路况，并在其他车辆或行人穿越其行车路径时更容易做出反应。

（2）高速公路照明。夜间在高速公路上行驶，车速达到预设的速度时，LED 大灯的亮度会比传统模式前照灯增加 60% 的照明度，并且划分两挡：在车速为 90km/h 时，一挡自动激活，可有效改善夜间高速公路行车的远距离视野；当车速超过 110km/h 时，二挡启用，照明范围进一步扩大，识别距离再次加大，光锥中心的可见度比传统模式的强，前照灯照射距离增加 50m。

（3）增强型雾灯。汽车在浓雾、霾等天气下行驶，该模式在 70km/h 速度以内且后雾灯打开时被激活，驾驶员一侧的 LED 大灯可向外转动约 8°并降低 LED 大灯照射高度，以便更好地照亮近侧路面，同时还可减轻在雾天的反射灯眩光。当车速超过 100km/h 时，该模式便会自动关闭。

（4）主动转弯照明。根据不同的车速和转向角，主动转弯照明会自动开启。此时 LED 大灯可迅速向转弯方向转动（最大可达 15°），约增强转角方向 90%的照明效果。

（5）弯道辅助照明。当车速低于 40km/h，转动转向盘或使用转弯信号灯时，弯道辅助照明模式会被自动激活。此时会照亮汽车前方侧面约 65°、30m 远的照射区域。对比传统车灯技术，使用自适应前照灯，驾驶员能够更早地发现横穿道路的行人。

除以上 5 种照明模式外，奔驰还为新 E 级推出了增强型自适应远光灯的功能。该功能可实现远光灯在持久照明的同时，有效避免对其他车辆或行人造成的眩光干扰。通过车前立体多功能摄像头探测，LED 灯组会在电子控制单元的控制下自动把光线压低至前方同向或对向车辆之下，使其他车辆不受远光灯影响。根据交通流量及道路照明条件的不同，远光灯照射距离可以从 65m 一直延伸至 300m。

目前，自适应前照明系统主要用在豪华车型上，如奔驰、奥迪、宝马、雷克萨斯等车型上。

6.11　夜视辅助系统

6.11.1　夜视辅助系统的定义与组成

1. 夜视辅助系统的定义

夜视辅助系统利用红外成像技术辅助驾驶员在黑夜中看清道路、行人和障碍物等，减少事故发生，增强安全性，如图 6-78 所示。

图 6-78　夜视辅助系统

按照工作原理不同，夜视辅助系统可以分为主动夜视辅助系统和被动夜视辅助系统两种。

（1）主动夜视辅助系统。主动夜视辅助系统采用主动红外成像技术，把目标反射或自身辐射的红外辐射图像转换成人眼可观察的图像。这种系统本身必须具备光源，可以看到不发出热量的物体，通过图像处理提高清晰度，交通标志清晰可见。

（2）被动夜视辅助系统。被动夜视辅助系统采用热成像技术，基于目标与背景的温度和辐射率差别，利用辐射测温技术对目标逐点测定辐射强度而形成可见的目标热图像。这种系统本身没有光源，仅依靠对物体本身发出的光线进行识别，看不清或看不到不发出热量的物体。图像清晰度取决于天气条件和时间段，图像与实际景象不完全符合。

2. 夜视辅助系统的组成

主动夜视辅助系统主要由红外发射单元、红外成像单元、电子控制单元和图像显示单元等组成，如图 6-79 所示。

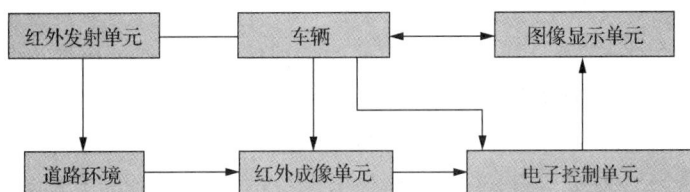

图 6-79　主动夜视辅助系统的组成

（1）红外发射单元。红外发射单元位于两个前照灯内，当它被激活时，产生的红外线用于照射车辆前方区域，相应的夜视图等同于在远光灯下透过挡风玻璃所见到的情景。

（2）红外成像单元。红外成像单元主要是红外图像摄像头，记录车辆前方区域内的道路环境图像，并提供其探测范围内是否存在行人或障碍物的信息，然后通过数字视频线将数据发送给电子控制单元。

（3）电子控制单元。电子控制单元分析红外成像单元传来的数据，再通过集成化数据处理，将画面传输给图像显示单元，其中识别的行人和动物，以高亮度显示。一般对于数字化的 CCD 摄像头，采集到信号后，会进行必要的去噪声、信号增强等处理，然后传输给图像显示单元。

（4）图像显示单元。图像显示单元接收电子控制单元传来的信号并显示，驾驶员就可以清晰地看到前大灯照射范围之外的景物，避免出现意外。

被动夜视辅助系统没有红外发射单元，主要由红外成像单元、电子控制单元和图像显示单元等组成。

6.11.2　夜视辅助系统的工作原理

1. 主动夜视辅助系统的工作原理

主动夜视辅助系统将摄像头安装到汽车前大灯，通过卤素灯泡照射，使用多套照射系统和摄像机来识别红外反射波，利用目标反射红外光源。红外光源发出的短红外线主动照射目标，红外 CCD 探测器接收的目标再反射短红外光线，通过电子控制单元处理后，可以把图像信息传递给驾驶员。主动夜视辅助系统对比分辨度高，且图像较清晰、可靠。由于不依靠物体的热源，即使不发热的物体也能清晰可见，比如道路上的行人、车辆、交通标志等都可以被发现。

2. 被动夜视辅助系统的工作原理

被动夜视辅助系统利用热成像摄像头接收人、动物等发热物体发出的不同的红外热辐射（远红外线）映射出不同的图像，并对图像进行放大和处理后输出。由于不同物体对红外线的反射强弱不同，行人、动物等可以发热的物体在反射中特别突出，通过传感器的捕捉，带有热源的物体影像输出到车载显示屏上。被探测到的物体看起来就像照相机的底片。但是被动夜视辅助系统本身无法克服的缺点是：对于无生命、无热源特征的目标，比如交通标志牌、车道线、车道护栏等物体，被动夜视辅助系统无法检测到图像。此外，由于汽车前挡风玻璃不能传输长波的远红外线，摄像头需安装在车外并经常清洁，且在汽车前端受到碰撞时易损伤。

在被动夜视辅助系统中，关键零部件是红外摄像头，它与主动夜视辅助系统的红外摄像头原理相同，但接收对象存在差异，因此其软硬件设计也不同。主动夜视辅助系统红外摄像头主要接收物体对红外光源的反射光线，而被动夜视辅助系统红外摄像头主要接收物体本身发出的红外辐射。被动夜视辅助系统红外摄像头主要装配于车辆前保险杠，一般安装在一个防撞击的盒子里，挡风玻璃清洗系统负责摄像头的清洁。当外界气温低于 5℃时，镜头盖则被加热，拍摄距离为 300m，部分车型的红外摄像头也可以随着车速的增加，通过镜头焦距的改变使得远距离的目标放大，使目标更清晰。

6.11.3 夜视辅助系统的应用

目前，在奥迪、宝马、奔驰等车型上，都装备了夜视辅助系统。

奥迪 A8L 夜视辅助系统的主要元件是控制单元和摄像头。控制单元是奥迪 A8L 夜视辅助系统的核心，位于左前座椅前方的汽车底板内，装在那里的一个塑料盒内，如图 6-80 所示。

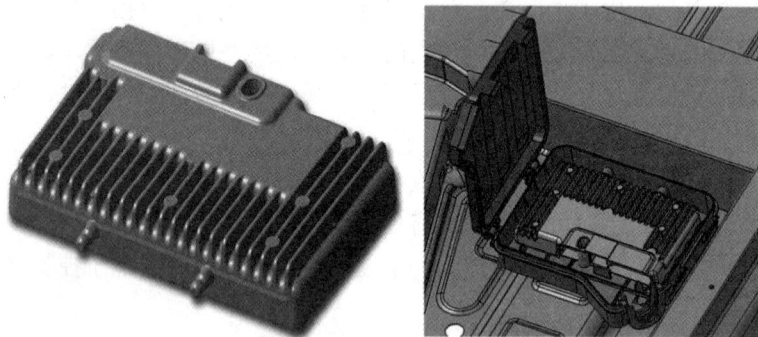

图 6-80　奥迪 A8L 夜视辅助系统控制单元

夜视辅助系统控制单元主要完成以下任务：处理夜视辅助系统摄像头的原始图像；识别出热敏图像上的人并将其做上标记；持续不断地对摄像头图像进行分析，并测算车辆与识别出的行人发生碰撞的可能性；在识别出有碰撞危险时发出警告；将已处理完的热敏图像传送给组合仪表；使用 CAN 扩展总线接收并处理夜视辅助系统功能所需要的数值和信息；为摄像头供电（蓄电池电压）；持续地对系统进行诊断，并将识别出的故障记录到故障存储器内；通过测量数据块、自适应和执行元件诊断来帮助查找夜视辅助系统故障；通过软件对售后和生产中的系统进行校准；行车中在某些条件下进行动态校准；存储用户对夜视辅助系统所做的设置。

奥迪 A8L 夜视辅助系统摄像头是一种红外热敏图像摄像头，如图 6-81 所示。为防止撞击，摄像头的镜头前有一个锗制保护窗；摄像头有加热元件，用于防止结冰，加热电流可根据温度来调节。

图 6-81 奥迪 A8L 夜视辅助系统摄像头

奥迪 A8L 夜视辅助系统摄像头安装在车辆散热器隔栅的奥迪环中，如图 6-82 所示。

图 6-82 奥迪 A8L 夜视辅助系统摄像头安装位置

该摄像头配有自己的运算器，除了录下原始图像并把图像传给控制单元外，还要存储校准数据。这些校准数据并不是存储在控制单元内的，而是存储在摄像头内的，这样，在更换损坏的夜视辅助系统控制单元后，就不必重新进行校准。该摄像头的图像是黑白图像，其分辨率水平为 320 像素，垂直为 240 像素，每秒 20 帧照片。夜视辅助系统的探测范围约为 300m，摄像头的水平探测张角约为 24°。

奥迪 A8L 夜视辅助系统除了可以让驾驶员看清前照灯照不到的黑暗中的交通标志、弯道、车辆、障碍物等会造成危险的事物，正确判断出前方道路的情况，还可以通过远红外热成像摄像头捕捉到车辆前方 24° 内、300m 以内的热源（如人和动物），让驾驶员提前做出反应，避免交通事故的发生。当热源出现在捕捉范围内时，系统会将拍摄到的热信号送交电子控制单元处理，处理后的图像就会在仪表盘的显示器中显示出来。当行人有横穿车辆前方的意图时，系统会迅速做出判断并以红色突出显示，同时发出声音警告，如图 6-83 所示。

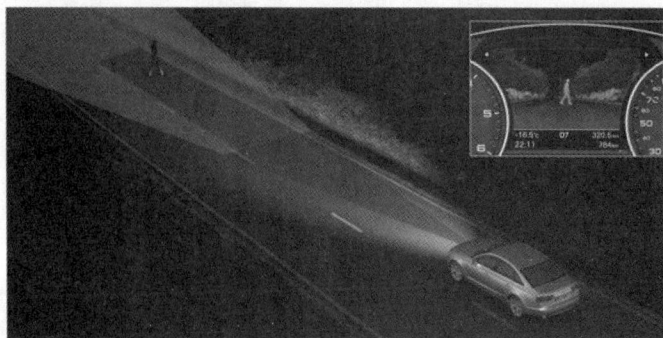

图 6-83　奥迪 A8L 夜视辅助系统

　　奥迪 A8L 夜视辅助系统是全天候的电子眼，在雨、雪、浓雾天气时，公路上的物体及路旁的一切都能尽收眼底，可大大提高汽车行驶的安全性。

　　目前，越来越多的汽车厂家开始开发和使用夜视辅助系统，这不仅能够提高驾驶安全性，还能够提高汽车豪华程度。随着科技的发展和夜视辅助系统生产成本的降低，夜视辅助系统将会全面普及。

6.12　平视显示系统

6.12.1　平视显示系统的定义与组成

1. 平视显示系统的定义

　　平视显示（HUD）系统也称为抬头显示系统。它利用光学反射原理，将汽车驾驶辅助信息、导航信息、检查控制信息以及光进驾驶辅助系统信息等，以投影方式显示在挡风玻璃上或约 2m 远的前方、发动机罩尖端的上方等，使驾驶员阅读起来非常舒适。同时，平视显示系统还可以显示来自各个先进驾驶辅助系统的警告信息，例如车道偏离警告、自带行人识别功能的夜视辅助系统的行人避让警告等，避免驾驶员在行车过程中频繁低头看仪表或车载屏幕，对于行车安全起着很好的辅助作用，如图 6-84 所示。其中 72km/h 表示当前车速；60 表示限速为 60km/h。

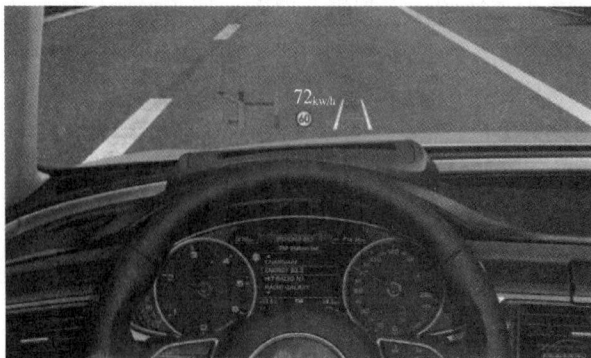

图 6-84　平视显示系统

2. 平视显示系统的组成

平视显示系统主要由图像源、光学系统和图像合成器等组成，如图 6-85 所示。

图 6-85　平视显示系统的组成

（1）图像源。图像源一般采用液晶显示屏，实现平视显示系统的各种功能，并输出视频信号。

（2）光学系统。光学系统将视频信号投射出去，并且可以调节大小、位置等参数。

（3）图像合成器。一般将前挡风玻璃作为图像合成器，把外部景物信息和内部投影信息合成到一起。投射的图像在挡风玻璃上发生反射，以达到和前方路况信息叠加、融合的效果。

因此，带平视显示系统的车辆安装的是特设的前挡风玻璃，其与传统前挡风玻璃的区别在于前挡风玻璃的两侧扁平玻璃中间的聚乙烯醇缩丁醛（PVB）膜的厚度不是恒定不变的，而是略微呈楔形的，这样的结构使驾驶员不会看到重影。

6.12.2　平视显示系统的工作原理

平视显示系统原理与使用的光学系统结构密切相关。根据光学系统结构不同，平视显示系统可以分为挡风玻璃映像式平视显示系统、前置反射屏式平视显示系统、自由曲面平视显示系统、菲涅尔透镜平视显示系统、与仪表盘相结合的平视显示系统等。

1. 挡风玻璃映像式平视显示系统

挡风玻璃映像式平视显示系统是最基本也是使用最为广泛的系统之一，如图 6-86 所示。

从图像源发出的光经投影透镜折射和挡风玻璃反射与外部景物光线一同进入人眼，驾驶员沿着光线的反向延长线方向能够观察到位于挡风玻璃左侧的虚像，从而保证驾驶员能够在观察前方路况信息的同时也能观察到仪表盘上的信息。挡风玻璃一方面能透射外部景物光线，另一方面能反射图像源经过投影透镜折射的光线。这种系统的优点是驾驶员能够在观察到投影虚像的同时允许在一定范围内移动头部；缺点是图像小，亮度低，视场角小，质量和体积都较大。

2. 前置反射屏式平视显示系统

前置反射屏式平视显示系统也是使用较为普遍的系统，如图 6-87 所示。

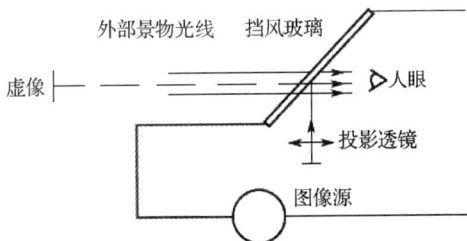

图 6-86　挡风玻璃映像式平视显示系统

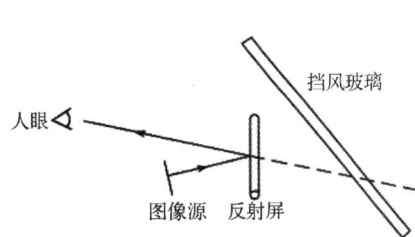

图 6-87　前置反射屏式平视显示系统

在驾驶室内设置独立的半反射、半透射的反射屏，图像源发射出的光线经过反射屏反射进入人眼，驾驶员沿着该反射光线反向延长线方向能够观察到悬浮在前方的虚像。在这种系统中，反射屏与挡风玻璃是相互独立的两个部分，并不需要对挡风玻璃做镀膜等其他处理。此外，反射屏可以前后转动，投影角度比较灵活。使用时可以将反射屏竖起，不使用时可以将反射屏放平。但是反射屏的设置会使车内空间变得狭小，且结构复杂。图像源发射出的光线透射过反射屏后会被挡风玻璃反射，部分反射光线会进入人眼对驾驶员形成干扰。

3. 自由曲面平视显示系统

汽车的挡风玻璃不是一个平面，而是带有一定弧度的曲面，因此可以用自由曲面来代替传统结构中挡风玻璃所在的面。自由曲面平视显示系统如图 6-88 所示，系统包括两个自由曲面和一个折叠反射镜，实现图像源成像。

图像源发射出的光线先经过折叠反射镜反射，再经过初级自由曲面反射，最后经过自由曲面像合成器反射进入人眼，其中，自由曲面像合成器是挡风玻璃所在的面。这种系统简单、灵活，像差平衡能力强，成像质量较好，但制造成本较高。人眼直接通过挡风玻璃观察外界景物时，挡风玻璃可能会产生一定的像差。

4. 菲涅尔透镜平视显示系统

在平视显示系统中，为了获得较大的观察图像范围，通常需要较大口径的光学透镜。光学透镜的口径越大，透镜的体积越大、质量越重，光学透镜不易加工且成本较高，因而难以大批量生产。为了在保证透镜口径的前提下减小透镜厚度，可以使用菲涅尔透镜。菲涅尔透镜平视显示系统如图 6-89 所示。

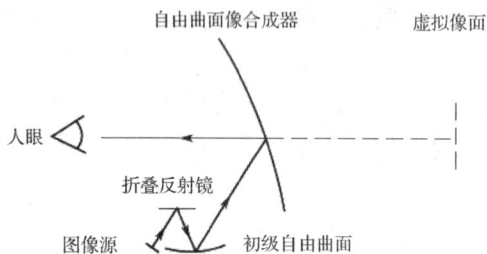

图 6-88　自由曲面平视显示系统

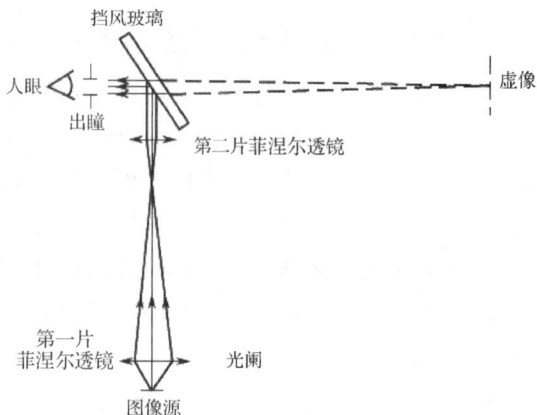

图 6-89　菲涅尔透镜平视显示系统

菲涅尔透镜平视显示系统有两片菲涅尔透镜，图像源位于第一片菲涅尔透镜下方，先经过第一片菲涅尔透镜，再经过第二片菲涅尔透镜放大，最后经挡风玻璃的反射进入人眼。菲涅尔透镜平视显示系统结构简单，透镜的体积小、质量轻，同时，菲涅尔透镜还可以校正挡风玻璃所产生的像差，但是系统的轴外视场像差较大。

5. 与仪表盘相结合的平视显示系统

在上述平视显示系统中，汽车前方仪表盘的存在限制了平视显示系统的可用空间范围。

与仪表盘相结合的平视显示系统如图 6-90 所示，包含一个图像源、一个分光镜、多个平面反射镜和一组光学系统。

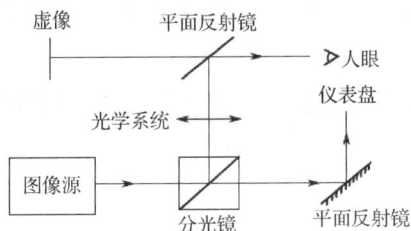

图 6-90　与仪表盘相结合的平视显示系统

图像源发出的光线经过分光镜分成透射部分和反射部分。透射部分的光经过平面反射镜反射，将透射图像反射到仪表盘上作为显示信息；反射部分的光线经过光学系统折射和挡风玻璃（另一个平面反射镜）反射进入人眼。仪表盘和平视显示系统采用同一个图像源，可以保证二者显示信息的实时性，而且使用这种包含分光镜在内的系统，可以去除掉一些不必要的结构，充分利用驾驶台前方的可用空间，减小系统的体积。

6.12.3　平视显示系统的应用

宝马 7 系平视显示系统可提供多种有助于提高交通安全性和驾驶舒适性的功能。宝马 7 系平视显示系统可显示定速巡航控制系统、导航系统、检查控制信息以及车速等方面的信息。

宝马 7 系平视显示系统工作原理如图 6-91 所示。该系统需要一个光源来投射平视显示信息，使用红色和绿色 2 个 LED 灯组作为光源，通过薄膜晶体管（TFT）投影显示屏产生图像内容。TFT 投影显示屏相当于一个滤波器，运行或阻止光线通过。由一个图像光学元件确定显示图像的形状、距离和尺寸，图像看起来就好像自由漂浮在道路上方，挡风玻璃的作用相当于偏光镜。投射图像内容距离观察者的眼睛大约为 2.7m。

宝马 7 系平视显示系统的显示效果如图 6-92 所示。

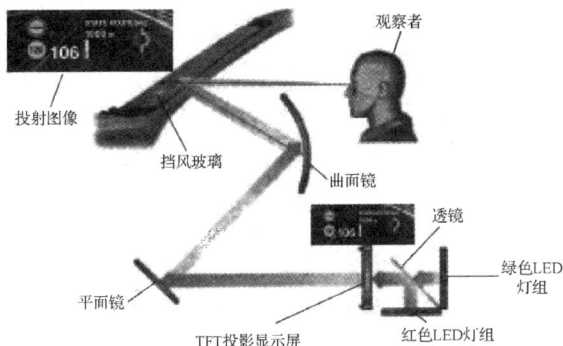

图 6-91　宝马 7 系平视显示系统工作原理

图 6-92　宝马 7 系平视显示系统的显示效果

目前，平视显示系统不仅仅局限于高档轿车和跑车，奔驰、本田、奥迪、日产等多个汽车厂家都有装备了平视显示系统的车型。随着技术的进步，平视显示系统的应用将会越来越多。

【扩展阅读】

汽车先进驾驶辅助系统传感器的布局与功能

　　随着汽车智能化水平的提高，先进驾驶辅助系统在新车上的应用越来越广泛。先进驾驶辅助系统不同，使用的传感器也不同。对于不同的汽车，即使先进驾驶辅助系统相同，有时使用的传感器也不同。

　　汽车 A 的先进驾驶辅助系统传感器布局如图 6-93 所示，其功能见表 6-5。汽车 A 的前视摄像头用于车道偏离预警和车道保持辅助；鱼眼摄像头用于全景影像监测（AVM）；77GHz 毫米波雷达用于自适应巡航控制；24GHz 毫米波雷达用于自动紧急制动、前向碰撞预警以及变道辅助；超声波传感器用于智能泊车辅助。

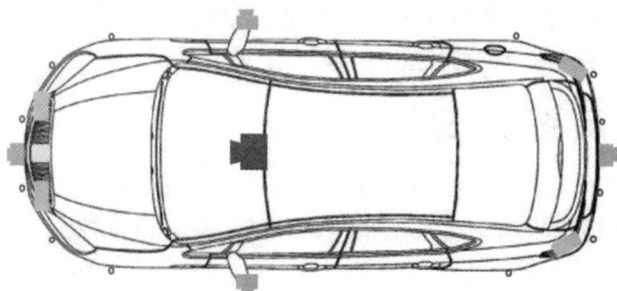

图 6-93　汽车 A 的先进驾驶辅助系统传感器布局

表 6-5　汽车 A 的先进驾驶辅助系统传感器功能

项目	■	▨	▢	▨	◉
传感器名称	前视摄像头	鱼眼摄像头	77GHz 毫米波雷达	24GHz 毫米波雷达	超声波传感器
单车数量	1	4	1	4	12
功能	LDW、LKA	AVM	ACC	AEB、FCW、LCA	IPA

　　汽车 B 的先进驾驶辅助系统传感器布局如图 6-94 所示，其功能见表 6-6。汽车 B 的前视摄像头用于自动紧急制动、前向碰撞预警、车道偏离预警以及车道保持辅助；77GHz 毫米波雷达用于自适应巡航控制；24GHz 毫米波雷达用于变道辅助和后方交通穿行提示；超声波传感器用于智能泊车辅助。

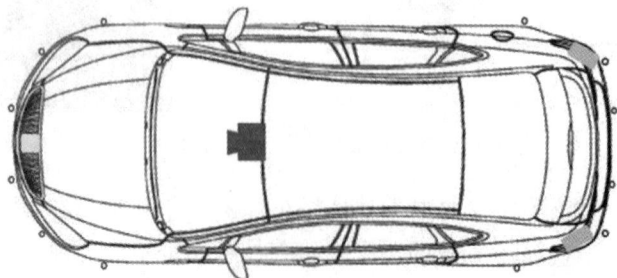

图 6-94　汽车 B 的先进驾驶辅助系统传感器布局

表 6-6　汽车 B 的先进驾驶辅助系统传感器功能

项目				
传感器名称	前视摄像头	77GHz 毫米波雷达	24GHz 毫米波雷达	超声波传感器
单车数量	1	1	2	12
功能	AEB、FCW、LDW、LKA	ACC	LCA、RCTA	IPA

　　汽车 C 的先进驾驶辅助系统传感器布局如图 6-95 所示，其功能见表 6-7。汽车 C 的前视摄像头用于车道偏离预警；鱼眼摄像头用于全景影像监测；77GHz 毫米波雷达用于自适应巡航控制、自动紧急制动、前向碰撞预警、变道辅助以及后方交通穿行提示；超声波传感器用于智能泊车辅助。

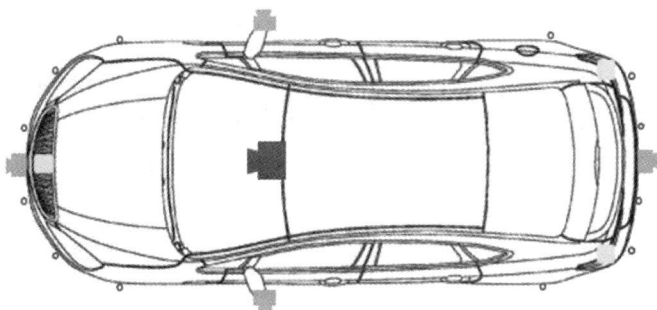

图 6-95　汽车 C 的先进驾驶辅助系统传感器布局

表 6-7　汽车 C 的先进驾驶辅助系统传感器功能

项目				
传感器名称	前视摄像头	鱼眼摄像头	77GHz 毫米波雷达	超声波传感器
单车数量	1	4	3	12
功能	LDW	AVM	ACC、AEB、FCW、LCA、RCTA	IPA

　　汽车 D 的先进驾驶辅助系统传感器布局如图 6-96 所示，其功能见表 6-8。汽车 D 的前视摄像头用于自适应巡航控制、自动紧急制动、前向碰撞预警以及车道偏离预警；鱼眼摄像头用于全景影像监测；24GHz 毫米波雷达用于变道辅助和后方交通穿行提示；超声波传感器用于前后泊车辅助。

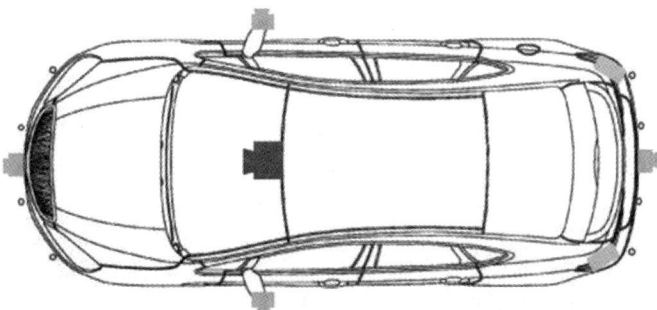

图 6-96　汽车 D 的先进驾驶辅助系统传感器布局

表 6-8　汽车 D 的先进驾驶辅助系统传感器功能

项目				
传感器名称	前视摄像头	鱼眼摄像头	24GHz 毫米波雷达	超声波传感器
单车数量	1	4	2	12
功能	ACC、AEB、FCW、LDW	AVM	LCA、RCTA	前后泊车辅助

思考与讨论

1. 分析汽车 A～D 这 4 种车型先进驾驶辅助系统传感器配置与功能的关系。
2. 分析 5 种热销智能网联汽车的先进驾驶辅助系统传感器配置与功能的关系。

【项目实训】

智能网联汽车先进驾驶辅助系统的认知

通过智能网联汽车先进驾驶辅助系统的认知项目实训，填写项目实训工单，增强学生对智能网联汽车先进驾驶辅助系统的认知。

项目实训工单

实训参考题目	智能网联汽车先进驾驶辅助系统的认知			
实训实际题目	由指导教师根据实际条件和分组情况给出实训实际题目，包括实训车型、具体实训项目、实训内容等。实训项目可以是车道保持辅助系统、自动紧急制动系统、自适应巡航控制系统、自动泊车辅助系统、自适应前照明系统、夜视辅助系统、平视显示系统等，重点是传感器的识别和工作原理。根据分组情况可以分配不同的实训内容。			
学生姓名		班级	学号	
组长姓名		同组同学		
实训地点		学时	日期	
实训目标	（1）能够依据实训实际题目和要求，独立完成实训前的各种准备。 （2）能够识别实训车辆的先进驾驶辅助系统。 （3）能够根据实训规范，结合车辆手册，制订实训计划。 （4）能够在网上查找智能网联汽车先进驾驶辅助系统资料。 （5）能够结合车辆手册和所学知识，对实训车辆的先进驾驶辅助系统进行分析、讲解			

一、接受实训任务

小王同学在某汽车 4S 店实习，即将实习结束，要进行综合考核，考核分为实训和理论两分，其中实训占 70%，理论占 30%（理论部分可参照知识巩固内容）。实训考核是小王同学模仿销售人员，完成实训任务。

某汽车 4S 店接受了一位客户的预约，据客户反映，目前智能网联汽车非常火爆，欲购买一辆智能网联汽车，希望销售人员对其先进驾驶辅助系统给予详细讲解。汽车 4S 店委派实习生小王等同学，提前做好准备，负责接待客户，给客户全面介绍智能网联汽车环境感知系统知识，并促成销售成功，同时做好各项记录

续表

二、实训任务准备（以下内容由实训学生填写）

（1）实训设备选择：□实训车辆　　　□实训专用实验台　　□网上车辆

（2）实训目标是否完全理解：□完全理解　　□不完全理解

（3）实训任务是否完全理解：□完全理解　　□不完全理解

（4）实训车辆拟实训项目：_____

（5）实训车辆资料是否完整：□完整　　□不完整（原因：_____）

（6）网上智能网联汽车先进驾驶辅助资料准备情况：□准备　　□没准备（原因：_____）

（7）智能网联汽车的先进驾驶辅助系统知识熟悉情况：□熟悉　　□不熟悉

（8）本次实训所需要的PPT准备情况：□准备　　□没准备（原因：_____）

（9）本次实训所需要的辅助设备准备情况：□齐全　　□不齐全（原因：_____）

（10）本次实训所需时长约为_____

（11）实训完是否需要检验：□需要　　□不需要

（12）其他准备：_____

三、制订实训计划（以下内容由实训学生填写，指导教师审核）

（1）根据本次智能网联汽车先进驾驶辅助系统的认知实训任务，完成物料的准备

完成本次实训需要的所有物料准备

序号	物料种类	物料名称范例	实际物料名称
1	实训设备	实训用智能网联汽车	
2	在网上查找的智能网联汽车资料	L1级智能网联汽车	
		L2级智能网联汽车	
		L3级智能网联汽车	
		L4级智能网联汽车	
3	相关资料	车道保持辅助系统资料	
		自动紧急制动系统资料	
		自适应巡航控制系统资料	
		毫米波雷达、视觉传感器资料	
4	辅助设备	投影仪、笔记本计算机	

（2）根据智能网联汽车先进驾驶辅助系统的认知实训任务，制订操作流程

智能网联汽车先进驾驶辅助系统的认知操作流程

序号	操作流程范例	实际操作流程
1	接受实训任务	
2	实训任务准备	
3	实训物料准备	
4	在实训车辆上查找先进驾驶辅助系统配置	
5	在网上查找智能网联汽车先进驾驶辅助系统配置	
6	制作讲授用的PPT	
7	结合实训车辆和PPT讲解识别先进驾驶辅助系统	
8	实训小组讨论	
9	实训质量检查	

（3）根据实训计划，完成小组成员任务分工

操作员（1人）		客户（1人）	
协作员（若干人）		记录员（1人）	

操作员负责智能网联汽车先进驾驶辅助系统的认知具体实训内容的操作；客户负责智能网联汽车先进驾驶辅助系统的认知具体实训内容结果的验收；协作员负责协助操作员完成智能网联汽车先进驾驶辅助系统的认知具体实训内容的操作；记录员做好智能网联汽车先进驾驶辅助系统的认知具体实训内容的记录。

（4）指导教师对制订的实训计划进行审核

审核意见：

年　　月　　日　　签字：

四、实训计划实施（实施内容由指导教师填写，实施结果由实训学生填写）

（1）参考范例

实施步骤	实施内容	实施结果
1	准备好实训车辆	实训车辆放置在合适位置
2	准备好实训车辆手册	车辆手册放在操作员手中
3	查找实训车辆的车道保持辅助系统	已找到
4	查找实训车辆的自动紧急制动系统	已找到
5	查找实训车辆的自适应巡航控制系统	已找到
6	查找实训车辆的其他先进驾驶辅助系统	盲区监测系统、泊车辅助系统
7	分析先进驾驶辅助系统与传感器的对应关系	—
8	分析实训车辆先进驾驶辅助系统的组成	已分析
9	分析实训车辆先进驾驶辅助系统的原理	已分析
10	分析实训车辆先进驾驶辅助系统的应用	已分析
11	准备给客户讲解用的 PPT（智能网联汽车先进驾驶辅助系统，举例说明车道保持辅助系统、自动紧急制动系统、自适应巡航控制系统等在智能网联汽车上的应用）	已准备
12	操作员给客户（小组其他成员）进行讲解	完成
13	实训完所有物品归位	完成

（2）实际案例

实施步骤	实施内容	实施结果
1		
2		
3		
4		
5		
6		
7		
8		
9		
10		
11		
12		
13		
14		
15		

续表

五、实训小组讨论（以下内容由实训学生填写）

讨论题 1：讨论实训车辆先进驾驶辅助系统的组成。

讨论题 2：讨论实训车辆先进驾驶辅助系统的功能。

讨论题 3：讨论目前我国汽车市场上智能网联汽车先进驾驶辅助系统的概况。

讨论题 4：总结本次实训的优点和不足。

六、实训质量检查（以下内容由指导教师填写）

请实训指导教师检查本组实训结果，并针对实训过程中出现的问题提出建议

序号	评价标准	评价结果
1	实训任务是否完成	
2	实训操作是否规范	
3	实施记录是否完整	
4	实训结论是否正确	
5	实训小组讨论是否充分	
综合评价	□优　　□良　　□中　　□及格　　□不及格	
问题与 建议	问题： 建议：	

实训成绩单

项目	评分标准	分值	得分
接受实训任务	明确任务内容，理解任务在实际工作中的重要性	5	
实训任务准备	实训任务准备完整	5	
	掌握智能网联汽车先进驾驶辅助系统的基本知识	5	
	能够识别智能网联汽车先进驾驶辅助系统	5	
制订实训计划	物料准备齐全	5	
	操作流程合理	5	
	人员分工明确	5	
实训计划实施	实训计划实施步骤合理、记录详细	10	
	实施过程规范，没有出现错误	10	
	能够对实训车辆先进驾驶辅助系统进行正确讲解	15	
	能够对实训得出正确结论	10	
实训小组讨论	实训小组讨论热烈	5	
	实训总结客观	5	
实训质量检查	学生实训任务完成，实训过程规范，实训记录完整，结论正确	10	
实训考核成绩			

【归纳与提高】

本项目主要介绍了智能网联汽车先进驾驶辅助系统的定义与类型，前向碰撞预警系统、车道偏离预警系统、盲区监测系统、驾驶员疲劳预警系统、车道保持辅助系统、自动紧急制动系统、自适应巡航控制系统、自动泊车辅助系统、自适应前照明系统、夜视辅助系统、平视显示系统等。通过对本项目的学习，学生可以较全面地掌握智能网联汽车先进驾驶辅助系统的基本知识。通过项目实训与知识巩固，可以进一步巩固学生所学习的知识，最终培养学生分析问题和解决问题的能力，以及识别与分析智能网联汽车先进驾驶辅助系统的技能。

由于智能网联汽车先进驾驶辅助系统发展较快，学生应结合热销车型，分析其先进驾驶辅助系统传感器配置与功能的关系。

【知识巩固】

一、名词解释

1. 先进驾驶辅助系统

2．前向碰撞预警系统

3．车道保持辅助系统

4．驾驶员疲劳预警系统

5．自适应巡航控制系统

二、填空题

1．自主预警类先进驾驶辅助系统主要有＿＿＿＿＿＿＿＿、＿＿＿＿＿＿＿＿、＿＿＿＿＿＿＿＿、＿＿＿＿＿＿＿＿等。

2．自主控制类先进驾驶辅助系统主要有＿＿＿＿＿＿＿＿、＿＿＿＿＿＿＿＿、＿＿＿＿＿＿＿＿、＿＿＿＿＿＿＿＿等。

3．视野改善类先进驾驶辅助系统主要有＿＿＿＿＿＿＿＿、＿＿＿＿＿＿＿＿、＿＿＿＿＿＿＿＿等。

4．《中华人民共和国道路交通安全法》规定：机动车在高速公路上行驶，车速超过100km/h时，安全车距为＿＿＿＿＿＿以上；车速低于100km/h时，最小安全车距不得少于＿＿＿＿＿＿。

5．目前经典的安全车距模型主要有＿＿＿＿＿＿、＿＿＿＿＿＿及＿＿＿＿＿＿，均为基于距离的行驶安全判断逻辑算法。

6．汽车视野盲区主要有＿＿＿＿＿＿＿＿、＿＿＿＿＿＿＿＿（包括A柱盲区、B柱盲区和C柱盲区）、＿＿＿＿＿＿＿＿和＿＿＿＿＿＿＿＿，其中，十分容易引发交通事故的是＿＿＿＿＿＿＿＿和＿＿＿＿＿＿＿＿。

7．驾驶员疲劳检测方法主要有＿＿＿＿＿＿＿＿＿＿＿＿、＿＿＿＿＿＿＿＿＿＿＿＿、和＿＿＿＿＿＿＿＿＿＿＿＿等。

8．汽车自适应巡航控制系统工作模式主要有＿＿＿＿＿＿＿＿、＿＿＿＿＿＿＿＿、＿＿＿＿＿＿＿＿、＿＿＿＿＿＿＿＿和＿＿＿＿＿＿＿＿等。

9．汽车自适应前照明系统照明模式主要有＿＿＿＿＿＿＿＿、＿＿＿＿＿＿＿＿、＿＿＿＿＿＿＿＿、＿＿＿＿＿＿＿＿和＿＿＿＿＿＿＿＿等。

10．车道保持辅助系统主要由＿＿＿＿＿＿＿＿、＿＿＿＿＿＿＿＿和执行单元等组成。

三、选择题

1．车载式先进驾驶辅助系统使用的传感器是（　　　）。

　　A．毫米波雷达　　B．视觉传感器　　　C．超声波雷达　　　D．V2V

2．网联式先进驾驶辅助系统使用的传感器是（　　　）。

　　A．毫米波雷达　　B．视觉传感器　　　C．激光雷达　　　　D．V2V

3．L2级智能网联汽车必须具备的先进驾驶辅助系统是（　　　）。

　　A．车道保持辅助系统　　　　　　　B．自动紧急制动系统

　　C．驾驶员疲劳预警系统　　　　　　D．盲区监测系统

4．具备以下先进驾驶辅助系统的智能网联汽车属于L1级（　　　）。

A. 自适应巡航控制系统   B. 自动紧急制动系统

C. 驾驶员疲劳预警系统   D. 盲区监测系统

5. L2级智能网联汽车可以不配备的传感器是（   ）。

A. 超声波传感器   B. 毫米波雷达

C. 激光雷达   D. 视觉传感器

6. 不属于智能网联汽车自适应巡航控制系统的传感器是（   ）。

A. 测距传感器   B. 转速传感器

C. 节气门传感器   D. 陀螺仪

7. 车道保持辅助系统的执行单元不包括（   ）。

A. 报警模块   B. 转向盘操纵模块

C. 发动机控制模块   D. 制动器操纵模块

8. 车道偏离预警系统可以使用的传感器是（   ）。

A. 超声波传感器   B. 视觉传感器

C. 毫米波雷达   D. 激光雷达

9. 自动紧急制动系统可以使用的传感器是（   ）。

A. 超声波传感器   B. 毫米波雷达

C. 激光雷达   D. 视觉传感器

10. 自适应控制系统可以使用的传感器是（   ）。

A. 超声波传感器   B. 毫米波雷达

C. 激光雷达   D. 视觉传感器

四、判断题

1. 智能网联汽车先进驾驶辅助系统只能应用超声波传感器、毫米波雷达、激光雷达和视觉传感器，其中道路识别只能应用视觉传感器。（   ）

2. 网联式先进驾驶辅助系统功能主要有交通拥堵提醒、闯红灯警示、弯道车速警示、停车标志间隙辅助、减速区警示、限速交通标志警示、现场天气信息警示、违反停车标志警示、违规穿过铁路警示、过大车辆警示等。（   ）

3. 智能网联汽车先进驾驶辅助系统传感器配置与自动驾驶级别有关，自动驾驶级别越高，配置的先进驾驶辅助系统传感器越多。（   ）

4. 前向碰撞预警系统在所有车速下都起作用。（   ）

5. 不同车型车道偏离预警系统的开启方式不同，有些可在行车全程自动开启，有些需要手动开启，有些则需要在车速达到一定条件后才能自动开启。（   ）

6. 盲区监测系统通过安装在车辆尾部或侧方的传感器检测后方来车或行人，传感器有视觉传感器、毫米波雷达等。（   ）

7. 车道保持辅助系统由车道偏离预警系统发展而来，是一种能够主动检测汽车行驶时的横向偏移，并对转向和加速系统进行协调控制的系统。（   ）

8. 自适应巡航控制系统只控制智能网联汽车的行驶速度。（   ）

9. 智能网联汽车交通标志识别主要使用视觉传感器，不能使用毫米波雷达。（   ）

10. 电动汽车的自适应巡航控制系统通过电动机控制器和制动控制器来调节主车的行驶速度，使主车与前方车辆保持一定的安全车距。（   ）

五、问答题

1. 前向碰撞预警系统的工作原理是怎样的？

2. 自动紧急制动系统的工作原理是怎样的？

3. 自动泊车辅助系统的工作原理是怎样的？

4. 驾驶员疲劳检测的方法主要有哪些？

5. 平视显示系统有哪几种类型？

附录

中英文对照表

序号	缩略语	英文全称	中文全称
1	ABS	Antilock Brake System	防抱死制动系统
2	ACC	Adaptive Cruise Control	自适应巡航控制
3	ADAS	Advanced Driver Assistance System	先进驾驶辅助系统
4	AEB	Automatic Emergency Braking	自动紧急制动
5	AFS	Adaptive Front Lighting System	自适应前照明系统
6	AGC	Automatic Gain Control	自动增益控制
7	AOA	Angle of Arrival	到达角
8	APA	Automatic Parking Assist	自动泊车辅助
9	ASR	Acceleration Slip Regulation	驱动防滑系统
10	ADSL	Asymmetric Digital Subscriber Line	非对称数字用户线路
11	BCW	Blind Collision Warning	盲区碰撞预警
12	BDS	BeiDou Navigation Satellite System	北斗卫星导航系统
13	RCA	Reversing Condition Assist	倒车辅助
14	BSD	Blind Spot Detection	盲区监测
15	BSS	Base Station Subsystem	基站子系统
16	CA	Conditional Automation	有条件自动驾驶
17	CAN	Controller Area Network	控制器局域网络
18	CCD	Charge-Coupled Device	电荷耦合器件
19	CCP	Car's Current Position	汽车当前位置
20	CMBS	Collision Mitigation Brake System	碰撞缓解制动系统
21	CMOS	Complementary Metal Oxide Semiconductor	互补金属氧化物半导体
22	CSMA/CA	Carrier Sense Multiple Access with Collision Avoidance	带冲突避免的载波感应多路访问
23	CSMA/CD	Carrier Sense Multiple Access with Collision Detection	带冲突检测的载波监听多路访问
24	CWAB	Collision Warning with Auto Brake	碰撞警示系统
25	DA	Driving Assistance	驾驶辅助

续表

序号	缩略语	英文全称	中文全称
26	DR	Dead Reckoning	航位推算法
27	DSRC	Dedicated Short Range Communications	专用短程通信
28	ECU	Electronic Control Unit	电子控制单元
29	EDF	Edge Distribution Function	边缘分布函数
30	ESP	Electronic Stability Program	电子稳定系统
31	ESR	Electron Spin Resonance	电子自旋共振
32	FA	Full Autopilot	完全自动驾驶
33	FCW	Forward Collision Warning	前向碰撞预警
34	POD	Preview Offset Difference	预瞄偏移量差异
35	GIS	Geographic Information System	地理信息系统
36	GNSS	Global Navigation Satellite System	全球导航卫星系统
37	GPRS	General Packet Radio Service	通用分组无线业务
38	GPS	Global Position System	全球定位系统
39	HA	Highly Autopilot	高度自动驾驶
40	HMI	Human-Machine Interaction	人机交互
41	HOG	Histogram of Oriented Gradient	方向梯度直方图
42	HSI	Hue、Saturation、Intensity	色调、饱和度、亮度
43	HSS	Home Subscriber Server	归属用户服务器
44	HSV	Hue、Saturation、Value	色调、饱和度、亮度
45	HUD	Head Up Display	平视显示器
46	HV	Host Vehicle	主车
47	ID	Identifier	标识符
48	IMU	Inertial Measurement Unit	惯性测量单元
49	INS	Inertial Navigation System	惯性导航系统
50	IrDA	The Infrared Data Association	红外线数据协会
51	ISM	Industrial Scientific and Medical	工业、科学和医疗
52	ITS	Intelligent Transportation System	智能交通系统
53	LCA	Lane Change Assist	变道辅助
54	LDWS	Lane Departure Warning System	车道偏离预警系统
55	LIN	Local Interconnect Network	局域互联网络
56	LKA	Lane Keeping Assist	车道保持辅助
57	LTE-V	Long Term Evolution - Vehicle	长期演进的车对外界信息交互

序号	缩略语	英文全称	中文全称
58	MAC	Media Access Control	媒体访问控制
59	MCU	Micro Controller Unit	微控制单元
60	MME	Mobile Management Entity	移动管理实体
61	MOST	Media Oriented System Transport	面向媒体的系统传输
62	MS	Mobile Station	移动台
63	MSC	Mobile Switching Center	移动交换中心
64	NFC	Near Field Communication	近场通信
65	OBU	On Board Unit	车载单元
66	OTN	Optical Transmission Network	光传输网
67	PON	Passive Optical Network	无源光纤网
68	PTN	Packet Transport Network	分组传输网
69	PSTN	Public Switched Telephone Network	公共交换电话网
70	PVA	Position Velocity and Attitvde	位置、速度和姿态
71	PA	Partial Autopilot	部分自动驾驶
72	PC	Personal Computer	个人计算机
73	PLC	Programmable Logic Controller	可编程逻辑控制器
74	QoS	Quality of Service	服务质量
75	RCW	Rear Collision Warning	后向碰撞预警
76	RFID	Radio Frequency Identification	射频识别
77	RRS	Road Rumble Strips	道路振动带
78	RSU	Road Side Unit	路侧单元
79	RTK	Real Time Kinematic	载波相位差分
80	RV	Remote Vehicle	远端车辆
81	SAE	Society of Automotive Engineers	汽车工程师学会
82	SINS	Stellar Inertial Navigation System	捷联慢性导航系统
83	NMI	Normalized Mutual Information	归一化互信息
84	TDOA	Time Difference of Arrival	到达时间差
85	TFT	Thin Film Transistor	薄膜晶体管
86	TLC	Time to Lane Crossing	跨道时间
87	TOA	Time of Arrival	到达时间
88	TTD	Time to Trajectory Divergence	预瞄轨迹偏离
89	UPA	Ultrasonic Park Assist	电子驻车辅助

序号	缩略语	英文全称	中文全称
90	UWB	UltraWide Band	超宽带
91	V2I	Vehicle to Infrastructure	车辆与基础设施
92	V2N	Vehicle to Network	车辆与网络
93	V2P	Vehicle to Pedestrian	车辆与行人
94	V2V	Vehicle to Vehicle	车辆与车辆
95	V2X	Vehicle to Everything	车对外界的信息交换
96	WDM	Wavelength Division Multiplexing	波分直用

参考文献

[1] 陈慧岩，熊光明，龚建伟，等．无人驾驶汽车概论[M]．北京：北京理工大学出版社，2014．

[2] 崔胜民．智能网联汽车新技术[M]．2版．北京：化学工业出版社，2021．

[3] 崔胜民，俞天一，王赵辉．智能网联汽车先进驾驶辅助系统关键技术[M]．北京：化学工业出版社，2019．

[4] 崔胜民．一本书读懂智能网联汽车[M]．北京：化学工业出版社，2019．